피크
코리아

피크 코리아

PEAK KOREA

백우열 지음

도약과 추락의
갈림길에 선 한국을
리디자인할
국가 대개조 개념설계

현암사

서문

내리막을 살아갈
다음 세대들에게

　지금의 한국 사회에서 10대부터 30대를 보내는 청년들은 자신의 부모들보다 더 나은 삶을 살아가기 어려운, 오르막 필리아philia가 아니라 내리막 포비아phobia를 안고 살아가야 하는 한국의 첫 세대다. 이들은 출생, 교육, 취업, 아파트, 서울, 연애, 결혼, 육아, 투자, 건강, 연금, 여가 등 삶의 모든 측면에서 감당하기 버거울 정도의 극한 경쟁과 심한 경우 상대적 박탈감을 느끼며 살아간다. 나는 2010년대를 거쳐 2020년대 후반으로 향하는 지금까지 20년 가까이 이들 세대를 만나고 가르치고 교감해왔다. 매 학번 학번 이들의 정체성에서 수준 높은 글로벌 시민으로의 자연스러움과 방어적, 체념적 가치관의 답답함이 상충하는 모순이 깊어졌다.

　소위 MZ세대라고 분류되는 한국의 청년들은 AI 첨단기술매체 리터러시에 기반해 똑똑하고 기민하게 삶을 꾸려가지만, 갈수록 정신적으로 불안하고 힘들어하며 리스크가 큰 창의적인 도전보다는 안정적인 안주를 선호하는 성향이 강해지는 패턴을 보인다. 역사상 한반도에 존재한 국가사회 중에 가장 발전된 풍요로운 환경은 물론이고, 글로벌 차원에서 수많은 잘 나가는 분야에 K-접두어가 붙는 것을 볼 수 있는 시대가 바로 지금 2020년대다. 그런데 왜 이들 중 다수가 냉소적으로 침묵하며 적자생존을 위해 몸부림치는지, 아니면 아예 포기하는지 설명하는 것이 이 책의 목적 중 하나다.

이 책에서 다루는 내용은 아마도 세계와 연동된 한국의 흐름을 알고 싶거나 알아야만 하는, 한국을 이끌어나가는 405060 독자들에게 유용하게 다가갈 것이다. 그들은 현재의 한국을 만들어낸 주체로 2020년대 중반 경제, 사회, 정치, 군사, 과학기술, 문화 등 전 영역에서 지금의 한국이 자신들이 알던, 성장하고 팽창하고 솟아오르던 한국이 맞는지 의심을 넘어 차차 확신할 것이기 때문이다. 특히 정부 고위 관료, 기업의 C레벨급 임원, 대학 및 연구기관 교수와 연구원, 언론사 논설위원, 군의 고위 장교, 시민단체 대표, 그리고 선출직 국회의원과 지방자치단체 정치인은 각자의 영역에서 그리고 국가 전체적으로도 뭔가 크게 잘못되어간다는 것을 이미 감지하고 있다.

그들이 자신과 자신의 윗세대들이 수십 년간 구축해온 사회가 성장이 아니라 하락, 더 나아가 추락의 패턴으로 진입하는 것을 어떻게든 막아보려 하는 건 당연하다. 그러나 도대체 상황이 어떻게 되어가는지, 자신의 영역을 넘어 통합적, 종합적으로 분석하고 이해하기 어려워 당혹스러울 것이다. 앞서 말한 청년세대와는 다르게 이들은 '왜 이렇게까지 되었지? 어떻게 여기까지 왔는데…' 하는 절박하고, 한편으로는 분한 마음에 지푸라기라도 잡는 심정으로 이 책을 펼쳐볼 동기가 충분하다.

　이 책은 지금 한국 사회를 살아가는 이들이라면 누구나 알아야 하는 내용이다. 그러나 그중에서도 102030, 글로벌 탑10 코리아의 밝은 자부심과 피크 코리아의 어두운 두려움을 동시에 피부로 느끼고, 앞으로 경제사회 활동을 30년 넘게 열심히 해가며 한국을 이끌어나갈 청년들이 읽어주기를 바란다. 너무 버겁고 힘든데, 그 이유도 잘 모르겠고 막연하게 불안한 것만큼 공정하지 못하고 억울한 상황이 더 있을까? 이러한 청년세대의 현재 상황은 중장년세대가 그냥 '요즘 애들은'이라는 말로 설명할 수 있는 일이 아니다.

　영어 유치원, 7세 고시, 인서울, 강남 입성, 의치한약수, 서학개미, 원화채굴, 텐배거투자, 연금탈퇴, 솔로지옥 등 젊은이들의 머릿속을 울리는 피크 코리아의 테크트리는 도대체 어떤 것인지, 그 시작과 끝을 대충이라도 이해한다면 이들의 불안과 두려움과 포기를 조금이라도 줄일 수 있을 것이다. 왜냐하면 우리 인간은 상황을 제대로 알고 나면 무작정 대응하기보다 좀 더 합리적으로 대처할 수 있기 때문이다. 젊음의 한가운데를 지나는 개개인 수준에서, 세대 수준에서, 그리고 한국 공동체 수준에서 어떻게 헤쳐나가야 할지, 최소한의 틈새 생존전략이라도 생각할 기초가 절실히 필요하다.

　책이라는 매체의 성격이 그렇듯, 이 책도 호흡이 길고 각 분야를 깊이 들여다보고 있어 유튜브 숏츠를 보는 것에 비하면 쉽지 않을 것이다. 그럼에도 이 시대를 제대로 마주하고 싶다면, 한번 인내심을 갖고 몇 시간 내어 『피크 코리아』를 읽어보기를 권한다. 후회하지 않을 것이다.

목차

서문
내리막을 살아갈 다음 세대들에게 ... 5

프롤로그
피크 코리아: 한 시대가 저물고 있다, 한국의
▸▸ 한국이 추락하는 순간, 피크 코리아 ... 15
▸▸ "와, 한국 완전히 망했네요!" ... 17
▸▸ 2020년대, 삶의 모든 순간에 '피크 코리아'를 아는 것이 필요한 이유 ... 20

── 1부 ──
글로벌 탑10 한국, 어디까지 왔는가?

▸▸ 한국은 글로벌 10위, 글로벌 탑10 코리아 ... 27
▸▸ 국가 성장 지속가능성 결정의 4대 요소 ... 30
▸▸ 한국의 스토리, 신화: 글로벌 탑10 코리아, 피크 코리아 ... 34

1장
글로벌 보편성 단계에 이른 한국 대중문화
세계인 모두의 K-콘텐츠 ... 41
프랑스 외교관과 시골 소녀 ... 44
팝 문화의 본진, 미국에 자리 잡은 K-팝 ... 46
유튜브를 타고 세계로 세계로, 그리고 <케이팝 데몬 헌터스> ... 48
<기생충>, <오징어게임>, <어쩌다 해피엔딩> ... 52
어떻게 K-콘텐츠는 글로벌 보편성을 획득했는가? ... 56

2장

민주주의의 무기고인가, 죽음의 상인인가?

- ▸▸▸ 유럽 민주주의의 무기고가 된 한국　　　　　　　　63
- ▸▸▸ 한국 무기수출의 글로벌 팽창　　　　　　　　　　67
- ▸▸▸ 한국의 군사력은 글로벌 5위권　　　　　　　　　　72
- ▸▸▸ 글로벌 안보 컨버전스의 촉매제, 한국 무기체계　　73

3장

무엇이든 만들 수 있어요, 제조 기술 완전체 한국

- ▸▸▸ 글로벌 탑10 코리아의 상징, 테크놀로지　　　　　79
- ▸▸▸ 무엇이든 만들 수 있는 완전체 제조 기술 강국 한국　81
- ▸▸▸ 한국은 글로벌 탑7 테크놀로지 국가　　　　　　　83
- ▸▸▸ 한국 9대 수출 산업의 제조과학 기술은 어디까지 왔는가?　　　　　　　　　　　　　　　85
- ▸▸▸ 제조 기술과 성장한 한국의 경제 수준　　　　　　91

4장

서구 민주주의 국가들의 리트머스 측정기, 한국

- ▸▸▸ 세계 민주화의 모범 사례 한국　　　　　　　　　　97
- ▸▸▸ 경제성장, 민주화, 글로벌 탑10 국가　　　　　　　101
- ▸▸▸ 글로벌 10대 민주주의 그룹의 핵심, 한국　　　　　104

▸▸▸ 한국은 어디까지 왔는가　　　　　　　　　　　　　107

— 2부 —
우상향의 끝, 피크 코리아는 어디로 가고 있는가?

5장

피크 코리아 정치체제: 한국 민주주의의 퇴보

- ▸▸▸ 민주주의의 퇴보 프로세스에 들어간 한국　　　　115
- ▸▸▸ 1년 만에 '결함 있는 민주주의'로 떨어진 한국 정치　117
- ▸▸▸ 극단으로 치닫는 정서적 정치 양극화, 중도 아웃!　118
- ▸▸▸ 수명 다한 87체제에 갇힌 정치　　　　　　　　　120

▸▸▸ 정서적 정치 양극화의 확산	**122**
▸▸▸ 거대 양당의 팬덤 정당화 폐해	**126**
▸▸▸ 2024년 한국에서 쿠데타가 가능해?	**129**
▸▸▸ 민주주의 안의 권위주의 독재자	**134**
▸▸▸ 미국에서는 국회의사당 침탈, 한국에서는 법원 침탈	**136**
▸▸▸ 정치의 사법화, 사법의 정치화	**139**
▸▸▸ 한국에는 서울만 있다, 지역 소멸의 정치체제	**141**
▸▸▸ 한국에는 지방정부가 없다?	**143**

6장
피크 코리아 국가사회 구조: 한국의 '서울' 도시국가화

▸▸▸ 강대국의 최소에서 도시국가로 축소되는 한국: 시작점은 인구급감	**149**
▸▸▸ 인구감소보다 더 무서운 건 고령화	**152**
▸▸▸ 강남 아파트 테크트리로 동기화되는 한국	**155**
▸▸▸ 우리도 강남류가 되어야 살아남는다	**158**
▸▸▸ 강남의 스카이캐슬은 오직 의·치·한·약·수	**163**
▸▸▸ 연소득 1억 원으로는 강남아파트에서 살 수 없다	**168**
▸▸▸ APT, APT, 아파트~ 아파트~	**171**
▸▸▸ 도시국가로 쪼그라드는 한국	**175**
▸▸▸ 서울이 잡아먹는 한국	**178**
▸▸▸ 맛집도, 대학도, 기업도 서울로 서울로	**181**

7장
피크 코리아 경제산업: 부의 성장 엔진이 식어가는 한국

▸▸▸ 성장에서 정체로, 추락하려는 한국의 경제	**189**
▸▸▸ 북한과 중국 배당의 소멸	**192**
▸▸▸ 중국발, 미국발 경제기술안보 위협	**194**
▸▸▸ 드레인Drain, 베이비, 드레인!	**198**
▸▸▸ 네이버 갈래, 구글 갈래? 미국 구글 갈래요	**201**
▸▸▸ 제조수출 외에는 노답?	**204**
▸▸▸ 내수 중심 모델 vs. 수출 의존 모델	**206**
▸▸▸ 대졸 70% 국가가 서비스는 왜 수출 못 하나?	**210**
▸▸▸ 제조 수출 경쟁력은 언제까지 살아남을까?	**213**

8장

피크 코리아 국방군사: 시대에 뒤처진 한국군, 급격히 하락하는 전투력

- ▸▸▸ No Thank You for Your Service — 223
- ▸▸▸ 병력은 부족해지는데 전투력은 나락으로 — 225
- ▸▸▸ 군대를 지휘할 장교, 부사관이 사라진다 — 227
- ▸▸▸ 전쟁 나면 제대로 싸울 군인이 없어요 — 229
- ▸▸▸ 제국 미국의 군대가 아닌, 피를 흘리지 않는 한국군 — 232
- ▸▸▸ 한국군의 여전한 원죄, 쿠데타 — 236
- ▸▸▸ 군인이 되고 싶어도 되지 못하는 한국 청년들 — 238
- ▸▸▸ 병사 월급이 초급 장교, 부사관보다 많다? — 240
- ▸▸▸ 중위, 소위, 중사, 하사 병력의 캐즘 현상 — 242
- ▸▸▸ 화석화된 휴전선 경계병력 중심 작전계획의 늪 — 244
- ▸▸▸ 육군만의, 육사만의 한국군인가? — 247
- ▸▸▸ 반복해서 실패하는 군 개조 시도 — 250
- ▸▸▸ 거꾸로 가는 한국군의 축소지향성 — 253
- ▸▸▸ 한반도를 넘어서는 한국군의 힘의 투사는 어디에? — 256

▸▸▸ 한국 생존을 위한 국가 개조가 절실하다 — 260

— 3부 —

한국은 어디로 갈 수 있는가?

피크 코리아 극복의 신화 - 개념설계의 시작

9장 개념설계 1: **정치체제** — 269
10장 개념설계 2: **국가사회 구조** — 279
11장 개념설계 3: **경제산업** — 293
12장 개념설계 4: **국방군사** — 305

13장	개념설계 5 : **북한과의 결합**	**317**
14장	개념설계 6 : **피크 코리아의 글로벌 전략**	**329**

에필로그
**나, 나는
어떻게 살아남을
것인가?**

나라면 어떻게 할 것인가?	342
국가전략과 개인전략의 불일치	344
AI, AI, AI	348
이생망 확산, 워라밸 소멸, 세대 간 충돌의 미래	351
그럼에도 여전히 필요한 한국 성장의 신화 설계	354

감사의 말	**356**
주석	**359**

프롤로그

피크 코리아

: 한 시대가 저물고 있다, 한국의.

한국이 추락하는 순간,
피크 코리아

한 시대가 저물고 있다, 한국의. 장기적으로 한국전쟁 이후 70여 년, 중기적으로 한국 민주화 이후 40여 년, 그리고 단기적으로 글로벌 코리아 global Korea 지위를 획득한 이후 10여 년, 한국의 기존 국가 발전 모델은 수명을 다하고 있다. 한국은 21세기 글로벌 사회에서 신흥 중견선진국의 위치를 쟁취하면서 소위 G10의 지위에 이르는 등 정점에 다다랐지만 동시에 급격하게 추락하는 징후를 보이고 있다. 이 책은 한국의 이와 같은 현상을 '피크 코리아 peak Korea'로 명명한다. 피크 코리아, 듣기만 해도 몸서리가 쳐지는 개념이자 선언이다. 그러나, 명백한 팩트다. 목숨이 경각에 달린 타조가 모래 속에 머리를 파묻는 우를 한국은 범해선 안 된다. 현실을 직시해야 생존의 길도 보인다.

글로벌 코리아에서 피크 코리아로, 정점에 다다른 한국의 쇠함이 너무나 빨리 진행되고 가속화할 것으로 예측된다. 혜성처럼 솟구친 한국의 현재 글로벌 지위는 10위권이다. 그러나 가까운 미래에 한국은 정점을 지나 쇠락이 본격화된peaked out 국가로 분류될 것이다. 경이로운 눈빛으로 한국을 다투어 찾던 주요국의 지도자들, 기업인들, 군인들, 그리고 젊은 청년들은 도대체 무슨 일이 일어나는지 의아해할 것이다. 다수의 한국인은 도대체 무슨 일인지 어리둥절하고 '이제 어쩌지?' 하며 난감해할 것이다. 그러나 이미 피크 코리아 현상을 직감한 소수의 한국 엘리트와 시민은 올 것이 왔다는 자조 섞인 한탄을 내뱉을 것이다. 2035년, 앞으로 10여 년 후의 모습이다.

  욱일승천하는 기세로 갖은 위기와 고난을 뚫고 이뤄낸 불가사의한 성장의 기운이 쇠락과 패배로 꺾이는 정신적인 충격이 막대하고, 동시에 실질적인 국민의 삶의 질도 함께 추락하게 된다. '이 정도면 되었다'고 나름 자족하던 자기 삶의 발전 경로와 결과를 자신하던 대다수의 국민은 여러 종류의 안전망을 찾아 헤매며 불만에 가득 차게 된다. 또는 자포자기로 남은 것들에 집착하며 성장이 끝난 후 사그라지는 헬조선에 남겨졌다고 여겨 세대, 젠더, 지역, 계급 간에 서로를 물어뜯는 비참한 '만인의 만인에 대한 투쟁' 같은 대혼란의 시대로 진입하게 된다.[1] 이런 상황이라면 민주주의보다 독재가 낫다는 사람도 늘어날 것이다.

"와, 한국 완전히 망했네요!"

동시에 한국과 세계의 몇몇 현자는 글로벌 한국을 경이롭다고 평가하지만 이제 한국의 국가성장발전 모델은 수명을 다했다고 경고하기 시작했다. 2020년대 글로벌 거대담론을 주도하는 미국의 글로벌 전략가 피터 자이한Peter Zeihan은 산업화, 도시화, 세계화가 인류 역사상 최고의 경제성장, 최고의 건강 증진, 최고의 평화 확장을 전 세계가 누릴 수 있게 했고, 한국도 누렸다고 한다. 그러나 이 세 패턴의 결과로 나타난 세계화의 종말, 지정경학적 불안정성, 인구의 급격한 감소 등으로 여러 쇠락 과정을 겪고 있는 국가 중 하나가 아니라 그 자체를 대표하는 정확한 사례가 한국이라 주장한다.

"세계화 없이 한국의 경제 부문은 존재하지 못한다. 지난 사반세기 동안 보인 인구 구조 없이는 자본 구조나 노동생산성 수준도 유지하지 못한다. 한국은 수출과 수입 의존도가 가장 높은 나라이고 세계에서 인구가 가장 빠르게 고령화하고 출산율이 가장 낮은 나라다."[2]

한국이 동시다발적으로 가속화하며 중첩되는 경제산업, 사회인구, 군사안보, 정치제도의 위기에 직면해 버텨내지 못할 것이란 어두운 전망을 내놓았다. 한국은 이미 정점을 지나 추락하고 있다는 것이다. 피크 코리아 현상이다.

2023년 한국인 사이에서 회자된 피크 코리아 현상의 상징적 이미지가 있다. 세계적인 노동 분야 석학 조앤 윌리엄스Joan C. Williams 교수가 양손으로 머리를 부여잡으며 "와, 한국 완전히 망했네요!"

라고 비명을 지르는 모습이다.³ 교육방송(EBS) 〈인구대기획 초저출생〉 프로그램에서 한국의 합계 출산율이 0.78이라는 말을 듣자마자 그가 보인 반응이다. 윌리엄스 교수는 다른 인터뷰에서도 "한국 완전히 망했네요"의 연장선상에서 한국의 합계 출산율이 더 떨어진 정보를 듣고 "정말 충격적이다. 큰 전염병이나 전쟁 없이 이렇게 낮은 출산율은 처음 본다. 숫자가 국가비상사태다"라고도 했다. 곧 출산율만 본다면 한국 사회는 전쟁, 내전 상태에 준하는 위기를 경험하고 있다. 극단적이라고 생각하는가? 전혀 그렇지 않다. 그만큼 한국의 추락 속도는 속수무책으로 빨라질 기세다. 지난 국가성장발전 전략의 수명이 다했다는 또 다른 진단이다. 구독자가 약 2,500만 명인 최고의 전문 지식 분석 유튜브 〈한눈에 보는 세상-Kurzgesagt〉의 콘텐츠 'South Korea Is Over(2025.4.2.)'는 '피크 코리아' 현상을 적나라하게 분석하며 1,300만 뷰를 기록하고 7만 5,000개가 넘는 댓글이 달렸다.⁴

  한국이 목표로 삼고 매진해온 서유럽 구제국들과 일본이 지난 20년간 정점을 지나 나름 서서히 겪어온 '정점 지남 과정'에 한국이 급가속을 하면서 동참하는 것이다. '이만하면 되었지' 하고 자족하며 늙어가는 국민이 많아지고 있다. 한국은 시장자본주의와 자유민주주의 결합의 상승작용으로 가능했던 국가성장발전 속도가 0으로 수렴하고, 이제는 퇴보하는 그 중견선진국 무리에 들어간 것이다.

  한국에서도 몇몇 현자는 이 피크 코리아 현상을 예견하고 경고했다.⁵ 서울대 사회학과 장덕진 교수는 '내리막 포비아'라는 신조어로 유사한 위기 상황을 표현한다.[6] 그는 피크 코리아 현상을 가장 잘 보여주는 여론조사 항목 결과 중 하나인 '자녀 세대가 부모 세대보다 더 못 살게 될 것'이란 대답이 반을 훌쩍 넘어선 사실을 지적한다. 이 맥락에서 그는 단군 이래 최고 선진국이 된 한국에서 극도의 공포를 느끼는, 그래서 역으로 자신의 생존가능성을 과시하는 서울대 학생들의 강박적 서열화 심리 강화 현상을 설명한다.

서울대 공대의 이정동 교수도 유사하지만 다른 맥락에서 이를 적확하게 지적했다.[7] "한국도 과학기술계와 산업계, 나아가 사회 전체가 실행에서 개념설계concept design로 패러다임 전환을 하지 않으면, 지금 누리는 국민소득 3만 달러가 앞으로 다시 없을 피크가 되는 일, 곧 코리아 피크가 현실화하지 말라는 법이 없다." 당연히 복수의 국내외 경제전문가는 피크 코리아를 거론하면서 이젠 모두에게 익숙한 경제산업의 저성장을 수치로 명확하게 보여준다. "대한민국은 곱게 늙는 것을 목표로 삼아야 한다"고도 한다.[8]

이러한 현자들만 피크 코리아를 감지한 것이 아니다. 더 이상 오르막 성장의 희망이 없는 나라, 그래서 내리막 청년세대에서는 (자신들의 입장에서) '한국은 망했다'는 말을 거침없이 내뱉게 되었다. 한국의 일부 일반 국민도 뭔가 이상하다, 내리막으로 들어섰다, 피난처를 찾아 더 발전 가능성이 있는 곳으로 가야 한다고 느끼고 있다. 그리고 이미 상당 부분 행동에 들어갔다.

'국장 탈출은 지능순'이라는 자조적이고 자학적이기까지 한 이 표현은 촌철살인이다. 국장은 한국 증시를 의미한다. 한국 자본시장의 근간인 한국 증권시장을 탈출해, 자신의 작고 소중한 투자금을 빼내 '미장' 곧 미국 증권시장이라는 더 빠르게 성장하고, 공정하게 경쟁하고, 무엇보다도 돈을 벌 수 있는 가능성의 땅 a greener pasture으로 가는 한국인이 많다. 이들은 글로벌 한국 기업들이 하나하나 무너지기 시작했다고 평가한다. 당연히 한때 국장을 견인하던 동학개미들은 물밀듯 서학개미로 변신했다. 부동산 규제로 인한 유동성 증가와 미국발 무역 및 안보 상황 급변으로 한국 증시가 등락을 거듭하는 상황에도 서학개미의 미국 증시 투자는 계속 이어지고 있다. "이 같은 상황이 지속된다면 '한국의 미래는 없을 것'이라는 우려가 커지고 있다."[9]

2020년대, 삶의 모든 순간에 '피크 코리아'를 아는 것이 필요한 이유

이 책은 한국이 정면으로 맞닥뜨린 '피크 코리아' 현상의 논리와 현황을 비교적 쉽게 종합적으로 설명하려고 시도한다. 다수의 한국 엘리트와 일반 시민은 이 현상을 대략적으로 인지하고 있다. 그러나 이들은 나이, 직업, 교육, 거주지, 성별, 또는 뭉뚱그려서 서로 다른 '생존가능성'의 서열에 속해 있기에 이 현상을 통합적으로 보기는 쉽지 않다. 이 책은 2020년대 중반 한국의 작동원리와 기본논리를 짚어낸다.[10] 그동안 짧은 글이나 유튜브에서 산발적으로 한 분야에 집중된 관련 분석이 있었지만, 좀 더 체계적이고 전문적인 분석을 제시하려는 욕심이 이 책을 쓴 동기다.

이미 이 책을 읽으면 자신의 '생존가능성'을 기반으로 한 서열 상승에 도움이 될 것임을 감지할 사람이 많을 것이다. 또는 정점을 지나고 있는 한국, 피크 코리아에서 내가 어떻게 잘 먹고 잘살 수 있을지 '생존전략'을 세우고자 하는 사람도 있을 테고, 더 우울하고 좌절하며 동기를 박탈당해야 하는가 싶어 짜증나는 사람도 있을 것이다. 아니면 어서 능력을 키워 한국을 탈출할 궁리를 할 것이다. 아니면 이 정점을 그래도 10년, 20년은 유지해볼 수 있는 새로운 국가 운영 전략, 독자적인 국가 모델을 내놓기 위해 밤잠을 설치기 시작하는 사람도 몇몇은 있으리라 생각한다.

아무튼 왜 이 피크 코리아 현상이 '나'에게 중요한가? 물론 당신이 정치, 경제, 사회, 문화, 군사 영역을 주도하는 엘리트라면 자신의 그리고 국가의 유지와 성장 전략을 수립, 실행하는 측면에서 피크 코리아 현상에 대한 이해와 수용은 필수불가결하다. 또한 우리 5,000만 일반 국민에게도 정말 중요하다. 솔직히 이 책을 들고 불안하거나 못마땅하거나 흥분하는 당신에게 한국의 자산가 기준(자산 50억, 강남 자가 아파트 거주자, 서울소재대학 졸업 전문직)을 충족하는 부모가 있다면 또는 자신이 그렇다면 걱정하지 않아도 된다. 이 책을 당장 내려놓고 피크 코리아의 생존가능성 서열 1등급, 1%의 삶을 즐기면 된다. 그러나 한국의 대다수(99% 또는 너그럽게 90%)에 속한 당신은 피크 코리아 현상이 가속화할수록 자신의 일상, 삶의 질이 급하게 떨어지는 것을 감당하고 감내해야 한다. 미슐랭, 블루리본 식당은 고사하고 백반집, 파스타집, 돈까스집에서 점심을 먹기도 망설이게 된다. 편의점 도시락으로 해결해야 하나?

그리고 한국이 망해간다고 당장 내가 망하는 것은 아니다. 당신의 삶이 팍팍하더라도 그래도 이만하면 괜찮다고 생각하지 않는가? 당신이 살고 있는 한국은 이미 글로벌 탑10 레벨, 서열 1등급 국가다. 소수 서구 선진국을 제외한다면 한국만큼 안전하고, 편리하며, 깨끗하고, 풍요로운 국가는 지구상에 존재하지 않는다. 유사 이래 한반도를 살아낸 사람들 중에 지금의 한국인이 가장 잘 산다. 동아시아 대륙으로 확대해도, 아시아 전체로 확대해도 그렇다. 현재를 살아가는 대부분의 한국인은 전생에 나라를 구한 것이다. 천운을 타고난 것이다. 그러니 필자가 이 피크 코리아 이야기를 하면 다수가 '뭐래?' 하면서 무시하거나 외면한다. 듣기 싫은 것이다, 자신의 글로벌 탑10 국민으로서의 삶이 지속가능하지 않다는 이야기를.

그래도 이 책은 '피크 코리아 현상의 한국은 어디까지 왔고, 어느 상태에 처해 있으며, 어떤 방향으로 나아가야 하는가?'란 질문에 답하고자 한다. 한국이 한없이 추락하는 걸 보고만 있을 수는 없지 않은가? 폭발적인 K-성장의 끝에서, 한국 사회의 구조적 위기를 직접 대면하고 미래 전략을 설계하는 국가 수준의 작업이 필요하다. 이 책은 단순히 한국 사회가 위태롭다고 말하지 않는다. 국가의 지속가능성을 담보하는 핵심 영역들의 작동 시스템을 구조적으로 해부하고, 우리가 어디로 가야 할지 설계도를 그린다. 다시 말해 필자는 글로벌 탑10 코리아를 넘어 한계에 도달한 한국의 민낯을 해부하고 정치·경제·사회·군사·테크·문화 전 분야의 리디자인을 제안하는 최초의 '국가 개조 시뮬레이션 리포트'를 지향한다. 일반적인 '현상 비판서'를 넘어서는 깊이를 갖고, 단순한 사회 비판 정도가 아니라 '사회진단 + 국가전략 제안서'라는 이중 포지션 구조로 설계된 것이 이 책 『피크 코리아』다.

먼저 1부에서 피크를 경험하고 있는 한국에 대한 진단으로 한류·무기·경제·민주주의 영역에서 얼마나 높은 수준에 다다랐는지 분석한다. 가장 최근 극상의 정점에 도달한 영역부터 차례대로 K-콘텐츠, 방위산업, 테크놀로지, 민주주의 10대 주요국 등 글로벌 평가 기준에서 진단한다. 2부에서 글로벌 탑10 코리아를 달성한 정치·경제·사회·군사 전방위 시스템이 추락하기 시작한 '피크 코리아' 현상을 유기적으로, 종합적으로 진단하여 기존 단일 분야들에 집중한 기존 사회비판서를 넘어서 구조적인 복합 분석을 시도한다. 3부에서는 피크 코리아 현상에 발목 잡힌 2020년대 중반의 한국을 구출하기 위한 정치·경제·사회·군사·북한 전략·글로벌 전략 총 6개 축의 새로운 국가전략 기초 개념설계를 제시하여 여타 사회비판서에는 없는 구조 개조 제안서 형태의 완결성을 차별적으로 추구한다. 종합하면 이 책을 통해 필자는 글로벌 아웃라이어$_{outlier}$(일반적인 패턴에서 벗어나 특이한 결과를 만들어낸 존재) 한국의 성장 신화가 끝난 지금,[11] 단순한 비판을 넘어 한국 국가사회 시스템을 해부하고, 6개 국가 개조 설계와 전략을 제안한다.

우선 다음 1부에서 한국, 글로벌 코리아는 어디까지 왔는지 살펴보자. 이것을 알게 되면 피크 코리아로 잃어버리고 있는, 잃어버릴 것들이 비교적 명료하게 보일 것이다. 너무 아깝다고 한숨을 크게 내쉬게 될 것이다.

1부

글로벌 탑10 한국, 어디까지 왔는가?

한국은 글로벌 10위, 글로벌 탑10 코리아

한국은 어디까지 왔는가? 거두절미하고 한국은 세계 10위권, 글로벌 탑10 국가다. 어떤 한 분야에서 특출나서 세계의 주목을 받는 맥락이 아니다. 한국은 현대 글로벌 사회에서 한 국가의 능력, 수준, 위상을 평가하는 거의 모든 영역에 걸쳐 통합적으로 상위 선진국 그룹에 속한다. 게다가 한국은 상대적으로 작은 규모의 인구와 영토를 바탕으로 똘똘 뭉쳐 그 지역 내에서 고슴도치처럼 생존하는 형태의 국가가 아니다. 예를 들면 스위스, 네덜란드, 싱가포르, 덴마크, 아랍에미리트UAE, 카타르, 뉴질랜드, 때로는 대만 같은 국가들이 바로 이러한 '강소국'이다. 소위 '30-50 클럽'에 속한, 곧 1인당 국민소득 3만 달러와 인구 5천만 명을 초과한 한국은 강소국이 아니라 중견국을 넘어 지역 강국에 다다랐다. 냉전기와 탈냉전기를 거쳐 강대국 그룹에 진입하는 기준으로 명명된 이탈리아의 수준을 넘어섰다. '강대국의 최소least of the great powers' 수준까지 온 것이다. 이러한 글로벌 코리아의 위상 덕분에 서구 선진국 그룹인 G7에 한 자리를 더 만들어 한국을 포함한 G8로 확대하자는 논의가 나온다. 한국은 대체로 이 정도까지 온 것이다.

한 국가의 역량은 절대적인 기준과 더불어 상대적인 기준으로 평가한다. 한국이 어디까지 왔는지 알기 위해, 직관적으로 가장 쉽게 물질적 하드파워와 비물질적 소프트파워를 기준으로 글로벌 랭킹을 매겨보자. 하드파워 측면에서 경제산업 10~12위, 군사안보력 5~6위, 소프트파워 측면에서 대중문화력 10~12위, 국제정치영향력 10~12위, 양 파워에 공히 적용되는 과학기술력 5~7위로 대략 통합 국가역량은 글로벌 10위 정도가 된다. 앞으로 비교적 자세히 제시할 여러 측정 기준에 따라 그 글로벌 랭킹의 범위가 달라지겠지만 이 '10'이라는 숫자가 2020년대 중반 한국의 숫자라는 데 현재 전 세계의 현자들은 이견이 별로 없다. 객관적으로 30-50 클럽에 딱 맞는 국가 사이즈로는 이보다 높게 랭킹을 끌어올리는 것은 불가능하다. 그 앞에는 미국, 중국, 러시아, 인도 등 대국이 있다. 어찌 보면 올라갈 수 있는 데까지 올라간 것이다. 물론 질적으로, 내실로 더 단단히 그 글로벌 위상을 다지는 루트는 있지만.

한국이 제2차 세계대전 이후 특이한 전면적, 통합적 성장발전의 성공 사례인 이유는 이 국가가 아웃라이어이기 때문이다. 두 번째 세계대전이 종료된 1945년을 기점으로 지난 80년간 다양한 규모의 신흥국들이 다양한 시공간에서 성장·발전해온 패턴이 존재한다. 대체로 서구 선진국들을 모범사례, 곧 프로토타입prototype(시제품)으로 삼아 경제 성장에 기반한 사회, 정치, 과학기술, 군사, 문화 성장의 유사한 경로를 따라왔다. 각기 다른 속도로 다른 수준의 성공과 실패를 겪었고 다수의 신흥국은 어느 정도 성공을 성취했다. 곧 경제에서는 성공하되 정치는 실패하고, 정치는 성장하되 경제는 실패하고, 둘 다 성공하되 문화나 군사는 실패하고, 가장 어려운 과학기술도 그 성패 여부가 다른 국가들이 대부분이다. 그래도 이들은 운이 좋은 편이다. 그 나머지 신흥국들은 실패했다.

이렇게 성공한 사례 중 한국은 유일하게 거의 모든 영역에 걸쳐 통합적으로 성장을 완수한 역사상 극히 드문 아웃라이어다. 한국은 제2차 세계대전 이후 일본에서 독립해, 한국전쟁을 거치고, 한반도에서 대한민국과 조선민주주의인민공화국으로 나뉘는 분단 고착화를 경험하며 가장 바람직한 국가성장발전 프로토타입인 서구 선진국의 제반 영역들을 참고했다. 역대 대통령과 집권 세력의 역할은 거칠게 요약하면 각기 처한 환경에서 세계에서 가장 '선진적'인 경제, 정치, 군사, 사회, 과학기술, 문화 모델을 선별·수용하여 따라잡는 것이었다.

① 경제산업: 서양 시장경제체제와 일본의 국가주도 발전국가
② 정치체제: 서양 자유민주주의
③ 사회인구: 다원적 시민사회, 공정 경쟁, 사회복지, 개인주의, 핵가족
④ 군사: 서양의 현대 직업 군조직과 무기체계
⑤ 과학기술: 서양-일본 복제 · 국산화 · 혁신
⑥ 문화: 서양-일본 대중문화

이 여섯 영역에서 미국, 유럽, 그리고 일본은 한국의 모델이었고 프로토타입이었다. 한국을 이끈 지도자들은 이 프로토타입들의 한국적 최적화를 통해 서구 선진국을 따라잡는 리더십을 발휘했다. 그리고 이젠 따라잡았다. 매우 중요한 국가적 성공이고 국민적 성공이다. 현대 국민국가 시대의 세계에서는 자신이 속한 국가의 역량이 국민 개인의 생존과 삶의 질을 크게 결정한다. 글로벌 위계에서 국가의 위치가 단순히 국뽕류의 자존감 고양을 한참 뛰어넘어 우리에게 중요한 이유다.

국가 성장 지속가능성 결정의 4대 요소

이 책에서 현대 국가 성장의 핵심 필수 구성요소인 이 영역들을 고루 다룬다. 우선 현대 국가를 구성하는 4가지 핵심 요소는 영토, 국민, 주권, 정부임을 기억하자. 첫째, 영토는 국가의 지리적 영역으로, 국가의 존재를 물리적으로 뒷받침하며, 국가의 권력과 권한이 행사되는 공간이다. 둘째, 국민은 국가의 영토에 거주하며 국적을 가진 사람들로, 국가의 구성원으로서 국가의 정치적, 사회적, 경제적 활동에 참여하며, 국가의 보호를 받는 대상이다. 셋째, 주권은 국가가 스스로를 결정하고 다른 국가들과 관계를 맺는 권리로, 국제 사회에서 국가의 독립과 자율적 주체성을 보장한다. 넷째, 정부는 국가가 국민을 통치하고, 국가 정책을 결정하고, 법과 질서를 유지하도록 기능한다.

이 4대 국가 존재 요소로 현대 국가가 구성된다면 국가가 지속가능하도록 실제로 떠받치는 필수 요소는 이 책이 세밀하게 다룰 '정치체제', '국가사회 구조', '경제산업', '국방군사'다. 이 요소가 없다면 현대 한국뿐만 아니라 21세기의 어떤 국가도 지속가능하지 않다. 물론 이 요소 또는 영역도 크게 분류한 것이며 이 영역들이 다 커버하지 못하는 세부 영역들도 존재한다. 또한 이 영역들을 기저에서 꿰어내는 과학기술, 문화, 이데올로기 등이 존재하나 이 네 영역에 고루 분포되어 함께 다룰 수 있다.

군이 국가 운영 같은 거창한 정치학적 개념을 제시하지 않더라도 상식적으로 우리는 이 4대 영역이 현대 국가가 하나의 거대한 유기적 생명체처럼 살아 숨쉴 수 있는 이유임을 안다. 이들은 분리되지 않으며 하나의 유기체적 생태계를 이룬다. 곧 각 영역은 긴밀하게 상호작용하며 각각의 독립된 특성과 구조가 있지만 2의 4승, 곧 16개의 양자, 삼자, 사자 관계를 구성한다. 이에 하나가 무너지면 다른 세 영역도 자연스럽게 약화하고 한 영역이 발전하면 다른 세 영역도 그에 따라 강화, 발전한다.

이 책의 분석과 예측을 따라가다 보면 독자들은 이 네 영역이 매우 복잡다단하게 연계, 연결되어 있고 상호작용을 통해 함께 진화하는 또는 퇴화하는 움직임을 보게 될 것이다.

예를 들어 국가사회 구조의 핵심인 인구, 교육, 중앙-지방 등의 구조가 변화하면서 경제산업의 핵심인 기업들의 흥망과 핵심 R&D 인재 유출, 정치체제의 핵심인 중앙(서울·수도권)의 비대화와 권력 구조 기형화, 국방 병력 전투력의 급속한 약화 등이 나타난다. 또한 정치체제에서 민주주의 체제의 근간을 훼손하는 권위주의적 대통령의 친위쿠데타self-coup가 발생하면 정치불안정의 급격한 악화로 국가 핵심 산업군들의 수출입 경쟁력이 곤두박질치고 쿠데타에 자의타의로 동원된 군대의 중립성이 크게 훼손되면서 민군 관계가 악화되고 군사력 자체가 크게 약화된다. 그리고 국방군사 영역의 핵심인 무기 과학기술과 생산력의 발전, 곧 방위산업의 급속한 성장과 글로벌 팽창은 자국의 군사력을 발전시킬 뿐만 아니라 경제산업의 성적표인 주식시장을 떠받치고, 국가사회 구조 교육 영역에서 관련 엔지니어링 R&D 인력과 고숙련 생산직 배출 수요가 급증하는 결과를 초래한다.

과학에서 원인과 결과의 관계로 지칭하는 인과관계causal relation다. 당연히 이러한 특정 영역의 '결과들'이 원래 원인이 발생한 영역에 영향을 미치고 또 다른 '결과들'이 생성된다. 곧 서로 원인과 결과가 순환하며 진행되는 상관관계correlation를 이 책의 피크 코리아 현상 분석과 전망에서 많이 보게 될 것이다. 또한 어떠한 과학기술 등을 인프라로, 매개로 하여 네 영역이 하나의 유기적인 생태계를 형성하기도 한다. 예를 들면 2020년대 중반 현재 전 세계의 기대와 우려를 한 몸에 받는 '인공지능AI, artificial intelligence'은 국가의 지속가능성을 담보하는 네 영역에 따로 또 같이 여러 형태의 결과를 만들어내고 있다.

다시 말해 21세기 중반의 글로벌 지형과 각국의 운명, 그리고 시민 개개인의 성장, 발전, 승리, 퇴보, 쇠락, 패배의 운명을 결정할 것으로 인정받기 시작한 인공지능 과학기술은 앞의 네 영역을 고루

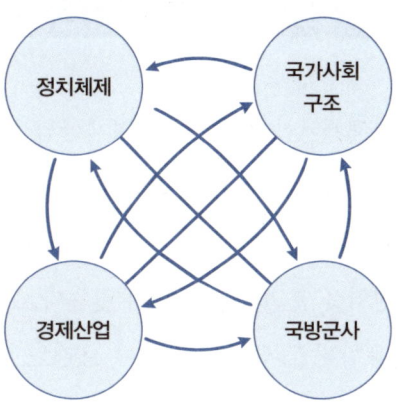

기저 영역: 과학기술+문화+이데올로기

아우른다. 아직 논란의 여지가 있지만 인공지능은 인류가 한 번도 경험하지 못한 '인간의 통제 없이 스스로 결정, 실행하는' 능력이 있는 기계다. 이 기술의 심화와 보편화로 창출되는 부가가치는 측정이 불가할 정도라고 평가받는다. 당연히 인공지능 기술이 부가가치, 돈을 추구하는 경제산업 영역뿐만 아니라 국가사회 구조, 정치체제, 국방군사 영역에서 모두 핵심 변수 또는 모든 변수를 압도하는 변수로 작용하기 시작했다. 인공지능이란 과학기술을 매개로도 국가가 지속가능하도록 만드는 네 영역은 빈번히 깊이 양적으로 질적으로 상호작용하며 운명을 같이할 것이다.

한국의 스토리, 신화
: 글로벌 탑10 코리아, 피크 코리아

그리고 이 정치체제, 국가사회 구조, 경제산업, 국방군사 네 영역의 다이내믹의 총합은 한 국가의 '스토리'를 생성한다. 한 국가에 대해 알고 평가할 때 그 국가의 시민이든 외국인이든 정치, 사회 구조, 경제, 국방 영역을 분리해 따져보지 않는다. 그 영역들이 하나로 합쳐져 녹아 융합된 그 국가의 이미지, 브랜드, 그리고 스토리를 찾는다. "도대체 우리나라는, 저 나라는 어떻게 저렇게 된 거야?" 스토리이자 서사이고 때로는 신화이기도 하다. 한 개인도, 한 가족도, 한 기업도, 어떤 인간들이 모여 만든 조직공동체도 유사하다. 그리고 그 스토리가 그 조직공동체의 정체성이 되고 목표가 되고 작동원리가 되고 무엇보다도 그 구성원들이 기대어 살아가는 희망의 이유가 되기도, 또 저주의 자폐증으로 무력해지는 이유가 되기도 한다. 또한 국가의 통합적인 개념설계concept design, 곧 '아무것도 없는 상태에서 밑그림을 그려 개념을 정의하는' 작업과 연결된다.

그렇다면 2020년대 중반 한국의 국가 스토리는 무엇인가? 현재 스토리는 '글로벌 탑10 코리아'와 '피크 코리아'가 혼재하고 있다. 그리고 찬찬히 설명하겠지만 그 후자 스토리의 큰 축은 '강남 테크트리', '도시국가 서울', '민주주의 퇴보', '성장동력 상실', '전투력 약화' 등이다. 특히 이 중에서 강력한 존재감을 뿜어내는 것은 '강남' 신화다. 나아가 한국은 2030년대를 대비해 어떤 새로운 스토리-개념설계를, 국민이 믿고 따라 자신과 가족과 더 큰 조직공동체를 위해서 시간, 에너지, 자원을 쏟아부을 수 있는 신화를 만들어낼지 고민해야 한다. 비전이고 전략이다. 이 책은 이러한 작업에 기초를 다지기 위해 썼다. 우선 한국인으로서 가슴이 웅장해지고 뭔가 나의 현재와 미래가 밝아질 것 같은 글로벌 탑10 코리아 스토리-신화를 잠시 살펴보자.

한국의 글로벌 탑10 국가로의 성장·발전은 '스토리'가 좋다. 우리가 만화와 애니메이션을 보면서, 영화와 드라마를 보면서, 신화와 소설을 읽으면서 항상 접하고 감동하고 좋아하는 '소녀·소년 성장물'의 스토리가 그대로 들어 있다. 아마 4050(X)과 6070(베이비부머) 세대에겐 진부하기 이를 데 없고, 현재 2030으로 불리는 MZ 세대에겐 다소 낯선 반응이 나올 '한강의 기적', '반공정신', '산업역군', '베트남 참전 용사', '민주화와 87체제', '과학기술보국', '둘만 낳아 잘 기르자' 등이 한국이란 국가 성장물 스토리의 면면이다. 경제산업 성장, 정치체제 민주화, 사회인구도시 고도화가 우선이었다. 물론 한국이 겪기 시작한 성공적인 성장 이후의 스토리를 다루는 성장물은 많이 없다.

한국 성장물의 가장 최신 스토리는 현대 국가가 가장 달성하기 어려운 군사안보, 대중문화, 그리고 과학기술에 관한 것이다. 이들은 한강의 기적 코리아를 한참 넘어 글로벌 코리아 성장물의 완성 조건들이다. 경제, 정치, 사회 영역의 성장과 함께 해야만 이 영역들도 성장할 수 있다. 다시 말해 구제국 출신의 선진국이 아닌 신흥국으로서는 일단 먹고살아야 하고, 인구와 교육이 증가해야 하고, 중산층이 늘어야 하고, 자유화·민주화를 이루어내면서, 가장 근간이 되는 경제, 사회, 정치체제 영역에서 본격적으로 성장해야 한다. 그 이후에 한 국가가 다다를 수 있는, 세계적인 보편성을 쟁취할 수 있는 추가적인 최종 목표 영역이 대중문화, 군사안보, 과학기술이다.

세계인들이 한국에 관해 가장 먼저 떠오르는 단어이자 콘셉트는 '제조 과학기술 강국'이다. 또한 탈개발도상국, 한국의 대중문화 콘텐츠인 K-팝, K-드라마, 노벨상 수상작가 한강, K-푸드로 하나의 세계적 보편성을 획득할 정도의 힘인 소프트파워가 성장, 확산했다. 그리고 한국의 군사역량은 그 첨단기술, 실전 검증, 대량 생산, 비용대비 성능 등 기준 전반에서 전 세계 최고 수준인 무기체계들을 수출하여 현대 군사 무기체계 종주국들의 영토인 유럽의 재무장을 가능하게 하는 하드파워 보유국으로 한국을 지목하게 된 정도로 급성장했다.

조금 평이하게 이야기하면 한국은 절대적인 기준으로도 상대적인 기준으로도 괜찮은 나라다. 갈수록 많은 한국인이 살기 어려워진다고 느끼고 불평하고 우울해해도 한국만큼 살기 좋은 나라, 또는 살 수 있는 나라는 한국인에게 이 세계화된 지구상에 몇 개 없다. 한국만큼 거리가 안전하고, 소득이 꽤 높고, 그물망 지하철-KTX-5G네트워크 인프라가 기능하고, 골목 구석구석에 전 세계의 다양한 음식 먹거리가 있고, 푸르른 국립공원, 도시공원, 자락길이 계속 생기고, 고통스러운 미세먼지가 줄어들고, 전 세계의 사람들이 몰려들고, 인종다양성도 어느 정도 받아들여지고, 종종 외국여행도 가면서 세계를 경험하고, 70%의 청년이 대학교육까지

받고, 잘못한 대통령을 탄핵하며 풍자·조롱할 자유가 보장되며, 반려동물에 대한 존중 인식이 자리 잡힌, 무엇보다도 1인당 3만 달러 이상을 연평균으로 버는 인구 5,000만 명이 넘는 '30-50 클럽'에 속한 국가다.

1부에서는 대부분의 한국인이 자랑스러워하는 '접두어 K'의 피크, 한국이 정점에 다다른 모습들을 따로 또 같이 보여주고자 한다. 앞에서 언급했듯이 하나하나의 영역을 다룬 여러 분석은 이미 존재한다. 이 책은 종합적, 통합적으로 2020년대 중후반 글로벌 한국의 위치를 정점에 다다른 시공간의 단면을 통해 보여주려는 목적으로 썼다.

이런 맥락에서 현재 한국의 성장 결과를 시간상 거꾸로 순서를 잡아 설명하려 한다. 대체로 한국의 글로벌 코리아 성장 분석은 경제산업적 성취를 먼저, 그 후에 정치제도, 사회인프라, 대중문화 등을 차례로 나열하는 것이 일반적이다. 이 책은 반대로 1부에서 가장 상징적이면서 최근이자 동시에 최후의 성과 영역부터 살펴본다. 대중문화 콘텐츠의 글로벌 보편화, 방위산업의 글로벌 팽창, 첨단 과학기술 발전 산업 고도화를 먼저 설명하고 가장 일반적인 경제산업 지표들과 민주주의 정치제도 발전의 정점을 소개한다. 각 영역을 모두 기계적으로 딱 맞물리게 하기는 어렵지만 앞에서 이들의 '상호작용'에 대해 설명했듯이 대략적으로 한국이 각 영역별로 그리고 통합적으로 세계 몇 위인지 필자 나름의 기준으로 제시하며 독자들이 날카로운 '감'을 확보하도록 할 것이다.

1장

글로벌 보편성 단계에 이른 한국 대중문화

세계인 모두의
K-콘텐츠

    국가역량은 하드파워와 소프트파워로 구성된다.[12] 다음 2장에서 설명하는 전 세계로의 방산무기 수출이 물리적 힘인 하드파워의 성장을 의미한다. 반면 한국 대중문화산업인 K-콘텐츠의 글로벌 수출과 확산, 곧 가장 각광받으며 특히 청장년세대에게 어필하는 유형의 문화에서 글로벌 탑10 안으로 급속히 진입한 것은 비물리적 힘인 소프트파워의 성장을 의미한다. 압도적인 제국의 역사와 영향력을 소유하지 못한 중간 크기의 국가가 글로벌 사회에서 눈에 띄는 존재감을 증폭시키고 근본적인 글로벌 영향력을 격상할 수 있는 경로로 대중문화보다 더 효과적인 소프트파워 유형은 없다. 2010년대 한국의 소프트파워를 강화하는 수단으로의 공공외교public diplomacy를 연구하고 여러 관련 외교 행위에도 관여한 필자는 그 위력을 전 세계에서 체감해왔다.

더구나 소프트파워의 다른 영역들은 역사, 정치제도, 경제무역, 사회 보편가치, 그리고 군사력을 포함한 국가 주도의 성공에 기인하는 국가브랜드·이미지 비중이 크지만 대중문화산업은 조금 결이 다르다. 정부가 간접적인 지원은 가능하나 주도적으로 육성하거나 양육하기 어려운 영역으로, K-콘텐츠는 창작자들과 그들을 상업화하여 부가가치를 창출하게 돕는 국내외 문화산업 기업들과 첨단 테크놀로지가 결합되어 구축된 자생적인 성공 스토리다. 이런 맥락에서 뒤의 방위산업과 완전히 다른 성장 루트를 거친 글로벌 탑10 코리아의 한 구성 요소다. 물론 2010년대 이후 놀랍도록 발전한 글로벌 네트워크 기술 기반 뉴미디어(유튜브)와 스트리밍 서비스(넷플릭스) 중심 인프라의 글로벌 확산과 주류화라는 운이 크게 작용했다. 2022년에 발발한 러시아-우크라이나 전쟁이 역설적으로 한국 방위산업 성장의 기회가 되었듯이 말이다.

전 세계가 한국의 대중문화, 그리고 그와 결합된 많은 것에 관심을 보이고 구매하며 존중한다. 2010년 이전에는 동아시아의 인접국을 제외하고는 타지역 국가들의 소비자가 한국 문화 자체에 관심을 가질 만한 이유가 별로 없었다. 특이한 '제3세계 비주류 문화' 정도로 얕은 마니아층이 존재했을 뿐. 지금은 한국과 외교적으로 갈등하는 일본, 중국, 그리고 북한 시민도 이를 즐기고 그 과정에서 한국의 다양한 현실, 삶의 수준을 실감한다. 또한 동남아, 중동, 유럽, 남미, 그리고 북미 시민도 흔히 공유한다. 한국의 국가역량이 전반적으로 강해지고 그 성장발전 스토리들이 알려지면서 글로벌 탑10 수준에 이르렀기에 가능한 K-콘텐츠의 글로벌 진출·팽창이다. 한국은 미국·유럽·일본 문화 수입소비국에서 수출확산국으로 상전벽해의 변화를 경험했다. 한국의 경제 수준과 그 국가역량이 최상위에 다다르니 세계 사람들이 이색적 고급 식당의 비빔밥, 불고기, 갈비 정도가 아니라, 집이나 스낵바에서 불닭볶음면, 떡볶이, 김밥, 만두를 다투어 먹는다.

한국의 팝뮤직과 드라마·영화, 그와 연계된 뷰티·음식은 2020년대 중반 지구의 여러 지역에서 일시적 인기를 넘어 지속가능한 수준으로 보편적으로 받아들여지고 그 내용과 형식, 사업 모델이 자생적으로 재생산되는 단계에 들어갔다. 2025년 넷플릭스 최고 히트작이자 스포티파이와 빌보드 차트를 석권한 〈케이팝 데몬 헌터스K-Pop Demon Hunters〉가 그 보편화의 대표적 사례다. 미국과 영국, 소위 영미권에서 그 보편성을 유일하게 보유하고 글로벌 대중문화 산업 시장을 지배하는 틈새로 K-팝과 K-드라마, K-뮤지컬이 삐쭉 머리를 내밀고 이제 한 자리를 확실히 차지하고 있다. 기존 글로벌 대중음악 시장은 영어로 부르면 팝음악이고 다른 언어로 부르면 제3세계 음악이라는 간단한 논리가 지배했고 현재도 그렇다. 드라마와 영화도 마찬가지다. 그 와중에 한국 콘텐츠는 하이브리드의 특성을 가진 '한국', '영미' 그리고 '인간사회 보편' 삼중의 정체성으로, 첨단 네트워크/커뮤니케이션 테크놀로지를 타고, 영미 독과점 시장 논리를 넘어섰다. 그리고 고급 문화의 정수인 노벨문학상을 한강 작가가 2024년 수상하면서 거의 완결성을 갖춰간다.

프랑스 외교관과
시골 소녀

    이 맥락에서 필자의 개인적인 에피소드 두 개를 공유하고 싶다. 연구년을 보내던 2023년 프랑스에서의 일이다. 파리의 한 젊은 외교관이 나에게 "한국의 대중문화가 세계적으로 받아들여져 일반적, 보편적이 되는 것을 보니 이제 우리(프랑스)와 같이 이야기할 수 있는 수준이 된 것 같다"고 했다. 무슨 말인가 곱씹으니 한편으로는 건방진 구제국주의 티를 내는구나 싶었는데, 동시에 이건 진짜구나 싶었다. 제국의 번영을 기반으로 한 전통·대중문화를 지닌 프랑스가 인정할 정도로 한국이 새로운 국가성장발전에 기반한 높은 수준의 대중문화를 갖게 된 것이다. 콧대 높은 프랑스와 외교적으로 동등하게 지낼 수 있는 상대국의 마지막 조건이 문화라는 것은 외교가의 상식이다. 프랑스는 아무리 하드파워인 경제력과 군사력이 강한 국가라도 문화력이 떨어지면 낮춰 본다.

    프랑스 남동부의 작은 휴양도시 안시Annecy에 머물던 어느 여름날 동네 빵집에 들렀을 때였다. 거기서 크루아상과 바게트, 지역 특산 치즈 등을 골라 계산대로 가니 그 동네의 고등학생 정도 되는 프랑스 소녀가 빵을 받아 들면서 말을 건넸다. 웃으며 "안녕하세요? 다 해서 13유로입니다"라고 안내했다. 나는 화들짝 놀라 한국어를 잘한다고 답해줬더니 그다음부터는 아주 유창한 한국어로 계속 대화를 이어갔다. 이 동네 아이라는데 도대체 어디서 한국어를 배웠냐고 했더니, 한국 드라마와 음악을 좋아하다 보니 직접 이해하고 싶어 인터넷으로 공부했다는 대답이 돌아왔다. 순간 멍했다. 한국에 한 번도 가본 적 없는 프랑스 시골 소녀가 한국어를 한국 사람처럼 한다. 물론 영어도 훌륭했다. 우연이라기엔 이런 에피소드가 유럽 곳곳을 다니는 동안 수시로 벌어졌다. 필자뿐만 아니라 전 세계 곳곳을 다니는 한국인에게 이런 에피소드는 넘쳐난다. 이러면 우연이 아니라 샘플이 충분한 통계학적 패턴이 된다. 양이 많아지면 질적으로도 변하는 '양질 전화'다.

모든 영역의 복합적 다원적 사회·산업의 산물이 바로 한국의 음악, 드라마, 영화, 게임 등 엔터테인먼트 대중문화다. 한국 하면 가장 먼저 연상되는 이미지는 'K-팝'으로 K-콘텐츠의 전위대다. 그리고 궁극적으로 우리 시대의 로마, 미국의 언어이자 세계 공용어인 영어를 넘어서 한국어를 자생적으로 배우는 주요국의 102030청년들이 증가한다. 한국 이미지 연상을 주도하는 K-푸드 역시 비싼 돈 주고 이따금 사 먹는 고급 음식의 수준을 넘어섰다. 가성비 좋은 분식점 같은 작은 동네 식당에서, 그리고 우리가 흔히 먹는 떡볶이와 라면, 만두, 김, 밀키트를 마트에서 구매해 집에서 먹는 젊은 세계인들이 급증한다.

첨단기술 인프라를 선도하는 한국이 발명한 새로운 콘텐츠 장르 산업인 '웹툰'도 급속하게 확산하며 K-드라마, K-영화와 함께 세계관을 구축한다. 또한 K-뮤지컬과도 결합된다. 물론 문화산업에서 창출된 수출액은 여타 한국의 핵심 제조산업에 비해서는 적다. 그래도 한국 콘텐츠산업 수출액은 2005년 13억 달러에서 2023년 133억 달러로 크게 증가했다. 수입액이 동 기간 29억 달러에서 8억 달러로 줄어든 것과 대조된다. 게다가 그 글로벌 영향력은 다른 핵심 제조산업들 못지않다.[13] 2024년 처음으로 수출 100억 달러를 돌파한 화장품 제조산업과 식품 제조산업 등이 큰 수혜를 받는 후방 효과가 대단하다.[14] 보편화되면 전 세계인이 받아들이게 되고, 그렇게 되면 장기간 시장에 남을 수 있다. 저 102030들이 나이 들어도 계속 소비자로 재생산자로 존재하고 '본진' 한국과의 연계성을 더 확대하려고 할 것이다. 이 대중문화 영역에서 한국은 너끈히 글로벌 탑5 안에 들어간다.

팝 문화의 본진, 미국에 자리 잡은 K-팝

글로벌 대중문화 시장에서 가장 중요한 본진이자 큰 시장인 미국에 진입해 글로벌 보편성을 획득한 거의 유일한 사례가 한국이다. 같은 영미권인 영국 정도를 제외하고 이질적인 프랑스, 이탈리아, 일본, 브라질, 중국, 러시아 역시 이뤄내지 못했다. 미국 내 공존하는 백인, 흑인, 그리고 중남미 이민자의 고유 문화를 제외하고 미국 밖의 이질적인 문화권에서 전파되어 하나의 '영역'으로 인정받고 수용되는 건 한국의 K-팝, K-드라마가 유일하다.

물론 K-콘텐츠가 미국의 주류라는 뜻은 아니다. 깃발을 꽂는다는 의미이지 한국 대중문화의 주요 시장은 여전히 비미국 지역들이다. 다만 미국에서 인정받는 것은 전 세계에 큰 레버리지^{leverage}로 작용한다. 본진인 미국이 듣고 보고 즐기고 환호한다는 것이다.

영미권이 지배하는 세계와 겹치지만 살짝 벗어나서 독자적인 세계를 꾸리는 정도, 그래도 보편성을 확보한 세계다. 미국 내 한국계를 포함한 아시아계가 약 2,600만 명, 총인구의 7%를 넘지만 통일된 형태의 대중문화 서브컬처로 중국, 인도, 일본, 베트남, 그리고 한국 이민자 문화가 주류 대중문화의 한 영역으로 인정받지 못하는 현실이다. 다시 말해 아시아 대중문화가 미국 내부로부터도 주류화가 안 되는 환경을 감안하면 K-콘텐츠, 그 '아웃라이어'의 예외성이 드러난다. K-콘텐츠에서 두 가지 분야를 좀 더 자세히 살펴보자. 대중문화에서 가장 중요한 영역이기도 한 음악과 드라마다.

한국의 대중음악 K-팝은 세계 대중문화 역사에서 아웃라이어다. 제2차 세계대전 이후 냉전기와 탈냉전기를 거치면서 글로벌 대중음악 시장과 세계를 지배한 것은 처음에는 유럽, 후에는 미국이다. 각종 통계와 분석을 굳이 언급하지 않더라도 현대 정보통신 기술을 활용할 수 있는 비교적 열린 국가들에서 살아가는 대부분의 사람은 미국 팝송을 즐긴다. 스포티파이, 유튜브, 각국 유사 앱들의 스트리밍 서비스 중 반 이상을 차지하는 콘텐츠가 미국 팝송류다.

미국과 타 지역에서 생산되고 재생산되는 여러 장르의 미국 대중음악은 다른 국가에서 기원한 대중음악보다 질이 높고, 양이 많다. 워낙 압도적이다 보니 미국의 여러 다른 영역의 소프트파워와 한 묶음으로 '미국 문화제국주의'라고 비판받을 정도다. 전 세계 소프트파워 1위의 다른 이름이다. 더 실제적으로는 미국은 글로벌 대중음악 시장의 독과점 국가다. 어느 국가나 자국의 대중음악이 있고, 음악적 요소는 공유하지만 각자의 고유한 이질적인 특성이 존재한다. 그러나 어느 국가의 대중음악도 미국 수준의 보편성을 확보하지 못했다. 2020년대 한국이 하기 전까지.

시작은 한국의 여느 주요 산업과 동일한 이유였다. 내수로는 성장이 정체되었고 수출만이 살길이었다. 아니면 고사할 가능성이 높았다. 다시 말해 한국의 글로벌 위상이 정점을 향해 치닫고 있던 2010년대 대중음악은 국내 음반시장 매출 저하로 새로운 수익구조 창출, 곧 생존을 위해 외국으로 갈 수밖에 없었다. 결국 한국 발전국가developmental state 산업수출 모델 중 좀 더 자발적이고 자율적인 버전이다.[15] 한국의 대중음악산업은 대체로 한국의 대중음악, 특히 철저한 '학원식' 아이돌 육성 기반 인프라가 형성된 2000년대에 질을 대폭 제고했다. 세계화된 대중문화 시장에서 내수로는 희망이 없던 창작자들과 예술가들은 일본 아이돌 문화 차용 수준을 넘어, 완전히 업그레이드하고 혁신하여 기획사 중심 아이돌 생산 공정을 표준화했다. 그리고 그 기획사 중 SM이 보아와 SES를 일본으로, HOT를 중국으로 진출시킨 것을 기점으로 소위 2세대 한국 아이돌 그룹들이 동아시아 대중음악 시장에 진출했다. 대단한 수출 성과였다. 그러나 본진인 미국에는 진출하지 못했다. 앞에서 설명했듯이 독과점 진입장벽은 너무 높았다.

유튜브를 타고 세계로 세계로, 그리고 〈케이팝 데몬 헌터스〉

그런데 여기에 정말 천운이 따랐다. 온 국민이 이것 없이 살 수 없어진 매체인 유튜브가 전 세계를 집어삼키기 시작한 것이다. 뉴미디어라는 첨단 테크놀로지 기반의 초고속인터넷 인프라가 전 세계에 깔려 보편화되면서 글로벌 엔터테인먼트산업 구조 자체가 혁명적인 변화를 시작했다. 한국인이면 다들 기억하는 싸이의 〈강남스타일〉이 유튜브 알고리즘을 타고 폭발하듯 전 세계로, 미국 본진으로 확산하던 2012년이 하나의 기점이다. 2012년 7월 15일에 유튜브에 공개한 후 약 5개월 만에 10억 뷰를 넘어섰다. 2025년 6월까지 조회수가 56억 회다. 유튜브 동영상 조회수 50억 회는 전 세계 11위 기록이고 대중음악의 뮤직비디오 유형에서는 5위다. 싸이는 "한국 시장만을 공략한 노래이고 한국 사람을 위해 유튜브에 올렸을 뿐인데 60일 뒤에 여기(미국)에 있다"고 했다지만, 전 세계적으로 K-팝의 전위대로 영어권과 비영어권 모두로 확산하며 대부분의 주요국에서 압도적인 인기를 얻고 트렌드를 만들어냈다. 할리우드의 대단한 스타들마저 모두 '말춤'을 추던 때였다.

다 알고 있듯이 K-팝은 '칼군무'를 위시한 강력한 전사 또는 귀엽고 섹시한 댄스 등 흔히 '비주얼'로 일컫는 요소가 핵심인데, 이를 기존 글로벌 및 각국의 방송매체에 진입시킬 방법이 없었다. 그런데 전 세계 절대 다수가 듣는 동시에 보는 음악인 K-팝에 최적화된 컴퓨터 스크린뿐만 아니라, 항상 휴대하는 스마트폰 액정화면을 소유하게 되었다.[16] 천운이었다. 3세대라 분류되는 BTS(방탄소년단)와 블랙핑크의 세계적인 인기로 K-팝은 10년 전과는 전혀 다른 평가를 받게 됐다. 단순히 음반 수출 규모의 증가뿐만 아니라, 북미, 유럽, 남미, 동남아 등에서 대규모 콘서트 투어로 벌어들이는 수익, 굿즈 판매와 애플리케이션으로 얻는 수익, 유튜브와 SNS에서의 파급력과 수익, 팬덤의 규모와 충성도, 그리고 언어와 지역을 뛰어넘는 인기로 따진다면 전 세계에서 K-팝만큼의 파워를 가진 대중음악은 미국 팝 말고는 없다.

세계의 대중음악 전문가들도 K-팝을 아웃라이어로 본다. 앞에서 언급했듯이 비틀스The Beatles를 시작으로 현재 에드 시런Ed Sheeren 정도로까지 꾸준히 이어지는 '영국 침공British invasion'을 제외하고는 K-팝이 유일하다. 미국의 대중문화 제작사, 공급사, 그리고 성공한 아티스트는 모든 제작 과정과 유통을 소비자와 팬에게 일방적으로 공급하는 톱-다운 강요 방식을 사용한다. 그에 반해 한국 대중문화 산업 구조, 특히 K-팝은 소비자와 팬이 그 문화상품의 개발자, 창작자, 전달자와 소통하면서 함께 만들어가는 '글로벌 팬덤'이란 게임 소비 민주주의로 진화했다.

전 세계 유행하는 모든 음악을 조합해서 작곡하고, 댄스 전문가들이 안무를 짜고, 마케터들이 판매전략을 짜고, 헤메코(헤어, 메이크업, 코디)로 아이돌을 꾸미고 영상창작자가 3분짜리 초단편영화 형태로 찍어 유튜브를 통해 전 세계에 동시 공개한다.[17] '좋은 건 몽땅 넣은' 맥시멀리즘이라고도 표현하는데 이 몽땅을 말이 되게 조화롭게 화학적으로 결합시키는 노하우가 경쟁력이다. 미국이 전 세계 인재들을 흡수해서 초강대국의 지위를 유지하는 것과 유사하게 대중음악산업에서 한국은 이 모델을 보편화했다. 최고의 작곡가, 안무가, 창작자, 아티스트가 한국으로 직접 또는 가상온라인 공간을 통해 K-팝 세계관 생태계로 들어온다. 글로벌 최고 팝스타 브

루노 마스Bruno Mars가 블랙핑크의 로제와 'APT APT, 아파트 아파트' 하며 전 세계를 돌아다니니 말 다 했다.

그러나 이들이 다가 아니다. 세상에 없던 정말 신기한 바텀-업bottom up 구조가 이 모든 것의 질적 변화를 가져온다. 팬들이 팬덤을 구축하고 확장하면서 이 K-팝 아이돌 스타들과 상호소통하며 실제 이들의 성장을 함께하고 촉진하며 이들의 글로벌 성공을 향해 함께 전진한다.[18] 최근 '양육 팬덤'이라고까지 지칭되는 소비자이자 팬이 직접 생산자로 기능한다. K-팝 아이돌 스타를 처음부터 함께 키우며 자신들의 팝뮤직 세계관을 같이 형성하고 글로벌 성공을 시켜서 확산하는 비즈니스 모델이자 게임이다. 그것도 팬덤의 대부분은 한국인이 아니다. 전 세계 글로벌 K-팝 마니아다. 함께 세계관을 구축한다. BTS의 미국 진출 및 대성공 정착이 이 대표적인 사례다.[19]

이를 이어 2025년 K-팝과 K-영화가 결합하여 북미에서 자체적으로 제작한 초대형 히트작이 전 세계를 휩쓸었다. 〈케이팝 데몬 헌터스〉다. 넷플릭스 오리지널 미국 (한국이 아니다!) 애니메이션 영화로 한국의 K-팝 아이돌을 소재로 최초 제작한 외국 애니메이션이며 전형적인 K-팝을 중심으로 한 뮤지컬 애니메이션이다. 'K-팝 걸그룹이자 무속신앙에 기반한 퇴마사인 주인공들이 저승사자 보이그룹으로부터 팬들을 지켜낸다'는 새로운 스토리다. 남산서울타워, 라면 등 한국 음식, 작호도(까치와 호랑이 민화)의 재해석도 호평 받았다. 제목이 다소 유치하지만 〈케이팝 데몬 헌터스〉는 2025년 8월까지 넷플릭스에서 2억 5,000만 누적 시청수를 기록하여 역대 가장 많이 본 영화가 되었다. 또한 이 영화의 주인공인 헌트릭스와 사자보이즈의 거의 모든 수록곡, 특히 〈골든Golden〉, 〈소다팝Soda Pop〉, 〈너의 아이돌Your Idol〉은 빌보드 차트와 스포티파이 차트에서 각각 1~5위를 기록하며 더욱 글로벌 보편성을 지니게 되었다. 심지어 필자의 영국 친구가 "오늘 내가 딸 소피에게 〈케이팝 데몬 헌터스〉 싱어롱Sing-a-long 영화 보여줬거든. 소피가 아마 넷플릭스에서 12번도 넘게 봤을 거야. 소피와 소피 친구들이 모두 중독되어 있는데 말야, 이 영화 한국에서도 서양처럼 대히트작인 거 맞지?"라는 왓츠앱 메세지를 보내올 정도다.[20] 한국인이 한국에서만 만드는 것이 아니고 외국인이 외국에서 K-콘텐츠를 만드는 것, 특히 미국에서. 미국의 팝콘텐츠를 전 세계 각지에서 만드는 것과 유사한 패턴이다.

〈기생충〉, 〈오징어게임〉, 〈어쩌다 해피엔딩〉

한국의 드라마도 이와 비슷한 위상을 지닌다. K-드라마 역시 한국의 글로벌 코리아 위상이 본격적으로 공고화되는 2010년대 중후반에 대중문화산업의 폭발적인 수출이 본격화되었다. K-드라마 콘텐츠는 예전부터도 재미있었다. 그러나 한국이 아니라 다른 국가, 지역에서 보기에 미국 할리우드의 '보편적'이고 수준 높은 재미의 산업 품목은 아니었다. 한참 모자랐다. 전형적인 제3세계 영상물이었다. 실제로 대중문화산업, 콘텐츠산업의 성장은 여러 조건이 필요하다. 가장 중요한 것은 스토리텔링, 서사가 재밌고 공감되며 자극적이어야 한다. 도파민이 나와야 한다. 경제적으로 이러한 생산을 가능하게 하는 자본 투자가 충분한 경제 수준도 필요하고 인간 세상에서 벌어지는 수많은 스토리를 검열 없이 자유롭게 주절거릴 수 있는 민주주의 정치체제도 중요한 필요조건이다.

그러나 이러한 국내용 대중문화 기조는 1994년 김영삼 대통령이 '세계화' 선언을 하고 1995년 세계화추진위원회를 발족시키면서 서서히 바뀌기 시작했다. 한국 대중문화산업이 본격적으로 시장 경쟁, 그리고 상당 부분 정부의 산업 육성 포트폴리오에 진입하면서 한국의 영화와 드라마도 국내 시장을 넘어서 외국시장으로 가야 한다는 국가적 미션이 생겼다. K-콘텐츠의 세계화가 시작된 것이다.[21] 또한 완전한 민주주의 체제가 정착되어 군부독재 권위주의 시절 창작자를 억눌렀던 '검열'이 사라지면서 한국의 모든 것이 소재로, 콘텐츠로 다뤄지게 되었다.

그다음 IMF 외환위기를 극복한 대통령으로 기억되는 김대중 대통령은 "문화예술에 지원은 하되 간섭하지 않는다"고 선언하며 앞에서 언급한 '낄낄빠빠'의 대중문화산업 육성 원칙을 확립했다. 그리고 현재까지도 이어지는 여러 세제 혜택 대상인 벤처 사업군에 영화, 드라마를 포함시킴으로써 각종 창업투자사의 적극적 투자가 활성화되었다. 콘텐츠 창작자와 제작자가 자본을 조달할 수 있게 했다.

국내 시장에서 경쟁력을 키운 한국 드라마와 영화는 세계 유수 영화제에서 가뭄에 콩 나듯 수상하는 '제3세계 영화' 단계를 뛰어넘기 시작했다. 한국은 최소한 아시아 권역에서는 재밌고 공감 가는 스토리라인, 비교적 세련된 비주얼워크, 그리고 출중한 연기 연출력을 인정받는 국가로 진화했다. 1991~92년 제작되어 국내에서 대단한 인기를 끌었던 〈사랑이 뭐길래〉가 1997년 중국에 저가로 수출되며 K-드라마 세계화의 첫걸음을 뗐다. 이러한 느린 수출성장이 2000년대부터 2010년대 후반 정도까지의 이야기다.

처음에는 비디오테이프 불법 복제품이 밀수되어 복제되는 경로를 시작으로 그 당시 제작기획 및 지식재산권을 보유하던 강력한 방송 3사(KBS, MBC, SBS)의 저가 판매 정책으로 일본, 중국, 대만, 동남아시아, 중앙아시아, 중동 등의 지상파, 케이블 채널에 수많은 K-드라마가 편성되었고 사랑받았다. 2002년 〈겨울연가〉, 2003년 〈대장금〉, 2009년 〈꽃보다 남자〉와 〈아이리스〉, 2011년 〈시크릿 가든〉, 2014년 〈별에서 온 그대〉, 2016년 〈태양의 후예〉, 〈도깨비〉, 〈시그널〉 등이 주력 상품이었다. 그러나 여전히 글로벌 보편성을 지닌 문화상품이 되기에는 보급과 파급력이 아시아에 제한되었고, 큰 수출고를 올려 글로벌 탑10을 달성하거나 근접해가는 다른 산업 분야들과는 비교하기 어려웠다.

그런데 천운이 따라왔다. K-팝이 유튜브라는 뉴미디어 테크놀로지와 결합했듯이 K-드라마, K-영화는 넷플릭스라는 글로벌 스트리밍 서비스와 결합했다. 싸이의 〈강남스타일〉이 유튜브 알고리즘을 타고 바이럴로 솟구쳐 올랐듯이 K-드라마는 OTT Over The Top 스트리밍을 타고 전 세계로 퍼져나갔다. 이제는 누구나 알고 익숙하고 매일 몇 시간씩 들여다보는 유튜브와 스트리밍이라는 뉴미디어

계열의 첨단 테크놀로지는 K-콘텐츠가 글로벌 탑5 안에 진입하는 결정적인 기제였다. 우연이라면 우연이고 이 분야 기술에서 세계 1, 2위를 다투는 한국 과학기술력의 필연일 수도 있다. 그리고 코로나 팬데믹이 2020년대 초반 전 세계를 가두어버리자 이는 넷플릭스, 아마존프라임, 디즈니플러스 등 드라마·영화 글로벌 스트리밍 서비스의 폭발적인 성장을 가져왔다. 〈킹덤〉(2019, 2020), 〈사랑의 불시착〉(2020), 〈이태원 클라쓰〉(2020), 〈지옥〉(2021), 그리고 기념비적인 〈오징어게임〉(2021, 2024, 2025)이 스트리밍을 타고 미국을 포함한 전 세계에서 최고의 흥행을 하며 영미권 드라마 이외에 최초로 글로벌 보편성을 획득하는 한국의 대중문화상품으로 자리 잡았다.

봉준호 감독의 표현을 빌리면 '1인치 높이의 자막 장벽을 극복한' 외국인들이 한국의 드라마와 영화를 수억 시간씩 보고 있다. 게다가 인공지능을 활용한 자막 기술과 더빙 기술은 넷플릭스 시청시간 순위에서도 잘 나타난다. 그 드라마가 전 세계적으로 얼마나 많은 사람에게 영향을 미치며 확산하고, 오래도록 기억에 남았으며, 앞으로 그 드라마를 만든 국가의 다른 드라마를 볼지 예상할 수 있는 핵심 측정치다. 한마디로 특수한 '제3세계의 문화상품'이 아니라, 일부러 찾아보는 '특이하고 색다른 한국 드라마'가 아니라, 영미권 드라마처럼 항상 거기(스트리밍 서비스)에 있어 일상에서 자연스럽게 보게 되는 '보편성'을 갖는다는 의미다.

〈오징어게임〉은 시즌 1에서 9회 분량으로 23억 2,800만 시간의 시청시간을 기록해 넷플릭스에서 가장 많이 시청한 드라마다. 〈기묘한 이야기〉 시즌 4의 14억 7,000만 시간, 〈다머〉의 11억 5,600만 시간, 〈브리저튼〉 시즌 1의 11억 3,300만 시간, 〈퀸스 갬빗〉의 11억 2,800만 시간, 그리고 다시 〈오징어게임〉 시즌 2의 11억 1,000만 시간을 큰 격차로 앞선 압도적인 K-드라마 시리즈다. 여전히 놀라운 흥행을 기록한 〈오징어게임〉 시즌 2에 이어 더 완성도 높은 시즌 3가 넷플릭스에서 꾸준히 상승곡선을 그렸다. 수십 개의 K-드라마가 지난 5년간 스트리밍 서비스에서 최상위권을 지키며 언제나 전 세계 사람이 자연스럽게 찾아 보는 보편적인 드라마 유형이 되었다.[22] 2025년 한국에서 제작한 뮤지컬 〈어쩌다 해피엔딩〉은 브로드웨이의 최고 흥행작이 되며 미국 연극·뮤지컬의 아카데미상으로 불리는 토니상의 뮤지컬 작품상 등 6개 부문을 휩쓸었다. 그리고 앞에서 언급한 〈케이팝 데몬 헌터스〉로 글로벌 넷플릭스가 폭발했다. 글로벌 OTT들의 탑10에 꾸준히 2~3편씩 들어가는 국가는 한국을 제외하면 영미권 외에 존재하지 않는다.[23]

어떻게 K-콘텐츠는 글로벌 보편성을 획득했는가?

한국 대중문화산업, 특히 스토리텔링 중심의 K-드라마와 K-영화가 글로벌 보편성을 획득하는 이유를 정리해보자. 일단 가장 중요한 원인은 매우 높은 작품의 질이다. 기본적으로 영상을 매체로 한 드라마, 영화는 근대와 현대를 지나면서 영상, 음성, CG_{Computer Graphics} 등의 테크놀로지 발전과 더불어 미국 또는 유럽이 창조하고 발전시키고 정착시킨 대중문화 장르로, 그 양식과 패턴을 다른 지역과 국가의 창작자들이 차용한다. 또한 그 스토리들의 유형도 이들이 형성하고 전파한 것이다. 당연히 미국이 이 유형의 글로벌 대중문화를 독과점할 수밖에 없다. 그리고 아메리칸드림이 상징하듯 대부분의 전 세계 시민이 이민을 시도하지 않더라도 미국 사회를 선망하는 보편적 이상향으로 인식했다. 현대를 살아가는 선진국 사람들이 겪고 있는 여러 삶의 스토리와 개발도상국 사람들이 부러운 눈길로 쳐다보는 삶의 스토리가 있는 곳이 바로 미국이다.

한국의 드라마와 영화는 이런 스토리텔링의 측면에서 상당한 이점을 갖고 있다. 한국의 지난 80년간의 압축적인 우여곡절 성장발전 자체가 아주 흥미로운 스토리다. 소년·소녀 성장만화 같다. 현재를 살아가는 전 세계 사람들에겐 자신들이 태어날 때부터 미국은 이미 정점에 도달해 수십 년 이상을 군림하는 글로벌 초강대국이다. 그러나 한국은 일본의 식민지로부터 독립한 1945년, 동족상잔이자 국제전인 한국전쟁이 끝난 1953년 이후 극빈국이자 군사독재 권위주의 체제국으로 시작해 서양 국가들이 이룩한 경제성장, 정치민주화, 사회다원화, 과학기술 발전을 배워 체화하고, 하늘이 도왔다고 할 시운을 타고 중견선진국이 되었다. 이 과정에서 얼마나 많은 한국인의 희로애락 스토리가 만들어졌겠는가?

또한 한국이 글로벌 코리아가 되어가던 2010년대 그리고 2020년대 한국의 스토리들은 미국을 포함한 서구 선진국의 국민이 항상 겪어내는 것들이다. 한국의 드라마와 영화는 솔직하다. 한국의 그리고 현재 글로벌 선진국들의 제일 껄끄럽고 보기 싫은 내 주변의 삶을 적나라하게 까발린다. 글로벌 탑10, 벼락부자라고 잘난 체하는 것이 아니라, 있는 그대로 때로는 그것을 과장하여 매우 창의적인 형식과 패턴으로 보여주고 공감을 얻는다. 〈기생충〉과 〈오징어게임〉이 그렇고, 〈더글로리〉가 그렇고, 〈이태원클라쓰〉가 그렇고, 〈지옥〉이 그렇다. 글로벌 차원에서 동기화synchronization를 경험하는 미국, 캐나다, 일본, 대만, 프랑스, 영국, 네덜란드 사람도 한국 사람과 똑같이 겪고 공감한다. 너무 당연하게 여겨지는 한국인의 가치와 삶이 시장경제와 민주주의 체제하에서 펼쳐지는 환경과 상황은 미국을 포함한 타 선진국 사람들의 희로애락과 크게 다르지 않다.

반면 비서양 개발도상국 국민에겐 이러한 스토리들이 자신과 유사하지만 저렇게 성장하고 발전하여 선진국 글로벌 탑10의 반열에 오른 국가를 통해서 구현되는, 낮은 버전의 '아메리칸드림' 곧 '코리안드림'으로도 보인다. 판타지물 같은 아름답고 화려한 재벌과 상류층의 삶을 그리고 평범하지만 꽤나 높은 삶의 질을 일상으로 누리며 살아가는 시민의 삶을 보면서 '아, 우리도 언젠가는 저렇게, 우리 같던 한국이 저렇게 되었으니 우리도' 하는 생각과 감정을 갖게 된다. 한국은 미국과 달리 바닥부터 정상까지 압축적으로 겪은 수많은 사람과 조직, 국가적 층위에서 쌓아온 스토리가 있다. 게다가 그 어려운 시절의 유산과 정전 상태의 안보 상황, 그로 인해 여전한 부조리들이 버젓이 존재한다. 그 결과 한국의 콘텐츠는 미국과 동일한 포맷이지만 전혀 다른 스토리를 갖고 매력적으로 다가간다. 그것도 매우 수출지향의 공격성을 갖고. 중견선진국이면서 개발도상국을 철저하게 경험한 '3만 달러-5천만 명'의 국가는 존재하지 않는다. 그 정체성이 한국 콘텐츠의 풍부함과 창의성의 기반이다.

이런 맥락에서 K-콘텐츠는 최소한의 글로벌 보편성을 획득했다. 따로 특이한 제3세계의 삶과 문화를 경험해보려 한국 것을 찾는 것이 아니고 그냥 일상에 박혀 있는 것이다. K-콘텐츠를 일부러 찾아보는 것이 아니라 넷플릭스, 아마존프라임, 디즈니플러스를 보다가, 유튜브를 보다가 항상 알고리즘에 떠서 미국 드라마처럼 당연하게 보는 것, 음식이라면 파스타나 차우미엔처럼 되는 것이다. 한국의 라면과 만두와 떡볶이와 조미김이 그렇게 되어가는 것과 비슷하다. 한 번 떴다가 사라지는 원샷원더one shot wonder가 아니고 항상 일상 속에 엔터테인먼트로 함께 있는 보편적인 존재가 된 것이다. 여전히 미국의 콘텐츠가 압도적인 우위를 차지하지만 영미권의 클리셰cliché, 할리우드의 그것에 식상한 사람에게 그 수용 범위를 넘어서지 않으면서 다르고 유니크한 한국 콘텐츠는 니치 마켓에서의 보편성을 획득했다. 이러한 한국 소프트파워의 보편성은 하드파워에서도 매우 놀라운 형태로 발현된다. 다음 장에서 설명하는 방위무기산업이 바로 그 사례다.

2장

민주주의의
무기고인가,
죽음의 상인인가?

유럽 민주주의의
무기고가 된 한국

한국 소프트파워의 보편적 위상을 K-콘텐츠가 보여준다면, 하드파워의 글로벌 확장 수준을 가장 명료하게 보여주는 최신 분야가 K-무기다. 한국의 최첨단 주력 무기들이 유럽 안보 무대까지 진출했다.[24] 필자와 같은 안보국방군사 분야 연구자나 군사무기 밀리터리 마니아(밀리터리 덕후)나 의무복무로 군대를 다녀온 한국인이 아닐지라도 최근 몇 년간 들어본 무기체계들이다. 그 수출 규모가 어마어마하다. 연간 100억 달러를 넘어 200억 달러에 달하고 있다. 2023년, 2024년 피크 코리아의 침체된 주식시장에서 나홀로 우상향 신고가를 갱신하며 3,000피로 견인한 방위산업 수출 기업들이 나타났다.

2023년 이후 폴란드는 전통적인 강대국으로 현대의 군사 무기체계를 확립한 종주국들이 자리 잡은 유럽에서 최신예 한국 무기체계들을 수입하면서 최강의 전력을 갖춰가고 있다. 총 442억 달러, 63조 원 규모의 수출 기본 계약framework agreement을 한국과 체결했다. 3.5세대 최신예 K-2 전차 1,000대, K-9 자주포 672문(K-10 탄약보급장갑차와 K-11 사격통제지휘차량 추가), K-239 천무 다연장로켓포 288문, FA-50 경공격기 48대다. 또한 중단거리 탄도미사일과 크루즈미사일도 논의 중이다. 앞의 전력을 보강한 폴란드의 전차, 자주포, 다연장로켓포의 육상 화력 무기체계는 유럽의 강대국인 프랑스, 독일, 영국의 각각을 모두 합친 숫자보다 많다. 폴란드의 주적은 우크라이나(간접적으로 북대서양조약기구NATO)와 전쟁을 이어가는 러시아다. 한국 무기체계 도입이 완료되면 폴란드는 지상 전력으로 러시아와 일대일로 맞설 수 있다. 또한 러시아와 더불어 역사상 폴란드를 침략했고, 120년 넘게 점령, 병합했던 독일과의 전쟁이 만에 하나 가상으로라도 벌어져도 승산이 커졌다.

한국의 무기체계 기반 군사역량이 유럽의 안보 지형을 바꾸고 있다. 2022년 발발하여 현재도 진행 중인 러시아-우크라이나 전쟁은 평화의 시기가 가고 전쟁의 시기가 도래했음을 상징하는 사건이다. 한국은 핵심 무기체계들을 러시아의 우크라이나 다음 타깃이라고 여겨지는 중부, 동부, 북부 유럽 국가들에 수출한다. 현재 나토 유럽 국가들과 러시아의 전면전 우려로 비나토국인 우크라이나에 파병을 하지는 못하지만 자국이 보유한 구식 무기체계와 포탄을 대규모로 이전한 이 국가들의 무기창고를 한국이 채워주고 있다. 물론 한국은 우크라이나를 지원하기 위해 전략적으로 의도하여 무기를 수출했다기보다 경제적 이익을 추구하는 과정에서 자연스럽게 이들 서양 민주주의 동류국가like-minded들의 군사력을 대폭 강화하는 결과를 만들고 있다. 또한 한국의 첨단 화력 무기들은 기존 유럽 강대국인 프랑스, 독일의 상대적인 군사력 우위를 약화하고 폴란드를 필두로 루마니아, 핀란드, 에스토니아, 노르웨이 등이 유럽 안보에서 더 큰 영향력을 발휘하는 큰 변화를 이끌어내고 있다.

폴란드는 저 멀리 떨어진 동아시아의 한국을 '동맹' 수준의 국가로 대한다. 서울과 바르샤바가 유라시아를 가로질러 약 7,000km 떨어져 있는데도 한국과 군사적 협력과 유사동맹 형태의 외교 관계를 도모하고 있다. 그것도 무기를 수출하고 그 생산 기술을 이전해주는 한국이 상위 파트너, 이를 받아 군사력을 강화하며 한국과의 공동 무기 생산 및 개발을 추구하는 폴란드가 하위 파트너 형태다. 이러한 한국 방위산업의 유럽 진출과 팽창을 경계하는 프랑스와 독일은 자신의 텃밭인 유럽의 무기시장에서 한국을 견제하고자 유럽연합EU 차원에서 자국의 외교력을 총동원하여 본격적인 방해 공작을 시작할 정도다. 프랑스 대통령 에마뉘엘 마크롱Emmanuel Macron이 공개적으로 "유럽 국가들은 한국 같은 비유럽 국가의 무기가 아니라 유럽의 무기를 사야 한다"며 한국 무기체계 도입을 본격화한 중부, 동부, 북부 유럽 국가들을 압박한다.

그런데도 이들 유럽 국가들은 재정적인 압박을 감당하며 탈냉전 이후 급격히 약화한 군사력을 재건하기 위한 첨단 무기체계의 도입, 실전 배치 파트너로 한국 외에는 마땅한 대안이 없는 상황이다. 2025년 트럼프 2기 미국우선주의 정부 출범 이후 유럽 자체 재무장이 한층 더 절박해지고 있다. 유럽의 군사안보를 책임져온 미국은 나토에서 탈퇴하겠다고 위협하며 유럽의 군사적 자립을 요구한다. 수 세기 동안 유럽을 지배해온 지역 강대국인 프랑스, 독일, 영국이 우크라이나 전쟁에 직접적인 군사 개입을 하지 않았듯이 러시아가 추후 폴란드, 루마니아, 발틱 3국, 핀란드 등 러시아(소련)의 직간접적 권위주의 독재 지배를 받았던 국가들을 침공할 경우 자국의 군대를 희생시킬지도 미지수다.

게다가 가장 발전된 무기체계를 중부, 동부, 북부 유럽 동맹국들에 공급하는 미국의 생산 역량은 한계가 있다. 유럽의 주요 무기 수출국인 프랑스, 독일, 스페인, 이탈리아는 현재 자체 재무장에 코가 석자일 뿐 아니라 이 국가들이 절실한 무기체계들을 단기간에 대량생산하여 적정한 가격에 기술이전까지 해줄 수 있는 의지와 역량이 부족하다. 러시아의 직접적인 군사침략 위협이 급속도로 강화되는 상황에서 대부분의 유럽 국가는 5년, 10년, 15년을 넋 놓고 기다릴 수는 없다. 이들은 군사력을 강화해야 하고 글로벌 탑10 한국의 무기체계가 수요를 대규모로 충족시키고 있다.

동서고금을 막론하고 군사력은 한 국가의 생존과 팽창의 가장 근본적인 필수불가결한 역량이다. 물론 상대적으로 강한 군사력 없이 생존하고 번영하는 균형 외교 hedging diplomacy 전략 중심의 소국도 있지만 스위스, 싱가포르 등의 강소국은 대부분 그 크기에 비해 비대할 정도로 군사력이 강력하거나, 미국 같은 군사적으로 강력한 후견국가와 동맹을 맺고 있다. 또한 진정한 강대국으로 다른 국가들의 국익을 추구하기 위한 하드파워 측면의 군사적 압박과 위협에 맞대응하고, 더 나아가 자국과 동맹 또는 연대하는 국가들의 안보를 보조해줄 수 있는 최고 수준의 군사역량은 글로벌 탑10 국가의 필수 요건이다. 군사역량 증진에서 자국을 보호하는 직접적인 군사력뿐만 아니라 그 군사력의 근간이 되는 무기체계들을 개발, 생산, 실전 배치할 수 있는 방위산업 또는 전쟁산업war industry 역량이 핵심이다. 한국은 방위산업 영역에서 미국, 러시아, 중국 등 군사 초강대국 다음 그룹에, 글로벌 탑10에 진입했다.[25]

한국 무기수출의 글로벌 팽창

한국의 방위산업, 곧 전쟁산업의 역량은 다음의 무기체계 리스트를 보면 좀 더 명확해진다. 한눈에 봐도 한국의 전쟁산업은 다음 표(68쪽)에서 볼 수 있듯이 육상, 해상, 항공 영역에서 현존하는 거의 모든 기초, 첨단 무기체계를 매우 높은 수준으로 연구개발, 대량생산, 유지보수개량까지 포괄적으로 가능하다.

각 영역의 몇몇 무기체계를 생산할 수 있는 국가도 많지 않지만 전 영역의 거의 모든 무기체계를 생산, 소비, 수출할 수 있는 국가는 전 세계에 10개국도 안 된다. 그 국가들은 미국, 러시아, 프랑스, 영국, 독일, 중국, 이탈리아, 스페인, 일본 정도다. 한국까지 딱 10개국이다. 해당 국가들의 면면을 살펴보면 알 수 있듯이 모두 예전 또는 현재의 세계 제국들이다. 이들은 제2차 세계대전 전후로 현재까지 무기체계 생산을 독과점하며 타 국가들이 글로벌 무기시장에

한국의 무기체계 라인업[26]

대분류	중분류	소분류
육상 무기 체계	총기	K1~K7, K13~K16으로 명명된 소총, 기관총, 권총, 유탄발사기 등
	탄약	5.56mm 소구경 탄약부터 특수 목적 탄약, 155mm 곡사포 포탄 등
	장갑차	궤도 및 바퀴형, K-21 레드백 보병전투장갑차, K200 장갑차, K808 차륜형 장갑차 등
	주력 전차	3.5세대 K-2 흑표, 3세대 K1A1
	자주포	K-9 자주포, K-10 탄약운반차, K105A1 차륜형 자주포 등
	다연장로켓	K-239 천무 다연장로켓시스템
	그 외	현궁 휴대용 대전차미사일, 다목적 무인차량 등
해상 무기 체계	전투함	독도급 대형수송함, 세종대왕급 구축함, 천왕봉급 상륙함, 타이드급 전투지원함 등
	잠수함	디젤-전기 추진 장보고급(SS-I), 손원일급(SS-II), 도산안창호급(SS-III, 3,750톤 수중), 이봉창급(SS-III Batch-II, 2026년 인도 예정) 잠수함 등
항공 무기 체계	전투기	T-50 고등훈련기, FA-50 경공격기, KF-21 4.5세대 전투기
	다목적 위성	소형 고성능 위성 500, 정지궤도 다목적 위성, 다목적 실용위성
	발사체	액체연료, 고체연료, 혼합연료 발사체
	탄도미사일	천궁 M-SAM Block-II, 현무-3 순항미사일, 현무-4 탄도미사일, 현무-5 탄도미사일(SRBM), L-SAM, 저고도 미사일 방어체계(LAMD, 개발 중)
	그 외	신궁 휴대용 지대공미사일, AESA 레이더 시스템, 헬리콥터, 무인 전투기 등

진입하는 것을 막아왔다. 유럽은 물론 중동, 동남아시아, 남아시아, 오세아니아, 남아메리카, 아프리카 등 모든 지역에서 그랬다. 한국만이 무기체계를 생산, 공급하는 글로벌 과점 시장의 벽을 깬 거의

유일한 국가다. 그것도 유럽에서부터.

한국의 방위산업 무기 수출은 이제 거의 전 세계 모든 지역으로 향하고 있다. 현대 전쟁무기의 발상지이자 주무대인 유럽 시장의 높은 벽을 뛰어넘었다. 유럽의 근본적인 군사력 균형, 더 나아가 안보 지형을 바꾸는 한국 군사력 투사 수준이 확인되며 타 지역의 주요국들은 한국의 다양한 육해공 무기체계 도입을 확대하고 있다. 한국 방위산업의 글로벌 팽창 현상이다. 세계 안보 구조의 큰 변화 흐름에 맞춰 폴란드와의 방위산업 협력을 시작으로 한국의 해당 수출액과 수주액, 그리고 방산기업들의 주가는 몇백 퍼센트씩 치솟고 있다. 2020년대 중반 서학개미들이 타국장으로 탈출함으로써 정체를 면치 못하는 국장에서 그나마 각광받는 종목은 방위산업과 연관된 주식이다. 2025년 고전하던 국장의 급격한 상승을 이끈 하나의 원인도 이들과 연결된 조선 및 원자력 연관 주식이었다.

한국의 대규모 무기 수출은 유럽을 필두로 중동의 사우디아라비아, UAE, 이라크, 이집트, 동남아시아의 필리핀, 인도네시아, 베트남, 오세아니아의 호주, 남미의 페루와 콜롬비아, 남아시아의 인도, 그리고 북미의 캐나다까지 급속도로 확대되고 있다. 심지어 국방비로 1,000조 원을 쓴다고 해서 '천조국'으로 불리는 글로벌 패권국 미국의 방위산업 시장에도 진출하기 시작했다. 2020년대 중반 전쟁의 시대가 도래하는 가운데 세계 주요국들은 자국의 그리고 자국의 동맹국들의 군사력을 어떤 수단을 동원하든 강화하려 한다. 미국은 최고 최첨단 무기체계 공급을 제한하고, 침략국 러시아는 수출을 하지 못하며, 자국 수요를 충당하기에도 바쁜 중국은 공

출처: 한국거래소

급하기 어렵고, 일본은 평화헌법의 제약으로 국내정치적으로 제한받고 있다. 이런 상황에서 글로벌 무기시장에서 한국은 프랑스, 독일과 동등한 수준에서 경쟁하고 있다.

방위산업은 한 국가 하드파워의 진정한 척도다. 국가 크기와 경제력이 30-50 중견국 이상이 되어 대규모 군대를 유지할 수 있어야 하고, 전반적인 대량 및 맞춤 제조산업 역량이 막강해야 하며, 무엇보다도 무기를 연구개발R&D 할 수 있는 과학기술 역량이 최고 수준이어야 한다. 특히 우리가 민간과 군사 양쪽으로 사용하는 '이중 용도dual use' 기술이라 일컫는 거의 모든 최첨단 과학기술이 대부분 군사 용도로 개발되어 사용되는 동시에 민간 산업으로 이전되어 엄청난 부가가치를 창출한다는 사실에서 한 국가의 국력과 글로벌 위상을 명확하게 보여주는 척도다. 미국 국방부 정보망 기술에서 나온 인터넷부터 군사 레이더 제작 기술의 부산물로 탄생한 전자레인지까지 그 사례는 전 산업을 망라한다. 반대로 민간 용도 기술이 군사 기술로 전용되는 트렌드도 강화되고 있다. AI가 대표적이다. 한국 방위산업의 글로벌 진출과 팽창은 이 측면에서 한국의 종합 국력과 힘의 투사력을 의미한다.

특히 과학기술 측면에서 한국 방위산업의 글로벌 탑10 입성은 그 함의가 크다. 아직까지도 현대 군사력의 근본은 군인, 병력이고 전 세계의 여러 전장에서는 제2차 세계대전과 한국전쟁, 베트남전쟁의 전투 양상이 여전히 유지된다. 러시아-우크라이나의 참호전 양상도 유사하다. 그러나 대부분의 세계 군사전문가는 인간과 AI의 통합 운용을 의미하는 '유무인 복합체계MUM-T, Manned Unmanned Teaming'로 상징되는 인공지능AI과 로보틱스robotics, 그리고 정보데이터운용 통합 네트워크(대표적으로 JADC2, Joint All-Domain Command and Control)로 대표되는 첨단 과학기술 기반 무기체계가 2030년대 전장의 주요 전력이 될 것으로 예상한다. 이번 러시아-우크라이나 전쟁에서 전 세계가 목도한 무인기 드론, 초소형위성 기반 스타링크 등은 그 방향성을 확인하기에 충분했다. 심지어 중국의 인민해방군은 대만 침공 작전계획에서 수만 명의 대만 상륙 병력을 AI 사족 로봇으로 대체하는 방안을 추진 중이라고 한다.

강대국이 군사역량을 전 세계의 영향력 투사로 변환하는 과정은 직접 파병 및 정보자산 공유 등을 제외하면 무기수출 또는 공여, 곧 방위산업을 통해서 이루어진다. 한국이 2020년대 들어 글로벌 방위산업 수출액의 10위권을 오르내리는데 2030년대에는 5위권까지 성장할 것으로 예상된다. 이로써 한국은 전 세계 국가에 군사전략적으로 더 필요한, 쓸모 있는, 그리고 매력적인 국가가 되었다. 한국의 무기수출은 1장에서 설명한 글로벌 코리아의 국가브랜드, 이미지인 소프트파워 영역에서도 매우 긍정적인 영향을 미친다. 군사력은 하드파워의 정점인 동시에 소프트파워의 화룡정점이다. 한국은 문화력과 군사력을 겸비한 첨단제조산업 국가다. 한국은 100% 무기 수원·수입국에서 글로벌 탑10 무기 공여·수출국으로 변모했다. 상전벽해의 변화다.

한국의 군사력은 글로벌 5위권

글로벌 코리아의 탑10 위상을 보여주는 방위산업을 설명하느라 막상 한국의 군사력이 세계 랭킹의 어디에 있는지는 언급하지 못했다. 한국의 육해공 통합 군사력 자체도 '글로벌화력 Global Fire Power' 등의 여러 측정 지표에서 2020년대 중반 글로벌 5~7위권으로 평가받고 있다.[27] 전 세계 군사 전력의 반 정도를 보유하고 있다는 미국이 1위, 냉전 소련의 막강한 군사력을 계승하고 발전시킨 러시아가 2위, 지난 30년간 가장 큰 군사력 성장을 이룬 대국 중국이 3위, 그리고 한국이 영국, 일본, 인도, 프랑스 등과 함께 그다음 그룹에 속해 있다. 한국은 모든 무기체계를 압도하는, 그러나 실제 사용하기는 극도로 어려운 핵무기체계는 보유하고 있지 않다는 치명적인 약점이 있지만 미국의 핵우산으로 보호받다는 점을 감안하자.

놀랍게도 한국의 군사력은 유럽 전장에 대입하면 최강급이다. 아니 미중일러의 동북아시아, 미국의 북아메리카, 러시아의 유럽을 제외한 전 세계 모든 지역에 대입해도 한국의 군사력은 지역 최강국이다. 한국 최정예 육군 부대인 7군단만으로도 대부분 국가와의 지상전에서 압도적인 승리를 거둘 수 있다. 육상 전력에 비해 많이 떨어지지만 한국의 구축함 등 수상함과 중대형 잠수함 100여 대를 보유한 해군 전력 또한 미중러일 다음이며 F-35, F-16 등 최신예 전투기 및 수송기를 포함해 600여 대 이상 보유한 공군 전력도 마찬가지다.

다시 말해 전통적인 군사 강국인 프랑스, 독일, 영국, 이탈리아는 말할 것도 없고 신흥 강국인 인도, 튀르키예, 브라질, 이란 등보다도 뛰어난 전력과 병력을 보유하고 있다. 한국 육군의 7군단은 북한을 넘어 중국의 동북지방을 담당하는 북부전구의 해당 전력에 맞설 수 있는 유일한 부대로 평가받으며, 해군 잠수함 전력은 그 운용 능력에서 미국과 일본 해군보다 낫고, 공군 전투기 전력 또한 최상급이다. 이에 더해 급속도로 발전하는 한국의 첨단 단거리, 중거리 탄도 및 크루즈 미사일 무기체계와 보유량은 일본을 포함한 전 세계의 주목을 받고 있다.

글로벌 안보 컨버전스의 촉매제, 한국 무기체계

여기서 잠시 글로벌 안보 구조의 변화를 살펴보자. 탈냉전, 평화의 시대가 끝나며 신냉전, 전쟁의 시대가 도래하는 가운데 미국과 유럽, 중국, 그리고 러시아의 전면적인 갈등과 경쟁은 안보의 컨버전스security convergence 현상을 야기했다.[28] 한국 방위산업의 글로벌 팽창 맥락에서 간단히 설명하면 다음과 같다.[29] 두 맥락에서 중요한데 안보 영역 간의 컨버전스와 더불어 (또는 이와 긴밀하게 결합된) 안보 지역 간의 컨버전스를 주목해야 한다. 탈냉전 기간 많은 긍정적인 부가가치를 불공평하지만 폭발적으로 생산해온 세계화가 끝났다. 이러한 미국 주도의 세계화 질서에서 성장했지만 이를 개편 또는 파훼하고자 하는 중국과 이에 가세한 구소련의 후신 러시아 쌍두마차가 미국과 본격적으로 경쟁하고 충돌하며 영역과 지역, 그리고 그 둘 사이의 안보 컨버전스가 폭발적으로 진행되고 있다.

지역 간의 안보 컨버전스는 인도-태평양 지역과 유럽-대서양 지역이 전략적으로 하나로 묶이는 형태로 발현되고 있다. 이 컨버전스의 가장 두드러진 가속 요인은 2022년 발발 이후 지속되는 러시아-우크라이나 전쟁이다. 이 미국 블록의 국가들은 러시아는 단기적, 중국을 중장기적 안보전략적 도전으로 규정하고 있다. 마침 2010년대 이후 발생한 첨단과학기술의 급속한 발전과도 결합하여 안보 측면에서 정치, 경제, 과학기술 영역의 컨버전스 정도가 폭발적으로 증가한다. 이러한 두 지역의 경제, 기술, 군사안보의 연계 방향성은 명확하다. 트럼프 정부는 이 전략적 접근의 근간을 흔들고 있지만 큰 대결 구도는 유지된다. 글로벌 안보 신질서의 한 축이다.

글로벌 주요국들은 탈냉전 이후의 '자유주의 국제질서liberal international order'의 통치 시기가 끝나면서 헝클어진 글로벌 안보 구조의 변화, 곧 안보의 통합적 수렴, 안보의 컨버전스 현상에 어떤 형태로든 대응하고 적응해야 한다. 한국의 방위산업 무기수출을 통한 군사역량 투사는 두 겹의 안보 컨버전스 현상을 둘러싼 글로벌 안보 신질서 형성의 한가운데 있다. 이 현상의 전위대라고도 촉매제라고도 할 수 있다. 한국 방위산업의 유럽 진출과 팽창의 글로벌 전략적 함의는 이를 포함한다. 한국의 군사 무기체계가 유럽, 나아가 글로벌 군사안보 구조 재편의 중요한 촉매 역할을 하고 있다.

한반도의 또 하나의 국가인 북한도 신질서 형성의 촉매제 역할을 시작했다. 북한과 러시아는 2023년부터 시작된 북한의 대러시아 대규모 무기 수출과 파병을 통해 2024년 '북한-러시아 포괄적인 전략적 동반자관계에 관한 조약'의 준군사동맹으로 양국 관계를 격상시켰다. 북한은 동아시아 또는 인도-태평양 지역의 한국, 일본, 미국뿐만 아니라 러시아에 맞서 우크라이나와 함께 싸우는 유럽-대서양 나토 동맹국들 사이에서도 큰 안보 위협으로 취급된다. 한국과 북한은 우크라이나를 사이에 두고 유럽 전선에서 서로를 맞상대하는 상황이다.

세계 군사안보 지형에서 핵심적인 역할을 하게 된 한국은 글로벌 탑10 위상과 권리와 동시에 무거운 책임과 의무를 부여받았다. 한국이 비싼 무기만 팔아대는 '죽음의 상인 merchant of death'이 아니라 지역 불문하고 민주주의 동류국가들과 연계국가들의 무기고를 채워주는 '민주주의의 무기고 arsenal of democracy'가 되어야 함을 의미한다. 한국이 하드파워적으로 진정한 글로벌 '강대국의 최소' 국가로서 글로벌 전략을 체계적으로 수립해야 하는 단계에 이른 것이다. 한국 국민이 평생토록 들어온 '한반도를 둘러싼 4강'의 동북아시아를 이미 아득하게 넘어섰다. 글로벌 탑10 코리아는 강대국의 최소에 다다랐다. 이 최첨단 무기를 만드는 제조 및 수출은 다음 장에서 살펴볼 한국의 글로벌 최고 수준의 종합적 제조산업 기술 능력이 없었다면 불가능했다.

3장

무엇이든 만들 수 있어요, 제조 기술 완전체 한국

글로벌 탑10 코리아의 상징, 테크놀로지

　과학기술, 곧 테크놀로지는 글로벌 탑10 코리아의 위치를 가장 상징적으로 보여준다. 무엇보다도 한국은 첨단과학기술 기반 제조 산업 국가다. 한국은 정말 제조를 잘하며 최고 수준의 국가인 독일, 일본, 미국 등에 뒤지지 않는다. 글로벌 제조 가치사슬value chain과 공급망supply chain에서도 거의 최상위 위상을 갖고 있다. 과학기술의 정치Politics of Technology를 연구하는 필자에게도 경이로울 정도의 글로벌 최상위 수준이다. 한마디로 한국 경제의 주요 부가가치는 여기서 나온다. 세계가 한국의 전략적 가치를 높게 평가하는 가장 중요한 이유기도 하다. 한국의 첨단기술과 이를 기반으로 한 제조업은 경제산업 구조를 다른 차원으로 혁신하는 성장 엔진이다.

　한국이 연간 창출하는 생산, 곧 GDP는 2,401조 원(2023년) 중 제조업이 758조 원으로 31.6%를 차지하며 서비스업 58.4%(1,402조

원), 농림어업 1.6%(38조 원), 세금 등 8.4%(201조 원)로 구성된다. 제조업은 투입 자원에 비해 산출이 현저히 높은 한국 경제의 근간이다. 제조업은 2020년대 들어 대략 국내총생산$_{GDP}$의 30%, 수출의 90%를 차지한다. 반면 서비스업은 주로 국내 기반 부가가치 창출이 중심이고 수출되는 품목이 있지만 그 비중이 대체로 낮다.[30] 산업 구조가 고도화되면서 대부분의 선진국은 3차 산업인 서비스 산업의 비중이 70%에 이르는데(한국은 약 58%) 이로 인해 제조산업 역량이 축소, 약화하면 글로벌 지위를 유지하기 쉽지 않다.[31] 현대 국가 생존 능력의 가장 기본이 공업, 제조업이기 때문이다.

하나의 예로 우리의 주변을 둘러보면 '플라스틱'이 없는 곳이 없다.[32] 플라스틱은 현대 인류의 삶의 질을 극단적으로 향상시킨 석유화학 소재이며 제품원료다. 주변을 찬찬히 둘러보면 사방으로 플라스틱에 둘러싸여 있다는 것을 알 수 있다. 필자가 이 책을 써 내려가는 키보드, 커피를 담아놓은 텀블러, 회의 후 가져온 생수 페트병, 이제는 몸의 일부가 되어버린 스마트폰도 모두 플라스틱. 휘둘러보면 연구실 안의 플라스틱 제품은 일일이 열거할 수 없을 정도로 많다. 문밖을 나서 어디론가 이동하면 더 많은 플라스틱과 섞이게 된다.

플라스틱 없이는 전 세계 어느 곳에서도, 도시나 시골이나 일상 생활 자체가 유지되기 어렵다. 삶의 필수품인 수많은 종류의 플라스틱을 만들 수 있거나 수입할 수 있어야 한 국가가 생존할 수 있다. 한국이 가장 잘 만드는 제조품 중 하나가 이 석유화학제품인 플라스틱이다.[33] 단지 플라스틱뿐만이 아니다. 현대인의 물질적, 비물질적 삶을 구성하는 모든 것이 제조산업에서 나온다.

무엇이든 만들 수 있는
완전체 제조 기술 강국 한국

한국은 이런 제조산업에서 글로벌 탑10 수준을 월등히 뛰어넘는 최강자 중 하나다. 한국의 기술 기반 제조업 생산량은 2023년 기준 4,163억 달러로 세계 6위다. 생산량 기준 전 세계 제조업의 최강자가 되어가는 중국(4조 6,587억 달러), 미국(2조 4,971억 달러), 독일(8,449억 달러), 일본(8,183억 달러), 인도(4,557억 달러) 다음이다. 제조산업을 통해 광범위한 상품을 생산하여 국내 소비와 국제 수출을 하고 있다. 한국 다음으로 멕시코(3,607억 달러), 이탈리아(3,547억 달러), 프랑스(2,944억 달러), 브라질(2,897억 달러)이 글로벌 탑10을 형성하고 있다. 중국, 미국, 그리고 어떤 맥락에서는 인도와 같은 인구와 영토 대국을 제외하고 순수 생산량으로는 독일과 일본 다음이고 이미 프랑스와 이탈리아는 넘어섰다. 이를 인구수로 나눈 1인당 생산량으로 측정하면 중국, 미국, 인도를 제치고 독일과 일본 다음이 한국이다. 생산총량 기준 글로벌 탑6, 1인당 생산량으로 글로벌 탑3다.

이 수치가 얼마나 놀라운 것인지 제조산업을 당연시하는 한국 사람은 잘 모른다. 한국의 주요 산업인 전기전자(반도체, 2차전지), 자동차, 조선, 석유화학, 기계, 철강, 원자력, 이동통신, 디스플레이, 바이오, 방위 등을 모두 할 수 있는 국가가 지구상에 몇 안 된다. 게

다가 이 제조산업을 통해 생산한 상품을 전 세계로 수출하여 국가 자원의 주 공급원으로 하는 나라는 앞의 10개국에 몇몇을 더한 정도다. 유럽의 강소국 등 나머지 국가는 앞의 중공업 및 첨단기술공업의 몇몇 유형이 가능할 뿐이고 한국, 독일, 일본처럼 포괄적인 제조 역량을 갖춘 국가는 극히 드물다. 개발도상국 중에는 중국이 유일하다. 중국, 미국, 인도는 워낙 사이즈가 큰 국가이므로 총 제조산업 생산량으로는 한국과 유사한 사이즈의 국가들을 압도하지만 이들 국가 전체 경제 규모에서 제조업의 비중은 상대적으로 낮다.

한국의 제조산업은 무엇이든 만들 수 있다. 글로벌 제조산업 기준으로 한국은 '완결성'을 갖추고 있다. 흔히 경공업이라고 지칭하는 공업, 곧 의류, 식품, 플라스틱 가공제품, 잡화류의 생활용품 등은 한국이 1960년대부터 1990년대까지 주력으로 하던 제조산업이다. 현재는 채산성 문제로 국제 경쟁력이 떨어져 상당 부분 중국, 동남아시아와 남아시아의 개발도상국으로 제조 기지를 이전하거나 수입에 의존하지만 필요하면 언제든 다시 만들 수 있다. 앞에서 언급한 중공업과 첨단기술공업 제품도 마찬가지다. 현대의 제조업은 제품의 구성 요소를 생산하고 통합하는 모든 중간 단계를 포함한다. 대부분의 산업 영역에서 한국이 완제품을 생산하거나 글로벌 공급망의 핵심 연결고리인 노드$_{node}$로 역할하고 있다.[34]

한국이 글로벌 제조산업 지형에서 어디에 위치하는지 알려면 오히려 '한국이 만들지 못하는 상품은 무엇인가'로 접근하는 것이 빠르다. 그런데 최상급 제조 국가인 한국이 미국을 위시해 일본, 독일, 프랑스 등의 제조 기술 수준을 못 따라가는 영역이 있다. 우리가 만들지 못하는 것이 무엇일까? 첨단 소재 및 장비, 우주항공(달 착륙, 대형발사체, 가스터빈엔진), 양자컴퓨터, 첨단바이오 정도다. 나머지 제조 제품은 모두 생산하고 있거나 필요 시 가능하다.

한국은 글로벌 탑7 테크놀로지 국가

2022년 한국 정부가 '국가 핵심이익 확보를 위해 과학기술-공급망-통상-외교-안보 관점을 통합적으로 고려해' 지정한 12대 국가전략 기술(반도체디스플레이, 2차전지, 첨단모빌리티, 차세대원자력, 인공지능, 첨단로봇제조, 차세대통신, 양자, 첨단바이오, 우주항공해양, 수소, 사이버보안)을 기준으로 한국은 기술 수준 최상위권에 속하지만 100점의 기준인 미국에 비하면 81.5% 수준으로 3.2년의 기술 격차를 보인다.[35] 미국에 이어 EU(94.7%), 일본(86.4%), 중국(82.6%) 다음으로 한국은 5위권이다. EU의 독일과 프랑스는 한국보다 앞선 제조산업 기술을 다수 보유하고 있으니 7~8위권으로 보는 것이 더 합리적일 것이다. 2000년대까지 급속하게 따라잡는 형태의 제조산업 기술 발전 시기를 지나 2010년대 더디게 발전 속도를 보이지만 그래도 조금씩 나아지는 형국이다. 일본은 2010년대 EU와 거의 같은 93~94% 수준을 유지하다 2022년 86.4%로 오히려 급속하게 하락하는 추세다.

국가전략 기술 50개 중에서 최고 기술 보유국(미국) 대비 수준이 90% 이상인 기술은 총 13개로 대부분 반도체, 디스플레이, 2차전

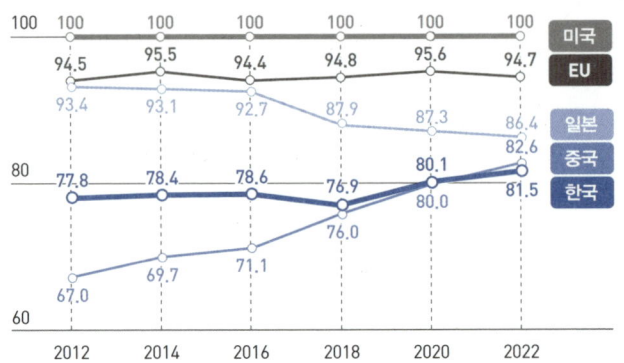

지, 차세대통신 분야에 해당한다. 테크놀로지 코리아, 글로벌 탑10 수준의 중요성은 초격차 반도체, 디스플레이, 2차전지, 바이오헬스 등 첨단 제조 기반 인공지능-빅데이터-알고리즘의 삼각 테크놀로지 구조를 감안할 때 기존 제조산업인 석유화학, 자동차, 조선, 철강, 기계, 원자력, 그리고 농업, 수산업, 임업, 광업에도 단 하나의 예외가 없다. 제조산업과 비교하여 서비스업에서의 첨단기술은 그 중요도가 심지어 더 높다는 것도 상기해야 한다.

한국이 글로벌 제조 기술을 선도하거나 치열하게 경쟁하는 분야를 살펴보면 한국의 기술 기반 제조산업이 어느 정도 수준인지 대략 이해할 수 있다. 그래서 일단 한국 정부가, 한국의 주요 기업이, 한국의 R&D 연구기관이 가장 주력하는 제조산업 기술에 초점을 맞춰 설명해본다. 가장 중요한 첨단제조 기술 분야 글로벌 랭킹에서 어디까지 다다랐는지 확인하는 동시에 가장 '보편적'인 제조산업 품목에 해당하는 기초 및 첨단제조 기술을 간략히 검토하면 한국의 테크놀로지가 종합적, 통합적 맥락에서 글로벌 탑10 수준을 넘어 6~7위권에 있음을 알 수 있다. 한국과 함께 분류되는 국가는 정말 극소수인 10개 국가 정도다.

한국 9대 수출 산업의 제조과학 기술은 어디까지 왔는가?

한국의 제조산업 기술은 글로벌 탑10의 위상을 그대로 보여준다. 조금 전문적이긴 하지만 제조산업 기술의 면면을 간략히 알아보자.

① 반도체

현재 한국 산업을 주도하는 반도체 분야는 글로벌 최고 기준인 미국 대비 70~95% 수준으로, 1~2.5년의 격차를 보인다. 한국의 고집적-저항기반 메모리 기술은 95%, 반도체 첨단 패키징 기술은 90% 수준으로 중국, 일본, EU보다 앞선다. 고성능 저전력 인공지능 반도체 기술은 80% 수준으로 중국과 EU에는 뒤처지나 일본에는 앞서고 전력반도체 기술은 70% 수준이다. 무엇보다도 세계에서 반도체 제조 공급망에 속한 나라 자체가 극소수다. 설계의 미국, 제조의 한국, 대만, 중국, 장비의 일본, 네덜란드 정도로 제한되어 있다. 단연 글로벌 탑5다.

② 디스플레이

디스플레이 소재부품장비 기술에서 미국, 일본과 함께 100% 수준으로, 프리폼 디스플레이 기술은 100%로 미국보다 앞서고, 무기발광 디스플레이 기술은 미국, EU, 중국, 일본을 앞선다. 다만 차세대 고성능 센싱 기술에서는 81.5% 수준으로 중국보다 다소 앞서는 정도다. 디스플레이 분야에서는 한국이 글로벌 1등이며 크게 경제 안보적으로 문제가 되었던 이 영역의 소부장 분야에서도 미국, 일본과 어깨를 나란히 하는 수준이다. 세계에서 디스플레이 제조 공급망에 속한 나라 역시 극소수다. 한국, 중국, 대만, 일본이 거의 모든 세계 제조 시장을 점유하고 있다. 단연 글로벌 탑5다.

③ 2차전지

2차전지 분야 제조 기술은 한국이 세계 최고 수준이다. 특히 리튬이온 전지 및 핵심소재 기술, 차세대 2차전지 소재셀 기술은 일본과 더불어 100% 수준으로 글로벌 표준이며, 2차전지 모듈시스템 기술과 2차전지 재활용 기술도 각각 97.5%, 95%로 세계 최고 수준이다. 중국이 맹렬하게 추격하고 추월하지만 한국의 응용연구개발 역량은 앞서 있다. 세계에서 2차전지 제조 공급망에 속한 나라 역시 극소수다. 한국, 일본, 중국, 미국이 거의 모든 세계 제조 시장을 점유하고 있다. 글로벌 탑3다.

④ 자동차

한국은 자동차 산업에서 '모든 종류의 자동차를 제조할 수 있는'

10여 개 국가 중 평균적으로 앞선 기술력을 갖고 있다. 내연기관차, 전기차, 하이브리드차, 플러그인 하이브리드차, 수소연료전지차, 자율주행차, 군용특수차 등 전 차종을 세계 최고 수준으로 설계, 개발, 대량생산할 수 있는 국가는 한국 외에 미국, 독일, 일본 정도다. 자동차 산업은 현대 제조산업의 모든 분야가 모두 연관된 제조산업의 핵심으로 해당국 제조 기술의 전반적, 통합적 수준을 가장 잘 보여주는 지표다. 기초 제조 기술인 차체 설계, 스탬핑/프레스, 용접/접합, 파워트레인 제조 기술은 자동화 최적화된 로봇 활용 정밀도와 효율성을 지닌 공정이 적용되어 세계 최고 수준이다. 또한 초고강도 강판, 알루미늄 합금, 탄소섬유 복합재 등을 활용하는 차량 경량화 기술도 뛰어나다. 내연기관차의 파워트레인 같은 전기차 플랫폼, 배터리 시스템은 독자 기술로 미국, 독일, 중국과 경쟁하고 있다. 수소차 기술에서는 세계 최초 상용화에 성공하면서 효율성과 안정성이 담보된 수소연료전지 시스템을 설계했고, 대량생산 기술도 있다. 글로벌 탑5 안에 너끈히 들어간다.

⑤ 조선

배를 만드는 제조 기술은 한국이 세계 최고 수준이다. 한국의 조선산업은 현존하는 모든 종류와 크기의 수상함, 그리고 대부분의 잠수함을 만들 수 있다. 기존의 전통적인 조선제조 기술은 신소재 기술(초고강도 강재 및 탄소섬유를 포함한 복합소재)까지 포함하여 일본을 제외하고 미국, 프랑스, 중국보다 앞서며 2020년대 가장 각광받는 고부가가치 첨단조선제조 기술도 단연 앞선다. 설계 엔지니어링에서 디지털 트윈 기술, 구조 설계 컴퓨터지원 공학, AI 활용 선체형상 최적화 설계에서 기술을 선도하고 있다. 스마트 조선소 분야에서 용접 및 블록조립 로봇과 자동화, 사물인터넷 및 빅데이터, 증강현실AR/가상현실VR 기반 기술을 통한 설계 검토, 인력 훈련, 해양 환경 적용 기술이 급속도로 적용된다. 친환경 기술로 LNG 및 암모니아, 수소 연료추진 기술 및 연료저장탱크 기술이 매우 앞서며 탄소배출 저감 기술 및 재생에너지 활용 분야도 세계 최고 수준이다. 경쟁국은 중국과 일본이다. 조선산업의 쇠퇴로 고전하는 미국이 한국에 의존하기 시작할 정도다. 글로벌 탑3다.

⑥ 석유화학

석유화학 분야 제조 기술도 세계를 선도한다. 석유화학산업의 제품군 거의 대부분을 생산하며 특히 기초화학제품(에틸렌, 프로필렌, 벤젠, 톨루엔), 플라스틱(PE, PP, PVC), 정밀화학(의약품, 전자 소재), 고기능성 플라스틱, 생분해성(PBAT), 재활용(R-PET) 등에서 발군의 제조 기술을 보유하고 있다. 구체적으로 석유화학의 가장 기초 기술인 나프타 크래킹 공정Naphtha Cracking Center에서 고효율 반응기 설계, 머신러닝 기반 공정 최적화 제어, 에너지 회수 기술을 선도하고 있다. 이에 더해 고기능성 소재 개발 기술로 반도체 및 디스플레이 용도로 극미량의 불순물 포함 플루오린계 고분자 소재, 극자외선 포토레지스트리 제조 기술도 갖고 있다. 석유화학 제조 기술은 비교적 범용화되어 세계의 주요 제조업 국가인 독일, 중국, 대만, 일본, 프랑스 등이 치열한 경쟁을 펼치고 있다. 글로벌 탑5다.

⑦ 원자력

통합적 수준의 원자력 발전 제조 기술은 미국, 중국, 러시아, 프랑스, 일본과 함께 한국이 유일하게 보유하고 있다. 한마디로 이 외의 국가는 원자력 발전소를 자체적으로 건설할 수 없다는 뜻이다. 원자력 기술의 핵심인 원전 설계 및 건설, 핵연료 주기 기술, 원전 운영 및 해체 기술 등에서 세계 최고 수준이다. 한국 원자력 기술을 상징하는 APR1400 Advanced Power Reactor 1400은 3세대 플러스 원자로로서 설계 수명 60년, 사고 발생 확률은 국제 기준보다 10배 낮은 10^{-6} 수준으로 타국의 최고 모델과 동등하거나 앞서며 중대 사고 대비를 위한 독립적, 중복적인 다중방어 안전설계, 전기 없이 자연대류로 핵연료를 냉각하는 패시브 안전 시스템은 독보적이다. 또한 핵발전의 핵심인 핵연료 주기 기술에서도 최고 수준이며 방사성 폐기물 관리 및 중저준위 폐기물 처리 기술도 앞선다. 차세대 원자력, 특히 소형모듈원자로 Small Module Reactor 기술은 미국 대비 2위를 기록하고 있다. 미국, 러시아, 중국, 프랑스와 함께 글로벌 탑5다.

⑧ 철강

철강 분야 제조 기술의 꽃은 일관제철소 integrated steel mill 다. 철광석과 코크스(석탄)를 원료로 철광석-쇳물-강재로 변화시키는 전 과정을 수행하는 대규모 철강 생산 설비다. 일관제철소를 건설, 운영하려면 고로 blast furnace, 전로 basic oxygen furnace, 연속 주조 continuous casting, 압연, 그리고 최신 기술인 스마트 제조, 친환경 제조 및 고부가가치 철강 제품 제조 모든 영역에서 세계 최고 수준의 기술을 보유해야 가능하다. 한국 내에서 포스코와 현대제철은 세계 최대 규모의 일관제철소를 운영하고 인도네시아 등에서도 건설, 운영 프로젝트를 성공시켰다. 일본, 독일, 중국, 러시아, 미국 정도가 한국처럼 일관제철소를 운영할 수 있는 극소수 국가다. 한국은 기초 제조 기술인 고로와 전로 기술, 에너지 효율 및 재료 분포 최적화, 슬래그 조성 관리 기술, 용융된 쇳물(금속)을 반제품 빌릿, 블룸 또는 슬래브로 빠르고 균일하게 응고시켜 후속 압연하는 연속 주조 공정과 더불어 철강의 강도와 연성을 조절하는 열처리 공정 최적화 기술도 세계적이다. 철강 생산 및 수출량에서는 중국에 뒤지고 있으나 철강 제조 기술에서 한국은 일본과 함께 기술 수준 글로벌 탑2를 형성하고 있다.

⑨ 이동통신

이동통신 제조 기술도 세계 최고 수준이다. 이 산업에서 통합적인 설계, 제조, 운영 기술을 갖춘 나라는 10여 개로 한국, 미국, 중국이 최상위권이며 일본, 독일, 프랑스, 핀란드, 스웨덴이 한참 뒤처진 수준에서 추격하고 있다. 특히 세계 최초로 5G 이동통신 기술을 2019년 상용화하면서 초고속 네트워크 및 글로벌 표준을 이끌고 있다. 현재 상용화되어 이동통신 인프라의 표준인 5G 네트워크 구축 및 인프라 기술은 5G 기지국 기술 구축 운영, 네트워크 가상화 기술 및 네트워크 중앙 제어 기술, 5G 통신 프로토콜 표준화, 네트워크 슬라이싱, 그리고 연관 소프트웨어 기술과 더불어 5G 통신 기지국 장비 및 안테나 기술이 최고다. 무엇보다도 이동통신 단말기

스마트폰의 최고 제조사인 삼성전자는 세계 넘버원 기술 역량을 보유하고 있다. 5G 이동통신 제조 기술은 차세대 6G 미래 통신 기술로도 이어진다. 한국은 미국, 중국과 함께 글로벌 탑3다.

그러므로 한국의 종합 제조 기술 수준은 글로벌 탑10위가 아니라 글로벌 탑5위라고 할 수 있다. 이 제조산업 각 분야의 기술은 1960년대 이래 한국이 개발도상국으로 국가 주도의 시장경제인 '발전국가' 모델을 채용하여 경공업, 중공업 수출 주도 경제성장을 이뤄낸 첫 40년, 그리고 세계화로 인한 글로벌 경제 구조의 변화에 적응한 자유시장경제 모델을 적극 도입하여 첨단기술 기반 고도 산업 성장을 지속한 최근 20년의 근간이었다. 한국은 현대 산업 기술이 전무했다. 한국의 각 산업 주체들은 '어떤 수단'을 동원해서라도 기술을 획득해냈다. 미국과 일본을 비롯한 세계 주요 산업국에서 기초 및 핵심 기술을 겨우 이전받거나, 사 오거나, 훔쳐 와서 그 기술을 내재화하고 개량하고 재창조하여 글로벌 탑10 수준으로 향상시켰다. 테크놀로지 코리아 Technology Korea, 한국을 상징하는 국가 브랜드의 핵심인 '제조과학 기술'은 한국의 또 다른 성장의 최고 결과물이다.

제조 기술과
성장한 한국의 경제 수준

이와 더불어 한국이 글로벌 수준에서 제조과학 기술과 경제산업 종합 역량이 어디쯤 위치하는지 간단히 살펴보자.

먼저 앞에서 다룬 기초 및 첨단 제조산업의 경쟁력을 보여주는 산업역량경쟁력 지수Competitive Industrial Performance 다. 이는 UN 산하 기구인 유엔산업발전기구에서 격년으로 발표하는 지표로 최고의 공신력을 인정받는다. 이 지표는 한 국가의 생산력, 산업화 집중도, 그리고 세계시장 영향력으로 산출된다. 한국은 1992년 17위, 2002년 11위, 2004년 6위에 이어 2008년부터 꾸준히 5위권 안에 들었고 최근 2024년 순위는 153개국 중 4위다. 세부 지표로 세계 제조 부가가치 기여 5위, 상위중위급 테크놀로지 활동 5위, 산업집중도 5위, 총수출 중 제조산업 수출 비중 5위 등이다. 이 지표상에서 1위는 독일, 2위가 중국, 3위는 아일랜드, 5위는 대만, 6위는 미국, 8위는 일본, 10위는 네덜란드, 11위는 이탈리아, 12위는 프랑스다. 인도, 인도네시아, 베트남 등은 모두 40위권으로 아직 멀었다.[37]

국제신용등급Credit Rating도 한국의 경제산업적 글로벌 위상을 알려주는 아주 좋은 지표로, 한 국가 또는 기업의 부채 상환 능력과 신뢰도를 평가하는 척도다. 여러 평가 기관 중 3개의 신용평가사 (S&P, Moody's, Fitch)가 산출한 수치가 가장 크게 신뢰받는다. 등급은 정량적 지표와 정성적 요인을 경제학적 관점에서 국가의 경제 안정성과 정책 효율성을 통합적으로 측정한다. 정량적 지표로는 GDP 성장률, 재정수지, 대외건전성(외환보유액, 경상수지), 물가 안정성, 금융 시스템 건전성 데이터 등으로 국가의 경제적 펀더멘털을 보여준다. 정성적 지표는 정치적 안정성, 정책의 예측 가능성, 국제 관계, 법적 체계의 신뢰성, ESG 등이 평가된다.

2020년대 중반 한국은 무디스 Moody's 등급 기준 Aa2로 최상급 Prime 바로 아래인 상급 High Grade에 있으며 30-50 클럽에 속한 제조산업국 중 한국을 앞서는 국가는 독일(Aaa), 미국(Aa1)밖에 없다. 캐나다(Aaa)와 호주(Aaa)가 눈에 띄지만 제조업 중심 국가는 아니며 다른 국가는 모두 유럽의 강소국이다. 영국(Aa3), 프랑스(Aa3), 일본(A1), 중국(A1), 이탈리아(Baa3) 등 글로벌 탑10 국가 모두 한국보다 아래에 있다. 다른 2개 등급에서도 각각 AA(S&P, 안정적), AA-(Fitch, 안정적)으로 최상위권(High Grade)이다.

2020년대 중반 산업경쟁력 및 국제신용등급에서 최상위권을 기록하고 있는 한국은 제2차 세계대전과 한국전쟁 종료 이후 앞에서 설명한 제조산업의 글로벌 탑5로의 성장을 기반으로 현대 글로벌 시장에서 아웃라이어 수준의 경제 발전을 성취했다. 국내총생산 GDP을 기준으로 한국이 얼마나 성장했고 2020년대 중반 어디에 위치하는지 정리해보자. 한국의 GDP 3대 요소인 GDP 총량, 1인당 GDP, GDP 성장률은 글로벌 경제 지형에서 어떤 위치를 차지하는가?

한국은 명목 GDP 순위가 2020년대 들어 꾸준히 10위권을 기록하고 있다. 국가의 사이즈를 감안해야 하지만 국제정치에서는 국가 단위로, 국가 대 국가로 상대하기에 이 총액과 순위는 매우 중요하다. 한국은 압도적인 크기의 미국(29조 달러) 및 중국(18조 달러)과 비교할 수 없고 그다음 4~5조 달러 수준의 일본과 독일에 미치지 못하지만 1.8조 달러로 캐나다, 이탈리아 정도의 규모를 달성하고 유지하고 있다. (2024년 기준)[38]

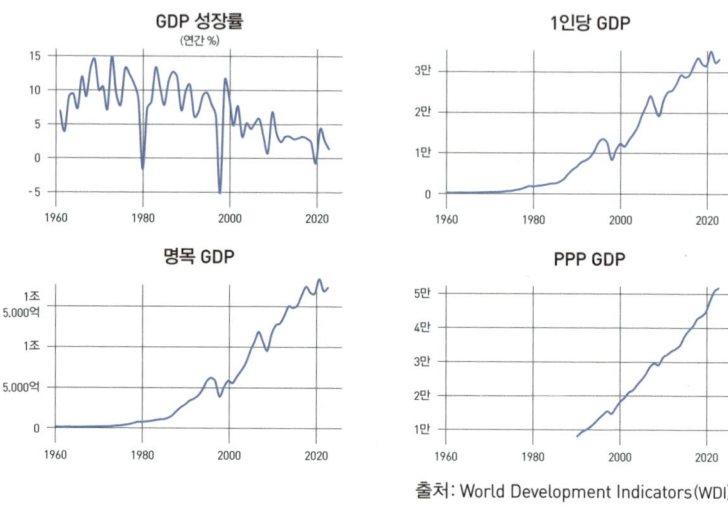

출처: World Development Indicators(WDI)

    이러한 GDP 총량을 1인당 지표로 나눠보면 각국의 평균적인 경제력 수준을 알 수 있다.[39] 한국은 2024년 명목으로 약 36,000달러와 실질 물가반영으로 54,000달러(구매력 지수, Purchasing Power Parity) 정도다. 대체로 한국은 1인당 GDP에서도 주요국 중 글로벌 10위권을 유지하고 있다.

    자유시장경제 기반 제조산업 기술로 폭발적인 경제성장을 달성한 한국은 다음 장에서 설명하듯이, 하기도 유지하기도 어렵다는 민주주의 정치체제 수준에서도 10대 민주주의 주요 국가의 위상을 갖게 되었다.

4장

서구 민주주의 국가들의 리트머스 측정기, 한국

세계 민주화의
모범 사례 한국

한국의 민주공화체제, 흔히들 짧게 '민주주의'라 지칭하는 정치체제 또한 한국이 어디까지 왔는지 잘 보여준다. 전 세계 80억 인구의 절대적 다수가 보편적으로 원하는, 그러나 마음대로 가질 수 없는 정치체제를 한국은 소유하고 있다. 대의민주주의를 정치의 근간인 '우리 동네의 유일한 게임the only game in town'으로 삼고 있는 국가들의 면면을 살펴보면 한국이 어떤 그룹에 속하는지, 정치 측면에서 글로벌 위치가 어디인지 확인할 수 있다. 필자의 박사학위 논문 주제인 '정치체제political regime'를 연구하는 전 세계 정치학자들에게 한국을 비롯한 몇몇 아시아의 민주화 및 민주주의 공고화 사례는 가장 중요한 연구 대상이다. 그중에서도 한국은 민주주의의 회복탄력성resilience을 가장 잘 보여주는 신흥국으로서 확고한 위치를 인정받고 있다.

대한민국Republic of Korea은 공고화된 민주주의 공화국 정치체제 국가다. 민주주의는 현대 글로벌 사회에서 가장 합리적인 '정당한' 정치체제로 수용된다. 민주주의 체제하에서는 국가 정치 단위의 각 수준에서 폭력적인 수단이 아니라 국가지도자 또는 집권 정당을 선출하는 자유, 평등 원칙을 준수하는 선거를 주기적으로 실시하여 국가 통치 권력을 교체한다. 그 과정에서 다수 국민의 정치적 권리, 의무, 의지를 반영한다. 현재 공화정을 기반으로 한 민주주의, 곧 '민주공화국'은 한국의 유일한 정치체제이며 규칙이다.

대한민국 헌법 1조에 근거한 '민주공화국'은 민주와 공화 두 상이한 정치체제를 결합해놓았다. 민주공화국은 민주정의 주권·자유·경쟁·갈등과 공화정의 타협·공존·연대·통합의 창의적인 결합을 통해 20세기에 본격적으로 제도적인 틀을 형성하고 공고화된 근대 이후 현대의 제도다. 국가를 형성했던 왕정과 귀족정, 그리고 군정이 지배했던 전근대 시공간에서 가장 불안정하고 짧게 지속된 민주정, 그것도 고대 그리스에서나 찾아볼 수 있었던 정치체제가 현대 글로벌 사회에서 보편성을 확보한 결정적인 계기는 동등한 자유민을 존재 근거로 하는 공화정 정치체제와의 결합이었다.

민주주의 정치체제의 수준을 측정하는 여러 지표가 있다. 이 책은 정치체제 학술서가 아닌 만큼 좀 더 보편적이고 직관적인 지표들로 한국의 민주주의의 글로벌 위치를 가늠해보려 한다. 먼저 세계에서 가장 신뢰도가 높은 언론 중 하나인 영국 시사주간지《이코노미스트The Economist》의 부설 연구소The Economist Intelligence Unit에서 발표한 '세계민주주의지수Democracy Index'의 2024년 자료다.[40] 한국은 2023년 전 세계 167개국 중 22위다. 총점 10점 만점에 8.09점을 기록하며 2020년 이래 지속적으로 '완전한 민주주의full democracy' 국가로 인정받았다.[41]

한국의 8.09점은 5가지 세부 항목을 10점 만점으로 하여 평균을 낸 것이다. 첫째, 자유롭고 공정한 선거시스템을 측정하는 '선거과정과 다원주의' 항목은 9.58점, 둘째 효과적인 거버넌스(통치) 구조를 가늠하는 '정부기능' 항목은 8.57점, 셋째 활발한 국민의 정치과정 참여를 분석하는 '정치참여' 항목은 7.22점, 넷째 정치 표준/가치의 향상도를 측정하는 '정치문화' 항목은 6.25점, 그리고 마지막으로 개인의 자유 보호 정도를 살펴보는 '시민자유' 항목은 8.82점이다. 해당 지표는 8점 이상은 완전한 민주주의로, 8점 이하부터 4점 이상을 결함 있는 민주주의flawed democracy로, 4점 이하를 권위주의autocracy로 분류한다.

최상위권을 차지하며 한국을 앞선 나라는 거의 대부분 서구 선진국이다. 9.81점으로 1등을 차지한 노르웨이를 선두로 스웨덴, 핀란드, 덴마크 등의 북유럽 국가들, 뉴질랜드와 호주의 오세아니아 국가들, 대만, 그리고 서유럽의 스위스, 네덜란드, 오스트리아 등이며 30-50 국가 중에는 독일, 일본, 영국이 유일하다. 한국은 프랑스(8.07)와 스페인(8.07) 등과 유사한 수준으로 평가된다. 글로벌 탑10은 아니지만 30-50 국가 중에서는 최상위권이다. 우리가 현대 세계 민주주의의 표상으로 삼았고 외교전략에서도 민주주의를 가장 중요한 기준으로 삼아 수출해온 미국도 한국보다 낮은 28위(7.85점)이며 이탈리아는 33위, 인도는 41위다. 한국은 이 지표가 처음

발표된 2006년부터 꾸준히 평균 8점을 기록하면서 완전한 민주주의로 전 세계에서 인정받고 있다. 전 세계 167개국 중 이 정도의 민주주의 수준을 보여주는 국가는 25개국, 17%에 불과하며 아시아와 오세아니아 28개국 중에는 호주, 뉴질랜드, 일본, 대만, 그리고 한국밖에 없다.

정치체제 측면에서 현대 글로벌 기준은 민주주의 체제다. 물론 민주주의 체제가 각기 다른 사회적, 문화적 조건들과 충돌하는 면도 많아 민주주의 체제를 거부하는 권위주의 체제, 독재국가도 있다. 《이코노미스트》의 세계민주주의지수에서 잘 알 수 있듯이 완전하거나 거의 완전한 민주주의 체제를 도입, 유지, 발전시킨 국가는 상대적 소수다. 만약 10점 만점에 8점을 기록한 24개국이 아니라 7점 정도로 낮춰도 그 숫자는 47개국 정도이며 그 7점의 경계선에 있는 하이브리드 체제 국가가 인도, 폴란드, 자메이카, 동티모르, 레소토, 남아프리카공화국이다. 회색지대에 있는 국가들도 모두 '민주주의 체제'를 지향한다는 헌법이 있으며 실제 실행 여부와 상관없이 자유롭고 공정한 선거가 이루어지는 듯하지만 충분한 '정치적 정당성'을 갖지 못한 채 대통령이든 총리든 여당이든 그 집권 세력이 끊임없이 흔들리게 마련이다. 실제로 이 지수는 6점~4점대 국가를 혼합체제로 분류한다. 대놓고 현대의 대의민주주의를 하지 않는 나라는 종교 기반 신정일치체제 또는 왕정체제를 유지하는 중동 등의 10개 정도다.

북한의 공식국가 명칭이 무엇인지 기억하는가? '조선민주주의인민공화국'이다. 가장 강압적인 개인독재 권위주의를 국가의 정치체제로 삼으며 앞의 지수에서 군부독재 권위주의에 내전 중인 미얀마(0.85)와 미군 철수 후 이슬람 근본주의 신정체제로 혼란한 아프가니스탄(0.26) 다음으로 1.08을 기록해, 뒤에서 세 번째인 165위 북한의 국가명에 '민주주의'가 명백히 들어가 있다. 현존하는 세계의 어떤 독재자도 독재정당도 '선거'라는 민주주의 체제의 근본 제도를 소멸시키지 않는다. 물론 어떤 수단을 통해서든 무력화하는 데 모든 아이디어와 자원을 투입하지만, 누가 뭐라고 해도 현재를 살아가는 80억의 세계 시민에게 민주주의가 정치체제의 표준이다.

경제성장, 민주화, 글로벌 탑10 국가

한국은 서구 자유민주주의 체제를 가장 잘 구현한 개발도상국 출신의 중견선진국이다. 현대 정치학에서 가장 중요한 개념 중 하나인 '근대화이론'을 정확하게 실현하고 유지한 몇 안 되는 국가다. 근대화이론은 근현대에 들어 ① 경제가 성장(특히 제조산업화, 도시화를 통해)하여 잉여자원이 엘리트뿐만 아니라 일반 대중에게도 축적되면서, ② 자신과 자식의 교육 수준을 높이게 되고, ③ 이러한 향상된 지적 능력에 기반해 자신의 정치적, 경제적, 사회적 자유와 권리를 인식하고 기존의 권위주의 독재체제의 불합리함에 저항하여 정치적 자유화를 요구하고 이끌어내고, ④ 궁극적으로 '민주화'를 달성하고, ⑤ 공고화하여 민주주의 체제가 그 국가의 지속가능한 정치체제가 되는 연쇄적 인과관계를 설명한다.

이와 같은 연쇄 작용이 실제로 구현되기는 매우 어렵다. 그런데 현대 국가의 모범적인 민주주의 '달성' 또는 '성취' 패턴이 가장 적확하게 적용된 사례가 한국이다. 그래서 현대 민주주의 체제의 기원인 서구 선진국과 현재도 민주화를 위해 싸우는 비서양 개발도상국 모두 한국의 민주주의를 '아웃라이어'로 높게 평가하는 것이다. 지표상 10위를 기록한 대만과 함께 지난 몇십 년 동안 매우 드문 근대화이론의 성공 사례다. 그래서 세계 민주주의의 리트머스 시험지로도 불린다. 산성과 염기성을 판별하는 리트머스 시험지처럼 세계 정치체제의 대세가 권위주의냐 민주주의냐를 한국의 민주주의 상황으로 판단한다는 뜻이다.

한국 국민은 1953년 3년의 피비린내 나는 한국전쟁 종료 이후 신생독립국으로 처음 민주주의 체제 도입과 실행에 어려움을 겪었고, 1960년 박정희 쿠데타 이후 1980년 전두환 쿠데타를 거쳐 27년 지속된 긴 군부독재 권위주의 체제하에서 살았다. 한국이 민주화된 것은 공식적으로 1987년이다. 그러나 민주화 이후 공고화하는 기간도 이후 10년 정도가 더 소요되었다. 다시 말해 1987년 대통령 5년 단임 직선제 도입 이후 쿠데타와 군부독재의 일원인 노태우가 대통령에 당선되어 집권한 중간 과도기적 시기를 거치고, 3당 합당으로 1992년 집권한 민주화 투사 출신 정치인 김영삼 대통령이라는 과도기를 한 번 더 거치며 '하나회' 등의 군부독재 잔재를 정리하면서 민주주의 체제가 정착했다. 이후 민주주의 체제 정착의 또 하나의 기준으로 삼는 자유롭고 공정한 선거 결과에 승복하여 정권을 이양하는 공식적, 비공식적 원칙이 확인되는 '정권교체'

가 1997년 또 다른 민주화 정치인 김대중의 당선으로 이루어짐으로써 한국의 민주주의는 공고화 단계로 접어들었다.

끊임없이 정치적 자유화와 민주화를 염두에 두고 추구했던 일반 국민은 피땀 어린 노력으로 생산해낸 부가가치를 공정하게 배분받지 못했지만 지속적으로 급상승, 우상향하는 삶의 질을 경험하며 자식들을 무조건 교육시켰다. 내 아들, 내 딸만큼은 나처럼 살게 하지 않겠다는 사고방식이 사회를 지배했고 이를 통해 교육 수준이 급격히 높아져 산업고도화의 기반이 되었을 뿐만 아니라 법적, 정치적 권리의 자각, 그리고 서구 선진국들의 정치적, 경제적, 사회적 상황에 대한 인식의 확대를 이끌어냈다. 이로 인해 산업 역군의 대학생 자식들을 중심으로 민주화 운동은 강화되었고 마침내 중산층이 형성되고 노동 계층의 권리 추구가 본격화되며 '민주화'의 길로 들어선 것이다.

한국의 정치발전 스토리는 세계에서 정말로 드문, 소년·소녀 만화에서나 나올 수 있는 '성장기'다. 전근대 시기가 완전히 종료되기 시작한 1800년대 중반 이후 수십 년에서 200년에 이른 현대 국가의 수명을 생각하면 한국은 유아기, 유년기, 청소년기를 거쳐 청년기에 접어든 국가다. 놀랍게도 이런 국가가 경제적, 사회적, 문화적으로 글로벌 스탠다드의 최상위 계급으로 성장했으며 특히 경제발전을 기반으로 정치적으로도 민주주의 정치체제를 쟁취하고 유지하고 있다. 단연 제2차 세계대전 이후 신흥국으로서 특이한 아웃라이어 유형의 국가다. 이런 사례가 다수라면 그러려니 하겠지만 매우 드물다 보니 한국 정치체제의 상황과 변화는 크게 주목받을 수밖에 없다. 그래서 서구 선진국들은 한국의 민주화와 공고화를 칭송하고, 한국이 위기를 겪으면 걱정하고 극복하고 본 궤도로 돌아오는 '회복탄력성 resilience'을 확인하고 안도한다. 한국은 민주주의 동류국가들의 리트머스 측정기와 같다. 현대 대의민주주의를 안정적으로 지속가능하게 유지하는 것 자체가 매우 어렵다는 것은 5장에서 자세히 살펴볼 것이다.

글로벌 10대 민주주의 그룹의 핵심, 한국

유럽, 북미, 오세아니아의 서구 선진국들은 한국의 정치체제를 '인정'하고 한국을 자신들의 '일원'으로 간주한다. 비교적 최근의 일이다. 2010년대 중반, 특히 '국정농단'으로 헌법을 위반한 박근혜 대통령 탄핵 위기를 잘 넘기면서 본격적으로 서구 민주주의 체제 국가로서의 한국이 강조되었다. 서구 국가들은 한국 민주주의의 회복탄력성을 본보기 삼고 한국의 정치를 세계 무대에 주역으로 세우려 노력했다. 한국은 30-50 클럽 국가 중 유일한 신흥국-개발도상국 출신이며, 이 부류의 150여 개 이상의 국가들이 궁극적으로 가고자 하는 '모델'로 기능할 수 있는 극도로 드문 사례다.

동류국가 like-minded country는 국제정치 맥락에서 유사입장국 또는 동맹국/연대국을 의미한다. 개념적으로 동류국가는 유사한 가치, 목표, 이해관계를 공유하는 국가들 간의 협력 관계를 설명하는 개념이며 주로 민주주의, 인권, 법치, 그리고 시장경제와 규범에 입각한 국제질서 rule-based international order를 공통 가치로 삼는다. 동류국가는 주로 서구 민주주의 '진영'을 중심으로 공통의 목표를 위해 협력하며 대표적인 국가는 북미의 미국을 중심으로 캐나다와 북서부 유럽 국가들에 더해 호주, 뉴질랜드, 일본, 대만, 한국, 그리고 소수의 남미와 아프리카의 민주공화국들이다.

2021년 미국의 조지프 바이든 정부에서 '민주주의 정상회의 Summit for Democracy'를 발족하면서 이 개념을 전 세계적으로 확산시켰다. 이 회의는 국제사회가 권위주의 확산과 민주주의 퇴보 democratic backsliding 현상 확산의 맥락에서 민주주의 가치를 강화하고 권위주의 체제 확산을 억제하려는 목적으로 실행되었다. 이 회의는 2021년에 이어 2023년에 공동주최국으로 미국(북미), 네덜란드(유럽), 코스타리카(중남미), 잠비아(아프리카)와 함께 아시아의 한국이 선택되었고, 2024년에는 한국이 서울에서 3차 회의를 주도했다.

이즈음 서구 민주주의 옹호의 핵심 기관인 미국의 '전미민주주의기금 National Endowment of Democracy' 데이먼 윌슨 회장은 한국 민주주의의 성취를 다음과 같이 표현했다.

> 한국인들이 잘 알고 있는지 모르겠지만 한국은 민주화의 특별한 역사와 유산을 가진 빛나는 모범 국가로 세계인들에게 보인다. 한국은 세계에서 가장 성공적인 비서구권 민주주의 국가다. 물론 한국 국민은 자신들의 민주주의에 대해서 개인의 권리를 더 신장하거나 민주적 가치를 수호하는 기관들을 더욱 강화해야 한다는 등 여전히 문제가 많다고 느낄 것이다. 그러나 한국인은 그들과 똑같

은 기본권과 자유를 향유하고자 하는 수많은 사람에게 찬사받는 대상이 되고 있음을 알아야 한다.[42]

실제로 한국의 민주주의는 비서구권 개발도상국 시민들의 부러움의 대상이다. 현재 미국의 글로벌 패권에 도전하는 중국은 1978년 '개혁개방' 이후 현재까지 약 40년간 GDP 평균 9%의 놀라운 경제성장을 이뤘지만 여전히 근대화이론에서 예견하는 경제발전 → 교육수준 향상 → 법과 권리 의식 강화 → 정치자유화 → 민주화의 경로를 따르는 어떠한 징후도 보이지 않는다. 이러한 맥락에서 중국에 바로 이웃한 국가인 한국 민주주의의 글로벌 가치는 도드라질 수밖에 없다. 북한은 거론될 대상 자체도 아니다.

이와 비슷한 맥락에서 한국 민주주의의 글로벌 위상을 보여주는 소집단이 10대 민주주의 주요 국가 Democracy 10다. 축약해서 D-10이라고 부르는 이 개념은 미국의 주요 싱크탱크 중 하나인 대서양위원회 Atlantic Council가 2014년 처음 제안했다. 이 그룹은 서구 선진국들이 연합하여 민주주의와 자유주의 가치를 보호하고 글로벌 거버넌스에서 민주주의 국가 입장을 대변하며 글로벌 위기에 공동 대응하는 목표를 지닌다. 이 국가들은 그냥 서구 선진국이다. 미국, 영국, 독일, 프랑스, 이탈리아, 캐나다, 일본 등 G7 국가에 호주와 한국, 그리고 유럽 국가 연합인 EU가 멤버다. 이 국가들이 한국에서 민주주의의 대표성을 찾는 것이다. 이를 통해 한국의 국가브랜드 가치는 급상승했고 국가 위상 자체가 최상급으로 격상되었다.

한국은
어디까지 왔는가

    1부에서는 '한국은 어디까지 왔는가?'라는 질문에 대한 대략적이지만 포괄적인 성적표를 점검했다. K-콘텐츠, K-방산무기, K-테크놀로지, K-민주주의, 네 가지 도드라진 영역에서도 한국은 글로벌 탑10 국가 기준에 부합한다. 한국은 현대 글로벌 사회에서 한 국가의 능력, 수준, 위상을 평가하는 거의 모든 영역에 걸쳐 통합적으로 최상위 선진국 그룹에 속한다. 게다가 한국은 상대적으로 작은 규모의 '강소국'이 아니라 소위 '30-50' 클럽(국민소득 3만 달러와 인구 5천만 명 초과)으로 중견국을 넘어 지역강국 수준이다. 19세기 말 열강들의 경쟁 시기, 두 번의 세계대전, 냉전기와 탈냉전기를 거쳐 강대국 그룹 진입의 기준으로 명명된 이탈리아의 수준을 넘어서고 있다. 이탈리아 정도의 국가를 일컫는 '강대국의 최소least of the great power' 수준까지 다다랐다.

    이러한 글로벌 코리아의 위상으로 서구 선진국 그룹인 G7에 한 자리를 더 만들어 한국을 포함한 G8로 확대하자고 할 정도다. 현대 인간의 세계에서 매우 드문 '성공 스토리', '소년·소녀 성장만화 스토리' 같은 정말 놀라운 '아웃라이어'다. 주어진 현대 국가성장발전 모델의 조건들을 극단적으로 활용해서 극단적인 성과를 낸 조금이라도 비교 가능한 200여 개 국가 중에 최고의 레벨을 성취했다.

그러나 2020년대 중반 한 시대가 저물고 있다, 한국의. 장기적으로 한국전쟁 이후 70여 년, 중기적으로 한국민주화 이후 40여 년, 그리고 짧게는 글로벌 한국 지위를 획득한 이후 10여 년, 한국의 기존 국가성장발전 모델은 수명을 다하고 있다. 한국은 21세기 글로벌 사회에서 신흥 중견선진국의 위치를 쟁취하면서 글로벌 탑10의 지위에 이르는 등 정점에 다다랐지만, 동시에 급격하게 추락하는 징후를 보이는 '피크 코리아' 현상이 팽배하다. 한번 모멘텀이 떨어지면 바닥 다지기를 할 시간적 여유가 없이 급성장한 한국은 나락으로 떨어질 가능성도 높다. 피크 코리아, 듣기만 해도 몸서리가 쳐지는 개념이요 선언이다. 그러나 명백한 팩트다. 목숨이 위태로운 타조가 모래 속에 머리를 파묻는 우를 한국은 범해선 안 된다. 현실을 직시해야 생존의 길도 보인다.

이제 글로벌 코리아가 어디까지 왔는지 알게 되었다. 필자가 앞에서 말했듯이 피크 코리아로 잃어버리고 있는, 잃어버릴 것들이 비교적 명료하게 보이면 한국인들, 이 책의 독자들은 너무 아깝다고 한탄할 것이란 의미를 이해했으리라 생각한다. 필자도 너무 아깝다.

그렇다면 이 글로벌 코리아가 어떻게 피크에 도달했는지 자세히 살펴볼 차례다. 다음 2부에서는 1부 도입부에서 제시한 한 국가의 통합적 역량의 핵심 접근-분석 영역 4가지인 정치체제(5장), 국가사회 구조(6장), 경제산업(7장), 국방군사(8장)가 어떤 작동원리로 움직이며 피크에 어떻게 다다르는지 분석한다. 이 책에서 국가 전체의 방대한 영역을 모두 설명할 수는 없고 이 4대 영역으로 다 아우르지 못하는 영역들이 있음을 밝힌다. 그럼에도 국가의 지속가능성을 담보하는 4대 영역의 핵심을 따로 또 같이 꿰뚫는 작동원리를 알 수 있다면 다음은 모두 그 원리에서 파생되는 여러 영역의 디테일이 된다.

2부

우상향의 끝,
피크 코리아는
어디로 가고
있는가?

5장

피크 코리아 정치체제

: 한국 민주주의의 퇴보

민주주의의 퇴보 프로세스에
들어간 한국

　2부에서 자세히 설명할 피크 코리아 현상의 속도를 늦추거나, 혹시라도 그 하향곡선을 상승곡선으로 틀 수 있을지는 한국의 정치체제가 어떻게 작동하는가에 크게 달렸다. 그러나 문제는 정치체제 영역도 피크 코리아 현상의 예외가 아니라는 점이다. 이러한 정치 영역의 피크는 2024년 12·3 친위쿠데타 self-coup 비상계엄과 그에 대응한 탄핵 과정에서 적나라하게 드러났다. 놀랍게도 민주주의 선거로 선출된 권위주의적 대통령이 대한민국의 민주주의 정치체제 기반인 헌법을 부정하는 비상계엄을 시도했다. 또한 쿠데타 계엄이 발생하게 된 87체제라 지칭되는 특정 권력 제도와 정치질서, 그 안에서 정권을 두고 극한 경쟁하는 진보·보수 양 거대 정당의 이익구조, 그리고 그러한 극단화 경향과 결합한 유튜브로 상징되는 뉴미디어의 부정적인 정치 양극화 선동에 휩쓸려 들어간 극우 극좌 유권자들이 모든 갈등의 원인이다. 이와 결합되어 악순환을 일으키는 피크 코리아의 국가사회 구조, 경제산업, 국방군사 영역의 문제들은 글로벌 탑10 한국의 자랑스러운 10대 민주주의 주요국 위상의 정치체제를 어떤 한계로 몰아붙이고 있다.

서구 민주주의 국가들의 동지인 한국은 아웃라이어 성공 사례였지만 이제 자신들도 겪고 있는 '민주주의의 퇴보democratic backsliding' 현상이 가장 극단적인 권위주의적 행위로 발현된 위기 사례가 되었다.[43] 한국은 공고화된 민주주의가 권위주의화되는 국가 중 가장 경제적으로 발전한 첫 사례가 될 뻔했다. 똑같이 피크 코리아 현상을 겪고 있는 국방군사의 병리적 요소와 결합하는 최악의 형태로. 불안정한 민주주의 또는 권위주의 국가에서나 발생하는 정말 후진적인 군사쿠데타로 말이다. 권위주의적 포퓰리스트 대통령이 제복 입은 시민이 되지 못한 정치군인을 동원해 대한민국 민주주의 정치체제 전복을 시도했다. 이 치욕스런 정치적 위기는 한국이 지난 40여 년간 사용한 87체제라고 부르는 한국의 정치체제가 정점을 지났음을 다시 한번 확인시켜주었다.

다음은 필자가 2023년 1월 5일에 한 일간지에 게재한 칼럼의 한 부분이다.

> 한국은 자유민주주의의 공고화를 이뤘다. 이는 한국의 유일한 정치체제이며 규칙이다. 현재 양극화 위기를 말하지만 양대 대선 후보들은 모두 '중도 표심 공략'을 행하고 있다. 현기증 나는 미국의 양극화를 보면 안도의 한숨까지 내쉬게 된다. 그러나 디지털 테크

놀로지 환경의 초연결사회는 가짜뉴스, 포퓰리즘, 민주주의의 퇴보를 초래하고 있으며 한국도 이에 노출되어 있다. 한국과 전 세계 선거에서 그리고 매일매일의 정치 갈등 상황에서 드러나듯이 디지털 온라인화는 자유민주주의의 심화도 파멸도 가능케 하는 양면적인 수단이다.[44]

2024년 12월 3일, 필자가 낙관하면서도 우려한 민주주의의 퇴보 현상은 생각보다 더 빨리 서구 선진국 누구보다 빨리 절체절명의 위기로 우리에게 다가왔다.

1년 만에 '결함 있는 민주주의'로 떨어진 한국 정치

4장에서 자랑스럽게 제시한 《이코노미스트》의 세계민주주의지수는 2025년 2월 이를 바로 반영하여 2024년의 한국에 7.75점을 부여하면서 '완전한 민주주의'가 아니라 '결함 있는 민주주의'로 분류했다. "2024년 12월 3일, 윤석열 대통령이 야당 주도의 의회를 반국가행위라고 비난하며 계엄령을 선포했다. 이 위기 상황은 한국정치 질서, 시스템의 제도적, 실행적 약점을 그대로 드러냈다. 정당 간에 뿌리 깊게 자리 잡은 적대감과 비타협적 성향은 한국의 정치시스템 자체를 더욱 불안정하게 했다. 한국의 극단적인 정치 양극화는 정치폭력과 사회불안정의 위험도를 높였다"고 평가했다.[45] 2023년 지수 8.09점에서 0.34점 대폭 하락하면서 순위도 22위에서

10계단 떨어져 32위가 되었다. 결함 있는 민주주의로 분류된 46개국 가운데 가장 큰 감점이었다. 이로 인해 프랑스, 미국, 칠레, 슬로베니아, 이스라엘보다도 순위가 밀렸다. 한국이 공고화된 민주주의의 리트머스 시험지라면 그 시험에서 갑자기 낙제를 한 것이다.[46]

4장에서 자세히 설명했듯이 한국의 민주화와 그 이후의 민주주의 공고화는 여러 희생을 수반하며 성취되었다. 그러나 어떤 정치체제도 완전하지 않으며 민주주의 정치체제도 예외는 아니다. 1980년대, 1990년대 그 성취의 과정도 매우 험난했다. 이후 2000년대, 2010년대를 거치면서 꾸준히 한국의 민주주의는 발전했지만 시간이 지나면서 2020년대 중반 피크 코리아의 한 병리증상으로 87체제의 정치제도적, 정치문화적 한계도 차츰 명백해졌다.

극단으로 치닫는 정서적 정치 양극화, 중도 아웃!

가장 중요한 한계는 정치지도자 선출과 정책 결정이 다수 중도층의 의사로 수렴하지 못하는 정치질서다.[47] 민주주의의 공고함을 갉아먹는 정치 양극화 political polarization 현상이 강화되었다. 현 대통령, 국회의원 선거 제도는 극좌와 극우의 양극단에 의해 좌우되면서 한국 정치체제 자체가 뒤흔들리고 있다. 소수가 아니라 다수 시민 주권원칙에 의거하여 실행되어야 하는 국가공동체의 안전, 성장, 번영을 위한 타협성과 안정성이 민주주의 원리의 핵심이다. 민주주의 체제는 대체로 정치체제 자체뿐만 아니라 정치적 결정에 영향을 크게 받는 경제산업, 사회인구, 지방 등의 영역에서도 유권자 다수가 포진한 중도의 기준에 부합하는 수용성이 높은 정책들을 생산한다. 수많은 행위자가 자신의 이익을 추구하며 발생하는 갈등을 중도적 기준으로 승복하며 타협으로 해결하고 궁극적으로 선거에 기반한 대의민주주의 정치체제가 안정되는 원리다.

그러나 2020년대 중반의 한국 정치는 해당 원리에서 크게 벗어났다. 국민을 대표하는 정치인, 정치집단(정당)이 다수 국민이 위치한 중도층의 선호보다 자신들 정당 내의 권력과 이에 따른 공천권 결정 주체, 곧 대통령 후보와 국회의원 후보 선출권을 갖고 있는 당대표 및 그 당대표의 핵심 극단 지지 세력이 선호하는 양극단으로 치우치고 있다. 정당들이 상대방을 협력과 타협의 경쟁 상대가 아니라 대결과 절멸 대상으로 보는 패턴이 확실히 자리 잡았다. 타협이 가능한 중간으로 모이는 '중도 수렴 현상', 곧 중도 우파와 중도 좌파가 70%를 차지하며 정치를 주도하고, 양쪽으로 극우파와 극좌파가 각각 15%씩 총 30%를 차지하는 정치제도가 뿌리째 흔들리고 있다. 정치 양극화다. 이 현상은 한국의 민주주의가 공고화된 시점 이후 꾸준히 강화되었는데 특히 2017년 박근혜 대통령 탄핵 인용을 기점으로 완전히 한국 정치의 주요 작동원리가 되었다.

진보 진영의 원로로 균형 잡힌 시각을 가진 유인태 전 국회의원은 이미 2016년경 이를 명료하게 정리한다. 국회의원으로 하고 싶었으나 이루지 못한 것을 묻는 질문에 "분권형 개헌과 선거제도 개혁이다. 그게 되지 않고는 나라가 암담하다. 양당제의 폐해는 지역주의 말고도 양극단으로 원심력이 작용한다는 데 있다. 중도 보수,

중도 진보가 극우·극좌의 눈치를 보게 된다. 진영 논리가 극심해 아무리 훌륭한 사람도 4년 뒤에는 다 몹쓸 사람이 된다. 사사건건 모든 걸 대립하고 에너지를 거기만 쏟으니 정치 혐오·반反정치 문화로 이어지고"[48] 만다고 답했다. 2020년대 들어 이러한 중도 과소 대표와 극단 과대 대표가 가장 근본적인 정치 현실로 확실히 고착화되었다.

수명 다한 87체제에 갇힌 정치

이러한 부정적 현실을 만든 근본적인 제도는 현재까지 철옹성처럼 유지되는, 민주화 원년인 1987년에 도입된 '대통령 5년 단임제'다. 소위 87체제다. 87년 체제는 27년간 이어진 군부 권위주의 독재 청산과 평화적 정권교체를 목적으로 한 원포인트 개헌에 가깝다. 군부독재를 영구히 종결하고, 장기집권을 불가능하게 해 5년 단임 대통령제로 민주주의 영속화를 추구한 것이다. 물론 그 안에 당시 노태우, 김영삼, 김대중, 김종필 같은 정치 세력들이 한 번씩 집권해보겠다는 이기적인 야망도 반영되었다. 군부 권위주의 체제를 무너뜨리는 위험한 정치적 타협이었다. 실제로 1986년, 1987년에 전두환 대통령과 군부는 또 한 번의 군사쿠데타를 준비했지만 당시 직선제 개헌을 주도한 노태우 후보와 미국의 반대로 좌절되었다.[49] 만약 전두환의 친위쿠데타가 발생했다면 우린 지금 여전히 군부독재에 신음하고 있을지도 모른다.

87체제는 이후 세 명의 대통령이 집권한 15년간 대체로 그 정치적 기능을 다했다. 일단 군부가 다시 쿠데타 등의 국가 반역행위로 민주주의를 무너뜨리고 재집권하며 권위주의화하지 못했고, 민주화 이후 상당히 혼란스러웠던 각 정치 세력들이 5년에 한 번 치르는 대통령 선거를 중심으로 이합집산하는 과정을 거쳐 보수 진영과 진보 진영으로 규합, 정리되면서 실질적인 거대 양당을 중심으로 중소 정당들이 참여하는 형태의 정치 지형이 구축되었다. 성공이었다. 게다가 이 시기의 정치 세력들과 정치인들은 대체로 민주화운동을 함께 했거나 적어도 민주주의 체제 정착과 공고화에 동의하는 목적을 공유했고, 조직 및 개인 수준에서 비공식적인 교류, 협상, 타협을 진행할 수 있는 역량이 있었다. 독단적 보스정치로 비판받은 3김(김영삼, 김대중, 김종필)은 합종연횡했지만 궁극적으로 인정과 타협, 무엇보다도 '선거민주주의가 유일한 한국 내의 정치적 게임' 원칙에 입각한 평화적 정권이양을 이뤘다. 한국의 민주주의가 공고화되었다.[50]

그러나 2002년 제16대 노무현 대통령 집권 이후 이명박, 박근혜, 문재인, 그리고 윤석열 대통령 집권 24년 동안 '대통령 5년 단임제'는 그 '원포인트' 목적이 달성된 이후 첫 15년 동안 잠복했거나 억눌렸던 그리고 현기증 나는 글로벌 탑10 한국의 급격한 성장과 발전, 그리고 여러 분야가 정점에 다다르는 현상들에 따른 환경 변화 대응에 효과적이지 못한 정치제도로 전락했다. 막강한 행정권력을 지닌 대통령이 당선되면 정파적 어젠다에 기반한 정책들을 밀어붙이고, 대체로 국회는 야당이 다수, 여당이 소수가 되는 여소야대 구도가 잡히면 대통령과 국회, 행정부와 입법부 양 권력이 타협 없이 충돌한다. 어떤 정부도 피크에 다다른 한국의 현실에 적극적으로 대응할 새로운 개념설계는 고사하고 실질적인 국가사업을 신속하고 효율적으로 추진하지 못한다. 이후부터는 한국의 대다수 국민이 수없이 보아온 진보와 보수의 극단적 정쟁과 적대화, 그리고 무엇보다도 적대적 공생이 점령한 한국 정치로 귀결되었다. 그동안 탄핵소추를 받은 대통령이 5명 중 3명이다. 무려 60%의 국가수반, 국군통수권자가 탄핵을 받고 그중 보수 대통령 2명은 인용되어 대통령직에서 파면당해 조기 대선을 야기했으며, 다른 진보 대통령 1명은 기각 이후 어렵게 임기를 마치고 극단적 정치 상황에 몰려 비극적으로 자살했다.

정서적 정치 양극화의 확산

5년마다 (탄핵을 당하지 않는다면) '제왕적 대통령'이 등장하고 (야당도 '제왕적 당대표'가 등장하고) 대한민국의 공화주의적 전통에 기반한 삼권분립 원칙에 따라 국회가 집권 여당이 아니라 야당이 다수당으로서 존재하면 대통령 집권 세력의 어떠한 정책 입안 및 실행도 사실상 무력화되는 현상이 반복된다.[51] 극단적인 갈등과 적대화, 더 나아가 적대적 상호의존/공생 구조가 고착화되었다. 가장 신랄하게 한국 정치의 여러 구조적 문제를 날 것 그대로 끊임없이 비판해온 강준만 교수는 다음과 같이 정리한다.

적대적 공생은 적대적 관계에 있는 쌍방이 사실상 서로 돕는 관계라는 뜻이다. 그래서 서로 증오하면서 원수처럼 싸우는 관계에서도 서로 도우면서 각자의 기득권을 지키거나 강화하는 역설이 가능해진다. 자폐적인 진영논리와 선악 이분법에 중독된 사람들은 오직 상대편에 대해서만 비난을 퍼부을 뿐, 자기편의 문제에 대해선 눈을 감고 침묵한다. 이들을 선동하는 강성 정치군수업자들은 유튜브 등을 매개로 산업적 규모의 번영을 누리면서 이 파괴적인 질서를 지속시킨다.

이 양쪽의 극단들은 극단적으로 닫혀 있는 극우파와 극좌파로 진화했고 이들의 끝없는 상호 악마화와 적대화는 중도 우파와 중도 좌파를 '꼬리가 머리를 흔드는wag the dog' 현상의 주체로 등장시키는 전형적인 사례가 되었다. 이러한 극우-극좌(각각의 정치 갈등선이 다소 혼란스럽지만)는 정치 양극화를 더욱 강화하면서 한국 87체제의 헌법적 근거인 '5년 단임 대통령제'와 민주화 직후 13대 국회의원 선거부터 채택되어 현재까지 유지되는 '소선거구제'의 약점을 제대로 파고들었다.

여기에 첨단과학기술 기반 정보화의 핵심인 뉴미디어, 유튜브의 편향적 알고리즘을 통한 듣고 싶은 이야기만 반복해서 듣게 되는 '에코 체임버echo chamber' 현상으로 기존 인터넷 커뮤니티 등을 통해 형성되기 시작한 정치인의 팬덤fandom에 기반해 특정 지도자를 중심으로 한 사당화가 더해진다. 노무현 팬덤, 박근혜 팬덤, 문재인 팬덤, 윤석열 팬덤, 그리고 이재명 팬덤. 이렇게 정치인이 팬덤을 이용하고 팬덤 또는 약간의 당원비를 내는 강성 당원 집단이 이들을 이용한다. 유튜버 '슈퍼챗 선동장사꾼들', '강성 정치군수업자들'은 또 이 두 정치 행위자를 그리고 이들에게 선동당한 상당수 중도좌우파 유권자들의 뼈속까지 파먹는다. 당연히 중간에 있는 유권자가 가장 선호하는 타협적 정책이 결정, 실행되지 못한다.

국회의원들은 정치 양극화를 '정당정치나 의회정치가 관용이 범위 밖으로 뛰쳐나가 정치가 해야 할 타협과 조정 대신 극단적 대립으로 치닫는 것'이라 정의한다.[52] 이들 개혁을 생각하는 진보·보수 국회의원들은 정치 양극화가 2009년 이전에는 북한 이슈 중심의 '남남 갈등', 지역주의 이슈 중심의 '영호남 지역 갈등'을 지칭할 때 간헐적으로 사용되었지만 2008년 이후 '한미 자유무역협정'을 둘러싼 갈등이 2009년 여야 간의 폭력 충돌로 귀결된 이후 본격화했다고 지적한다. 이후 2019년의 '공직선거법 개정'과 '공수처법 제정'을 둘러싸고 국회에서 폭력 충돌이 일어나고, '장외투쟁'으로 지칭되는 국회 내 대의기관으로서가 아니라 국회 밖 광장과 거리에서 직접적으로 시위, 선동으로 여론몰이를 극단화해 정치 동력으로 삼는 패턴이 고착화되었다. 한국인에게 (그리고 인터넷이 자유롭게 사용되는 모든 국가의 국민이) 없으면 살 수 없는 유튜브가 이러한 정치 양극화를 더욱 강화한다.

특히 한국의 정치 양극화는 정서적 정치 양극화affective political polarization의 특징을 지닌다. 이데올로기와 정책적인 차이보다 특정 정당과 정치인에 대한 반대, 반감, 혐오가 양극화의 근간이다. 정치 양극화를 병리적으로 강화하는 이슈들도 다른 국가는 이민, 난민,

감세, 의료보험, 연금, 재정 긴축, 성소수자(LGBT), 자유-평등-공정-공평 원칙 등의 정책적 이념적 차이에 기인하는 반면 한국에서는 '좌파 척결', '극우 척결', '적폐 청산', '검찰 개혁', '윤석열 탄핵', '이재명 구속' 같은 실체가 없고 상징적인 권력투쟁 이슈에 기인한다. 국가사회 구조, 경제산업, 국방군사 분야에서 다소 간의 이념적, 정책적 차이가 있지만 실제로 그 간극이 양극화의 주요 이슈가 될 정도로 크지 않다.

2010년대 중반 이후 노골적으로 극우와 극좌 성향을 드러내고 이를 상품화한 팟캐스트에 이어 개인 유튜브 채널이 폭발적으로 증가했으며, 알고리즘의 편향성을 그대로 흡수한 유권자들이 급증했다. 다음에 설명하는 팬덤 당원도 해당된다. 이는 뉴미디어에 밀려나는 레거시미디어의 여론형성 및 문지기gatekeeping 기능의 소멸로 정치 양극화를 극단적으로 강화하는 첨단기술의 부정적 외부효과다. 정치 양극화 유튜브의 한 극단인 극우 유튜버들을 기존 신문과 방송보다 훨씬 신뢰하고 빠져든 보수 진영 대통령이 '선거부정론', '국가전복 세력론' 등을 기반으로 계엄령을 선포하는 결과까지 야기했다. 한 국가, 글로벌 탑10 국가의 대통령이 유튜브의 왜곡된 가짜뉴스에 경도되고, 양극화에 앞장서 친위쿠데타를 일으키고 탄핵되었다. 한 보수 언론 기자의 말마따나 '(보수 신문들) 사설만 봤어도 이 지경까지는 안 됐다'.[53]

거대 양당의
팬덤 정당화 폐해

    2020년대 중반 한국 정치의 양극화는 국민의힘과 더불어민주당이라는 보수, 진보의 양당제를 중심으로 강화되고 있다.[54] 정치학 이론에 따르면 선거 득표 극대화를 위해 이념적, 정책적 중도 수렴을 하는 양당제가 정치 양극화 정도를 낮추고, 이런 유인이 결여되어 이념적 정체성에 더 중심을 두는 다당제가 정치 양극화를 심화한다. 그러나 2010년 이후 단일 이슈보다 복수의 이슈들이 다차원적 정치 환경을 조성하면서 그리고 양당제하에서 중요한 정치적 분열선 political cleavage 인 이념적 정체성이 약해지면서 오히려 정치 양극화는 다당제에서 더 약하게 나타나고 있다. 이는 양당제에서는 한 정당이 배타적으로 권력을 독점하고, 정치 양극화를 완화하는 다당제에서는 연립정부 또는 연계 형태의 복수 정당 간 권력 공유로 권력이 분산되기 때문이다. 다당제와 달리 새로운 정치 이슈들이 폭발적으로 나타나면 기존 양대 정당이 반대 노선을 택하게 되고 그로 인해 더 이질적으로 되어 갈등이 증폭하는 양극화가 강화된다. 2020년대의 한국은 양당제에 더해 비례 국회의원 선거에서 '위성정당' 사태까지 벌어져 다당제의 기능을 어느 정도 도입한 비례대표제조차 무력화되었다. 캐스팅보트를 쥐고 중도적인 정책 결정을 수렴할 중소 정당들은 전무하다.

    대통령에게 좌지우지되는 자율성이 약한 여당이 국회에서 야당의 협상 파트너가 되는 것이 아니고, 당대표 1인에게 지배당하는 야당이 직접 대통령과 그 핵심 인사들 몇몇을 상대로 투쟁하게 만들어 소외된 집권여당이 더욱 야당을 공격하고 고립시키려는 부정적인 패턴이 고착되었다. 이 국회의원들을 포함한 양대 정당인은 대체로 국가 운영의 핵심 영역, 곧 국가를 좌우하는 핵심 정책 영역들의 이슈가 아니라 현직 대통령 개인에 대한 선호와 적대에만 집중하는 극단적 팬덤에 의해 좌우된다. 이들이 과대 대표되면서 강성 온라인 당원으로 활동하거나 장외에서 대규모 집회 등을 통해 정파적 목소리를 높여 양대 정당 구성원들의 협상, 협력을 거의 불가능하게 한다.

이 팬덤 정치는 팬덤 지도자 개인을 위한 팬덤 정당으로 더욱 변질된다.[55] 팬덤 정당은 당의 지역 조직이 아니라 중앙당을 통해 온라인으로 입당하는 권리책임당원들에 의해 주도된다. 이 팬덤 당원들은 지역 조직과 이슈가 아니라 중앙당의 당대표지도부 선거와 대선후보 경선에 모든 관심을 쏟으며 중앙당의 중요 결정에 막강한 지배력을 발휘한다. 이들이 가장 원하는 것은 팬덤 리더인 당대표나 대선후보와 직접 연결되고 이 특정인에게 영향을 미치는 것이다. 이러한 직접적인 정치참여 행위를 통해 '자발적으로 동원된' 모순적 특징을 지니며 기존에 오래 정당에 기여해온 핵심 당원, 대의원, 당직자를 기득권 특권 집단으로 몰아 공격적으로 비판한다. 당연히 이들 중에 팬덤 지도자에 대해 비판적인 사람은 제거 대상이다. 2024년 국회의원 총선거 과정 등에서 적나라하게 나타난 일련의 후보자 선정과정을 상기해보자. 권리책임당원은 팬덤을 통해 당대표, 대통령과 직접 접촉하여 자신들이 원하는 어젠다를 관철시킨다.

팬덤 지도자만이 통제할 수 있는 또는 때로 이 지도자를 역으로 통제하거나 대체할 수 있는 권리책임당원은 한국 정치체제의 정당 구조를 근본적으로 변화시켰다. 당연히 지역을 중심으로 구축되는 대의원 제도 폐지를 추구하며 '당원 중심주의'에 따라 자신들을 중심으로 당의 의사결정 구조를 재편하려 한다. 정당 내부가 아니라 정당 외부에서 대체로 정치 양극화를 유도하는 포퓰리스트 정치인들이 팬덤 당원들을 통해서 권력을 추구하는 양상이다. 여기에 양극단의 정치 유튜버들이 막강한 권력을 행사하며 정당 내부의 역학을 좌우한다. 이 유튜브에 출연하는 것이 당선에 유리해지자 정치인과 정치지망생은 줄을 선다. 팬덤은 이 정치 유튜버-인플루언서와 우호적 공생관계를 형성한다. 물론 이 팬덤 당원들은 극도로 높은 수준의 정치효능감political efficacy을 획득하게 된다. 우리가, 내가, 팬덤이 좌지우지하는 정치지도자를 통해 한국의 정치를 좌지우지한다는 엄청난 성취감을 느낀다. 막스 베버가 제시한 소명으로서의 직업인, 정치에 사명감을 갖는 정치인은 버텨내기 어려운 정치질서다.

이러한 중층적인 구조적 변화에 따른 정치 양극화 환경에서도 정치인의 가장 큰 목표는 자신의 자리, 의석을 지키는 것이다.[56] 현재 한국의 정치체제하에서 가장 핵심적인 정치 의석은 대통령 1석, 국회의원 300석, 광역지방자치단체장 17석 남짓이다. 특히 국회의원은 정치적 양극화에 경도된 양 진영의 소수 강성 집단이 선거의 후보자를 선출하는 당내 경선, 곧 공천 과정에서 과대 대표되며 여러 이념적, 정책적 경쟁력이 아니라 무조건적인 특정 정치지도자 팬덤의 충성도를 주요 기준으로 삼는다. 게다가 이들과 영합한 양당의 지도자, 야당의 경우 특정 당대표, 여당의 경우 대통령이 공천권에 막대한 합법적, 불법적 영향력을 행사하면서 이 지도자 팬덤을 동원하고 그 과정에서 팬덤 당원은 극단적인 위협 행위까지 마다하지 않는다.

이 팬덤은 자신들의 정치지도자 팬덤을 넘어서 자신들의 어젠다를 그 정치지도자를 통해 실행 관철시키며, 그 정치지도자가 자신들의 뜻에 반한다면 또는 집권할 가능성이 줄어들어 쓸모가 없어진다면 언제든 대체제로 옮겨갈 수 있는 주도권까지 생각한다. 시도지사, 국회의원뿐만 아니라 대통령, 양당 대표까지 좌지우지할 수 있는 병리적인 권력이 이 소수 집단들로 넘어간다. 민주주의 정치체제하에서 주요 정당의 가장 중요한 역할은 극단주의 세력을 고립시키는 문지기 역할이다. 한국의 진보·보수 양당의 문지기 기능은 파훼되었다. 피크 코리아의 정치체제적, 정치제도적 단면이다.

2024년 한국에서 쿠데타가 가능해?

2024년 12월 3일 악화일로를 걷던 한국 정치체제의 피크 코리아 현상이 한 폭발적인 사건을 통해 표면으로 드러났다. 피크 코리아의 가속화 현상이었다. 앞에서 설명한 정치 양극화로 정치 아웃사이더 포퓰리스트가 어부지리로 제왕적 대통령이 되었다. 그리고 팬덤 당원에 기반한 제왕적 당대표가 지배하는 야당이 제왕적 대통령의 권한을 극도로 제한하고, 수시로 탄핵을 남발했다. 주요 정책 실행이 무력화되고 가족의 사법적 위기가 커지던 대통령이 친위쿠데타를 일으켜버렸다. 두말할 것도 없이 '민주주의의 퇴보' 현상이다. 여기에 더해 계엄해제 과정과 탄핵소추 과정에서 벌어진 일들을 짚어보는 것은 정치체제의 피크 코리아 현상을 직관적으로 이해하게 해준다.

2024년 12월 3일 윤석열 대통령의 비상계엄 선포 및 계엄군 투입, 12월 4일 국회의 계엄 무효조치 후 계엄해제까지 일련의 정치체제 차원 사건이 발생했으며, 현재도 이로 인한 체제 불안정과 이를 수습하기 위한 정치행위들이 진행 중이다. 일련의 정치 과정은 전 세계 민주주의 국가에서 관찰되어온 자유민주주의 내 권위주의 요소의 점진적 강화, 소위 민주주의 퇴보 현상이 2024년 한국에서 극단적인 형태로 발현된 것이다. 한국 민주주의 체제의 근간을 흔드는 정치적 대사건이었다. 국내 정치체제, 정치질서의 불안정뿐만 아니라 미국, 일본, 유럽 등 동류국가들의 우려와 글로벌 시장에서 한국 디스카운트가 이미 발생하여 국제 수준의 정치적, 경제적, 군사적으로도 한국에 커다란 부정적 영향을 미쳤다.[57] 다음 사진(131쪽)에서 보듯이 비상계엄 포고 이후 국회 본관 진입을 시도하는 육군 특수부대 군인의 이미지는 현 시대를 살아가는 전 세계 어느 국가의 시민도 그 의미를 바로 이해할 수 있다.[58]

한국의 민주주의는 공고화되었음이 분명하다고 자신했지만

12·3 비상계엄 당시 국회 본관 진입을 시도 중인 육군 특수부대 계엄군. ©조선일보, 김지호

1987년 이후 37년 만에 헌법에 명시된 민주공화국의 존립을 뒤흔들 수 있는 반민주적인 친위쿠데타를 활용한 권위주의적 내란 행위가 충분히 발생할 수 있었다. 이 충격적 사건 이전에도 한국은 앞에서 인용한 《이코노미스트》지의 다섯 가지 민주주의 기준 중 다음 두 가지인 '정부기능'과 '정치문화'에서 다른 세 가지인 '선거과정과 다원주의', '정치참여', '시민자유'보다 낮은 평가를 받았다. 적절한 객관적 평가다.[59] 이 지표들은 2024년 12월 3일 군을 동원한 비상계엄 포고와 해제, 그리고 이어진 대통령 및 대통령 권한대행 탄핵 과정과 차기 대통령 선거를 염두에 둔 정치 양극화 폭증에 따른 갈등으로 각각 8.57에서 7.50으로 6.25에서 5.63으로 대폭 하락했고, 다른 세 지표는 동일한 점수를 기록한 결과 총점이 8.09에서 7.75로, 순위는 22위에서 32위로 하락했다.

12·3 계엄 직후 '포고'된 주요 내용은 암약하는 반국가 세력의

체제전복 위협에 대응해 국회와 정당 등의 정치활동을 금하고, 언론과 출판은 계엄사의 통제를 받으며, 집회행위를 금하고, 위반자는 처단한다는 것이다.[60] 보면 볼수록 공고화된 10대 주요 민주주의국으로 명명된 한국에서 나올 수 있는 정치언어, 정치행위인지 의심스럽다.

먼저 이 계엄포고문에 의거한 비상계엄에 대한 한 보수 언론 기자의 평가를 들어보자. 진보 언론 기자가 아니다.

> 2024년 12월 3일은 많은 사람들에게 잊을 수 없는 날짜가 됐다. '123'이니 기억하기도 쉽다. 수많은 국민들은 '비상계엄 선포'라는 뉴스를 보고는 어리둥절했다. 대한민국 헌정사에 남을 이 어처구니없는 비상계엄은 약 6시간 만에 해제됐다. 군 헬기와 장갑차에서 내려 국회에 나타난 공수부대원들이 유리창을 깨고 국회 본관으로 진입했고 국회 관계자를 포함한 시민들이 이를 막아섰다. 그 사이 190명의 국회의원들이 모여 만장일치로 계엄해제 결의안을 통과시켰다. 계엄령은 그렇게 무력화됐지만 이번 사태의 책임을 묻고 헌정을 복구해야 하는, 그리고 재발도 막아야 하는 책무가 남았다.[61]

정확하게 비상계엄이 반헌법적인 민주주의의 퇴보라고 이야기한다. 그러나 계엄포고령은 '반국가 세력'이 한국의 정치체제를 전복시킨다고 선언한다. 이 계엄은 비상계엄, 곧 계엄법 2조에서 정의한 대로 "비상계엄은 대통령이 전시·사변 또는 이에 준하는 국가 비상사태 시 적과 교전 상태에 있거나 사회질서가 극도로 교란되어 행정 및 사법 기능의 수행이 현저히 곤란한 경우에 군사상 필요에 따르거나 공공의 안녕질서를 유지하기 위하여 선포한다"의 엄중한 계엄이다. 그러나 2024년 12월의 한국 상황에서 전시, 사변, 교전, 질서교란, 행정사법기능 곤란 중 어떤 사유도 적용할 수 없었다.

계엄포고문에서 반국가 세력은 여소야대 국회에서 강력한 비토veto 권력을 윤석열 대통령 정부에 행사하던 제1야당 더불어민주당과 그 지지 세력을 의미한다. 민주주의가 퇴보할 때 가장 먼저 나오는 현상이 집권자, 집권 세력이 상대 정치 세력을 근거 없이 범죄 집단으로 몰아세우며 국가안보와 국민의 삶을 위협한다 규정하고 법률 위반 또는 위반 가능성을 문제 삼아 '처단'하려는 행태다. 이 현상을 가장 정확하게 짚어낸 스티븐 레비츠키Steven Levitsky와 대니얼 지블랫Daniel Ziblatt은 『어떻게 민주주의는 무너지는가』에서 가장 먼저 정치 경쟁자를 전복 세력이나 헌법 질서의 파괴자라고 비난하는지 여부를 중요시했는데 바로 이에 해당한다. 물론 또 다른 중요 기준인 권력을 잡기 위해 군사쿠데타 등 헌법을 넘어선 방법을 시도한 것에도 해당된다.[62] 모두 레비츠키와 지블렛뿐만 아니라 민주주의의 퇴보 현상을 연구하는 전 세계 정치학자나 깨인 시민informed public이라면 모두 똑같이 한숨을 내쉬며 고개를 가로저을 내용들이다.

더구나 포고문은 국회의 정치활동을 금했다. 계엄을 해제할 수 있는 유일한 헌법 권한이 있는 국회를 무력화하려는 얄팍지만 무서운 조치다.[63] 국회가 불법적인 계엄을 판단하고 해제할 수 없도록 원천적으로 막으려 한 것이다. 헌법 위반이다. 2항에서 자유민주주의 체제, 곧 6공화국 헌법을 부정, 전복하는 행위를 한 정치 주체를 이야기했지만 실체가 없다. 단순히 정치 경쟁자를 부정할 뿐이다. 또한 가짜뉴스, 여론조작, 허위선동을 금하면서 동시에 언론과 출판을 검열, 통제한다는 것은 헌법상의 언론과 정치 경쟁자의 기본권을 억압하려는 시도로 전형적인 권위주의 독재적 행동 지표다.

민주주의 안의 권위주의 독재자

포고문에서 친위쿠데타 세력은 계엄법에 따라 반국가 세력을 영장 없이 체포, 구금, 압수수색하여 '처단'하겠다고 선언했다. 38년 전에 종식된 군부 권위주의에서 사용하던 전형적인 단어, 개념, 어투, 행위다. 물론 이 비상계엄 선포에서 가장 중요한 행위자가 군이다. 윤석열 대통령은 측근 인사인 김용현 국방장관을 통해 육군사관학교 출신 현직 수방사령관, 특전사령관, 계엄사령관, 그리고 예비역 정보사령관 등에게 비상계엄을 위한 무력 수단으로 육군 부대를 동원하는 전형적인 '친위쿠데타'를 준비시키고 실행시켰다. 이들은 매우 적극적으로 쿠데타를 추진했고 실행했지만 실패했다. 권력장악 power seizure에 실패한 것이다.[64]

한국군은 1960년과 1980년 두 번의 군사쿠데타를 통해 한국의 민주주의 정치체제를 파괴하고 군부 권위주의 정권을 수립해 독재를 행한 원죄가 있다. 이 민주주의 정치체제에서 가장 기본인 민군관계의 원칙을 위배하고, 중립은커녕 기존 민간 정부를 전복시키고 경쟁 정치 세력, 정당, 시민을 억압하며 1987년까지 27년간 군사독재를 행했다. 이후 한국인은 여전히 한국군을 끊임없이 경계해왔으나 '설마 군대가…' 하는 마음이 있었다. 그러나 설마가 사람 잡았다. 민주주의하에서 한국군 육군사관학교 출신 장성 중심의 지휘부가 정치 경험이 일천한 검찰총장 출신 권위주의적 대통령과 모의하여 군사쿠데타를 시도했다.

윤석열 대통령의 권위주의 성향은 현재 민주주의의 퇴보 현상이 전 세계적으로 진행되는 상황에서 공고화된 민주주의 국가에서도 자주 발견되는 정치지도자들과 궤를 같이한다. 2020년에 한 발언으로 "만일 육사에 갔으면 쿠데타를 했을 것이다. 쿠데타는 검찰로 치면 부장검사인 당시 김종필 중령이 한 것이다. 그 시절로 돌아가고 싶다"고 했다.[65] 검찰과 군부를 등치시키는 전형적인 군부 권위주의에 부합하는 독재 사고방식이다. 미국 도널드 트럼프 대통령의 사례에서 잘 볼 수 있듯이 갈수록 기존 정치집단 출신이 아니라 권위주의적 성향의 아웃사이더가 포퓰리즘을 수단으로 팬덤정치를 활용하여 기존에 공고화된 민주주의 정치체제 자체를 퇴보시키고 무력화시킨다.

특히 이러한 유형의 정치지도자들은 레거시미디어, 뉴미디어, 무엇보다도 자기강화 소셜미디어 알고리즘을 활용하여 정치 양극화와 이를 통한 갈등을 의도적으로 폭증시킨다.[66] 더 나아가 이들은 자신의 정적을 '국가의 존재를 위협하는 존재 existential threats to the country'로 규정한다. 계엄포고문에서 그대로 나타났듯이 한국에서도 유사한 상황이 발생했다. 극우적인 팬덤을 창출해낸 윤석열 대통령은 공고화된 민주주의 정치체제하에서 나타날 수 있는 전형적인 권위주의적 지도자다. 또한 영부인은 내란죄 대통령 체포를 저지하지 못한 경호처 직원에게 "총 안 쏘고 뭐했느냐"라고 화를 냈다.[67] 또한 반대편 야당에서도 당시 대통령 권한대행을 현행범이라 칭하며 국민 누구든 체포할 수 있으니 몸조심하라 했다.[68] 극단적 팬덤 지지자가 위력을 행사할 동기부여로 기능할 수 있었다.

미국에서는 국회의사당 침탈, 한국에서는 법원 침탈

여기에서 주목해야 하는 탄핵 정국의 사건이 2025년 1월 19일에 발생한 '서울서부지법 난동'이다. 당일 새벽에 윤석열 대통령 구속영장을 발부한 서울서부지방법원 앞에서 미신고 집회를 진행하던 윤 대통령 지지자들이 경찰의 저지를 뚫고 경찰에게서 빼앗은 방패와 플라스틱 의자를 휘둘러 법원 내부 유리창을 부수고 영장 발부심사 판사의 이름을 부르며 죽여버리겠다고 살해 협박을 하는 등 난동을 부렸다. 이들은 법원 건물 7층까지 올라가 해당 영장판사실에 진입하려 했고 방화 시도까지 했다. 기동대를 포함한 약 1,400명의 경찰 인력이 총 86명의 불법 시위대 인원을 연행했다. 경찰관 50여 명이 다쳤고, 기자와 민간인 폭행도 자행되었으며, CCTV와 연결된 법원 내부 서버를 파괴하는 등 불법 침입 증거를 없애려고 했다. 민주주의 국가에서 사법부의 핵심 법원이 폭력으로 침탈당한 중대한 사건이다. 정치의 사법화 부작용이자 사법의 정치화로, 그리고 이를 추동한 정치 양극화로 무장한 극단주의자들이 현대 민주주의 체제인 삼권분립의 한 축이자 최후의 보루인 법원, 그것도 대통령 탄핵이라는 국가의 명운을 결정하는 중요한 심리를 진행하는 법원을 폭력으로 공격했다. 전형적인 민주주의의 퇴보 증상이다. 자신들이 원하는 법적 판결이 나오지 않으면 그 판결 주체 자체를 부정하고 파괴한다.

이에 대해 재판에 넘겨진 49명 모두에게 유죄를 선고한 한국 최고법원 대법원의 법관들이 구성하는 대법관회의는 다음과 같이 경고했다.

> 서울서부지법에서 집단적으로 일어난 폭력적인 무단 침입과 기물 파손, 법관에 대한 협박 등의 행위는 민주주의와 법치주의에 기반한 헌법 질서의 근간을 위협하는 매우 중대한 범죄 행위다. 재판 결과에 불만이 있다고 적법한 절차를 밟지 않고 폭력적 수단을 동원해 법원을 공격하는 것은 법치주의를 정면으로 부정하는 것이다. 우리 헌정사상 유례없는 일이자, 사법부의 기능을 정면으로 침해하려는 시도로 결코 용납될 수 없다. 사법부뿐만 아니라 국가 전체의 정상적인 기능을 마비시키고 결과적으로 국민의 기본권 보장에도 심각한 장애를 초래할 수 있다.[69]

이 폭도들은 이번 계엄, 탄핵 과정에서 본격적으로 형성되기 시작한 극우 블록의 극단적 팬덤 지지자들이다.[70] 앞에서 말한 팬덤 정치지도자들이 부추기고 결합하면 언제든 이런 극단적인 폭력 사태가 한국의 민주주의를 갉아먹게 된다. 이와 유사하게 트럼프 대통령의 2020년 대통령 선거 불복을 중심으로 벌어진 극우 팬덤 지지자들의 국회의사당 침탈 사건(1·6 사건)도 유사한 정치 사건으로 분류된다. 윤석열 대통령 탄핵 과정에서 한국의 보수 정당이 쿠데타 계엄 시도에 대한 탄핵 기각을 당론으로 하여 외면했듯이 이러한 헌법적 가치 위반 행위를 공화당과 그 핵심 지지층은 정당한 것으로 받아들였거나 외면했다.[71]

앞에서 설명한 제왕적 대통령에게 무력하게 복종하고, 대통령과 그의 몇몇 핵심 인사만 직접 상대하려는 야당에게 국정 논의 파트너로 인정받지 못하며 무시당하는 상황에 처하여 맹목적인 반대만 하는 보수 여당의 속성도 탄핵 과정에서 그대로 드러났다. 반헌법적 '비상계엄'을 해제하는 국회 투표에 여당 지도부와 대다수 국회의원은 참여하지 않았다. 자신들을 좌지우지하며 여당의 역할을 하지도 못하게 한 대통령이 '내란 우두머리' 죄를 저지른 상황을 명확히 알고 있었고 국회에 육군 특수부대가 난입하는 순간 이 비상계엄이 군사독재 회귀로 이어짐을 분명히 인지한 와중에도 국회 본회의장이 아니라 자신들의 당사에 있었다. 당시 민주주의 정치 체제의 사명감을 갖고 있던 소수 여당 의원이 없었다면 이 글을 쓰고 있는 필자가 이 책을 출판할 수도 없었을 것이다.

정치의 사법화, 사법의 정치화

민주화 이후 세 번째 진행된 대통령 탄핵 정치에 대한 더 자세한 분석은 별도의 책에서 다뤄야 할 정도이지만, 간단히라도 꼭 짚고 넘어가야 하는 정치체제 영역의 피크 코리아 현상 하나가 '정치의 사법화'와 '사법의 정치화'다. 또 하나의 민주주의 정치체제의 최후 보루인 사법부에 대한 신뢰도가 급격하게 떨어졌다. 2004년 노무현 전 대통령과 2017년 박근혜 전 대통령 탄핵 때와 달리 윤석열 탄핵 심사 과정에서 사법부는 매우 정치화된 실체를 그대로 드러냈다. 전 정권에서 설립한 공위공직자수사처의 무력함, 헌법재판관 3명 임명 과정, 대통령 구속 영장 및 체포 무력화, 여러 사법부 행위자의 정치적 눈치보기는 극에 달했다. 또한 동전의 양면으로 이러한 사법부의 정치화를 야기한 정치의 사법화 현상도 마찬가지다. 주어진 민주주의 체제하의 여러 공식적, 비공식적 제도를 통해 타협하는 것이 기본인데도 포퓰리즘 팬덤정치와 결합된 정서적 정치 양극화는 정치종파주의와 거의 영구적인 제도적 정체 상태를 고착화시키며 이 기본을 불가능하게 했다.

그 결과 국가 수준의 정치 주체들은 협상과 타협이 불가능해져 무조건 법의 판결로 해결하려 한다. 상호 소송이 난무한다. 거대 야당은 윤석열 정부 출범 이후 30차례 탄핵소추안을 발의하고 13건을 본회의 처리했다. 21대 국회 때 11건(가결 4건·철회 6건·폐기 1건), 22대 국회 때 19건(가결 10건·계류 4건·폐기 5건)이다. 12·3 비상계엄 이후 발의한 8건을 제외하면 22건이다. 탄핵은 정말 무거운 최후의 정치적 수단이다. 윤석열 대통령의 반헌법적 비상계엄 쿠데타 정도에 사용해야 하는 민주주의 체제의 최후 보루다. 이러한 사법적 수단을 남용하는 거대 야당의 존재도 민주주의 퇴보의 한 단면이다. 정치의 사법화로 정치적인 타협이 불가능해지면서 무조건 사법의 판단으로 결정하려는 패턴과 사법의 정치화로 사법적인 판단이 객관적이고 공정한 법적 근거가 아니라 정치적인 이해관계와 고려를 중심으로 정치적인 선고로 이어지며 사법에 대한 신뢰가 무너진다.

헌법재판소의 탄핵 심사가 진행되는 과정에서 "이재명만은 안 된다. 나라 망한다"고 주장하며 야당의 유력 대통령 후보 지도자에 대한 반대가, 비상계엄 쿠데타 처벌 및 탄핵으로 정상적인 민주주의 체제 복원 지지보다 중요하고 우선해야 한다는 극단적인 세력도 상당히 많았다. 물론 야당 지도자에 대한 반대를 표명하는 것은 문제가 아니다. 그러나 민주공화국, 대한민국의 민주주의 정치체제 자체에 대한 수호와 재건, 강화에 대한 의무와 지지보다 강해서는 안 된다.

광범위한 비상계엄 모의와 부분적으로 실패한 실행, 군대를 동원한 국회 침탈 및 국회의 계엄 무효화 권한을 강제로 무력화하려는 시도, 그리고 이를 전혀 인정하지 않고 사죄하지 않는 비민주적인 행태마저 용인하고 절차적 민주주의를 거부하는 탄핵 반대 여론이 처음에는 21%였으나 꾸준히 35% 이상, 그리고 당시 여당의 보수 지지 세력 내에서는 70% 정도까지 나왔다.[72] 민주주의에 대한 신뢰가 급락한 것이며 권위주의를 용인한 것이다. 이는 박근혜 전 대통령 탄핵 직전까지 탄핵 인용 약 75%, 탄핵 반대 약 20%를 유지한 것, 그리고 보수층 내에서도 반대가 50% 정도에 그친 것과 크게 대비된다.[73] 정당 지지율은 탄핵 과정 중에 바로 그 이전 양당이 업치락뒤치락 하던 수준으로 복귀했다. 박근혜 탄핵 선고 후 야당 지지율이 46%, 여당 지지율이 9%였던 것과 대조된다. 2017년 이후 정치 양극화가 더욱 강화되었다. 놀랍게도 단 7년 만에 이렇게 악화되었다.

2024년 겨울, 한국의 민주주의 체제는 자유롭고 공정한 선거를 통해 선출된 '권위주의적' 대통령이 제복 입은 시민의 탈은 쓴 육사 출신 정치군인들과 야합하여 일으킨 정말 상상도 할 수 없었던 친위쿠데타로 엄청난 타격을 입었다. 이런 어설픈 권위주의화 시도가 2024년 글로벌 탑10 한국에서 벌어졌다. 피크 코리아.[74]

한국에는 서울만 있다, 지역 소멸의 정치체제

정치 양극화는 모든 이슈를 중앙 중심으로 형성하는 87체제의 또 하나의 결정적 약점을 더욱 악화시킨다. 국민 개개인의 삶은 자신이 살고 있는 지역에 기반하고 해당 지역의 경제산업, 사회인구 문제에 대한 정치적 결정에 크게 좌우된다. 모든 정치적 관심과 자원이 서울에서 벌어지는 중앙 정치에 집중되면서 피크 코리아의 여러 부정적 현상이 실제로 벌어지는 지역, 특히 비수도권 지역은 소외된다. 한국이 서울 중심의 도시국가로 축소되는 현상으로 연결된다.

한국에는 서울밖에 없나? 극좌와 극우 양 집단조차 비수도권 그리고 비서울 수도권에서 목소리를 높이지 않는다. 모두 서울로 몰려든다. '도시국가 서울' 현상은 더 강해지고 한국의 정점 지남 현상을 늦출 수 있는 합리적인 정책은 대부분 꼬리에 머리가 흔들리는 양대 정당의 관심 밖이다. 소외는 곧 각 자원의 배분이 미치지 못한다는 뜻이다. 그러나 더 근본적인 문제인 중앙 정치에 모든 권력이 집중된 정치구조는 87체제에서 그리고 이전의 권위주의 독재 체제에 기인한다. 양당이 대통령 선거에서 이겨 정권을 쟁취하고 '누리는' 것을 궁극적 목표이자 존재 근거로 삼고 있다.

승자독식 원칙에 따라 대통령 선거에서 이기면 국가 자원 배분을 대부분 독점하는 중앙 행정부처를 통제할 수 있다. 당연히 중앙정부가 있는 서울과 수도권을 중심으로 국정운영이 이루어질 수밖에 없다. 국제정치의 기본 단위가 '국가'이니만큼 외교와 국방 분야는 중앙정부 차원에서 집권한 대통령 세력의 통제와 관할 영역이 맞지만 경제, 사회, 인구 등의 분야는 중앙정부에서 모두 통제하는 것이 비효율적이며 각 지역의 여러 상이하고 변화하는 환경에 효과적으로 대응하기 어렵다.

물론 한국이 글로벌 탑10 국가가 되는 과정에서 중앙정부가 강력한 통제력으로 경제산업 및 사회인구지역 정책 방향을 정하고 희소한 자원을 추출, 배분하는 구조가 효과적인 시기가 있었다. 생산요소 중 노동력과 토지만 풍부하고 자본이 결여되었던 1960년대에서 1990년대까지는 국가 전체의 희소한 자본을 체계적인 경제개발 5개년 계획 등을 통해 강력한 개발독재를 실시한 '발전국가'로서 최적화하기에 중앙집중 권력체제가 더 적합했다. 집중과 선택 경제성장 전략, 그리고 성장의 낙수효과 전략은 성공했다. 지역의 거버넌스 문제를 지역 안에서 해결할 역량이 부족했던 시기였다.

그러나 이 효율적이었던 중앙집중 정치체제는 지난 20년 우리가 맞닥뜨리는 경제산업적, 사회인구지역적 불균형, 서울과 수도권으로의 집중과 비수도권 지방의 소멸 현상을 가속화하는 핵심 동력이다. 정치제도 자체의 피크 코리아 현상의 근원, 곧 모든 권력이 중앙의 대통령에게 집중되는 5년 단임제와 소선거구 국회의원 선거제도가 다시 등장한다. 건국 후 80년 동안 독재체제와 민주체제에서 동일하게 나타난 현상, 곧 중앙정부와 중앙국회가 모든 경제적 자원을 관할하고 지방에 배분하는 톱-다운 top-down 형식의 행정체계는 한국을 도시국가 서울로 만들어버렸다. 자신이 나고 자란 고향을 등지고 서울로, 수도권으로 갈 수밖에 없는 것은 부와 교육과 기회와 문화와 의료가 모두 그곳에 집중되어 있기 때문이다. 현재 한국의 지방은 자체적인 경제권 형성이 거의 불가능하다.

한국에는 지방정부가 없다?

한국의 지방자치는 1991년 지방의회 부활과 1995년 전국동시

지방선거 실시로 본격적으로 시작되었다. 수도권 인천시장조차 "지방자치가 이미 30년이 됐지만 아직도 지방자치는 제대로 작동하지 못하고 있다. 중앙정부의 과도한 권력이 빚어낸 일이다. 대통령과 중앙정부, 국회가 과도한 권력을 행사하는 반면, 지방정부는 조직과 인사, 재정 등 모든 측면에서 취약하다. 오늘날의 정치적 혼란도 이 같은 중앙정부의 과도한 권력이 빚어낸 일이다"라고 비판한다.[75] 이러한 권력의 불균형, 극단적인 중앙집중, 지역축소의 정치질서는 중앙과 지방이 수직적, 종속적 관계라는 것을 명확히 한 '지방자치단체'라는 명칭에서 잘 드러난다. 물론 중앙과 지방이 수평적, 독립적으로 관계를 형성하는 것은 연방제 국가가 아닌 한 한계가 명확하지만 '지방정부'라는 명칭조차 한국에서는 공식적으로 쓰지 않는다.

현재 한국의 중앙정부는 전 국민의 삶 전반을 운영하는 통합행정 거버넌스 체계를 독점하고 있다. 주요 행정권한은 대부분 중앙 행정부처가 장악하고 있으며 이와 결합된 입법권한은 중앙의 국회가 사실상 독점하고 있다. 지방정부와 지방의회는 매우 부수적이고 보조적인 역할을 할 뿐이다. 각 지방의 대기업, 중견기업, 중소기업, 대학교, 정부출연연구소, 통신망사업자, 방송사업자, 에너지 인프라 조직 등은 그 직할 지방정부 부처가 아니라 중앙정부의 산업자원통상부, 과학기술정보통신부, 중소기업벤처부, 교육부, 방송통신위원회 등의 통제와 관리를 받는다.

이에 더해 모든 정책의 기본인 예산 자원, 곧 세입세출권에서도 2024년 기준 중앙정부가 관할하는 국세가 396조 원, 지방세가 119

조 원으로 77:23의 극단적으로 기울어진 구조다. 중앙정부와 지방정부 균형의 핵심은 재정분권이다. 지방정부 아니 지방자치단체의 재정자립도가 극히 낮다. 이러한 중앙정부의 압도적인 재정권은 지방정부가 아니라 지방 지역구 국회의원들이 중앙에서 예산을 더 가져오는 의무, 권력을 갖게끔 한다. 중앙정부의 교부세와 보조금이 지방정부의 대부분의 세수 수입을 차지한다면 지방정부의 행정은 당연히 중앙정부의 통제를 받게 된다. 서울-수도권 외의 경남부산권, 광주호남권, 충청권의 광역 지방에서 독자적인 경제개발계획은커녕 중앙정부의 지방교부금만을 바라봐야 하는 열악한 처지다. 당연히 지방은 갈수록 약해지고 적어지고 소멸의 가속도가 붙는다.

중앙에 모든 권한을 집중하는 정부의 제도적인 구조는 한국의 도시국가 서울화, 수도권화와 결합하여 더 많은 리소스 분배가 중앙에 집중되게 한다. 한국의 국회의원 300명 중 122명이 서울을 비롯한 수도권에서 선출되었다. 300명 중 비례대표(이들도 대부분 수도권, 특히 강남에 거주, 활동한다) 47석을 제외한 253명의 48%가 서울, 경기, 인천 세 수도권 지역에서 선출된다. 인구 비례로 선출하니 당연한 결과지만 이들 '중앙' 지역 국회의원들은 당연히 자신의 자리를 지키기 위해서 수도권 지역에 많은 리소스를 가져오고 배분하려 한다. 이들이 바로 다음 6장에서 박형준 부산시장이 지적하는 '강남류' 국회의원이다. 비수도권 지역 의원도 고위 관료도 서울에 강남에 삶의 기반이 있다. 당연히 가뜩이나 중앙정부 부처들이 과점하는 권력은 더욱 더 중앙으로 쏠리게 된다.

이에 더해 전통적인 지역 기반을 갖고 있던 양당 중 전라도와 광주에 기반한 더불어민주당은 도시국가 서울화, 수도권화의 구조적 변화에 맞춰 기존 지역 기반보다 수도권 정당으로서의 정체성 및 자원 배분을 강화하고 있다. 상대적으로 인구가 많은 경상도와 대구에 기반한 국민의힘은 지역 정당의 기득권에만 집착하면서 수도권의 민심에 대한 적극적인 중심 이동이 미진함을 비판받기도 한다. 2024년 4월 총선에서 수도권 지역 대패 이후 국민의힘은 더불어민주당의 수도권 정당화에 대응하기 위해 '수도권비전특별위원회'를 설치했다. 당시 한동훈 대표는 "민심을 반영해 수도권 정당으로 나아갈 방안을 논의할 '정당 소위'와 수도권 인구구조 변화와 유권자 트렌드 변화 같은 수도권 현안을 조율할 '정치 소위'로 나눠 활동할 것"이라 선언했다.[76]

결국 극단적 중앙집중이 가속화될 수밖에 없는 피크 코리아다.

6장

피크 코리아 국가사회 구조

: 한국의 '서울' 도시국가화

강대국의 최소에서 도시국가로 축소되는 한국 : 시작점은 인구급감

한국이 현재 도달한 글로벌 탑10 코리아의 위상은 의심할 것 없이 '강대국의 최소'다. 한국은 나름 강대국으로서의 국가전략을 통해 국제정치, 경제, 군사, 문화 모든 부문에서 국가이익을 극대화할 수 있다. 국력의 크기는 국가이익을 확보하면서 국내 제 영역의 성장을 가능하게 하는 시너지 효과의 기본이다. 그리고 이 국력은 국가의 크기, 곧 영토와 인구에도 크게 달려 있다. 한국은 1인당 국민소득GDP 3만 달러의 5천만 인구 국가인 30-50 국가군에 포함되면서 40-50, 50-50으로 성장하기를 기대해왔다. 그러나 실질적 섬나라인 한국이 현재 40-60, 50-70으로 성장해나갈 가능성은 낮다. 결국 유럽의 최강대국인 프랑스, 영국, 독일과 완전히 같은 수준으로 올라설 가능성이 거의 없다. 오히려 서울에 모든 것이 집중된 도시국가로 변해간다. 인구감소 및 노령화, 비수도권 지역의 축소, 주변화, 소멸, 그리고 이와 결합된 기형적인 교육 및 부동산 자산 구조는 피크 코리아 현상에서 가장 근본적인 국가사회 구조상의 문제다.

한국이 피크에 다다르거나peaking, 피크를 넘어서 몰락하거나peaked out, 아무튼 정점의 앞뒤에 있다는peak 주장의 가장 근본적인 논리 중 하나는 인구의 변화다. 2010년대 한국의 출산율이 급격하게 감소하면서 '저출산(후에 저출생으로 대체)'이란 용어가 정부와 학계를 중심으로 확산되었다. 그러나 한국의 인구감소와 고령화, 그로 인한 여러 경제적, 사회적, 정치적 결과들, 특히 부정적인 결과들을 대다수 국민이 인지하기 시작한 것은 2020년대 들어서다. 현재 한국은 세계에서 인구가 가장 빠르게 고령화하고 출산율이 가장 낮은 나라다. 인구대체수준(2.1명) 아래로 떨어진 것이 1983년이고 초저출산 수준인 1.3명은 2002년에 이미 다다랐다. 프롤로그에서 '대한민국 완전히 망했다'며 한국의 합계출산율 0.78(2023년)에 경악을 금치 못한 윌리엄스 교수가 말했듯이 한국전쟁 같은 대규모 전쟁 없이, 무서운 전염병의 만연 없이 이렇게 낮은 출산율은 우리가, 근현대 인류가 처음 본다. 정말로 국가비상사태다.

한국전쟁(1950~53년) 기간에 군인 14만여 명과 민간인 25만여 명이 희생되고 민간인 40만여 명이 실종되거나 피랍된 직후, 한국의 인구는 약 2,150만 명이었다. 1960년 2,501만 명, 1970년 3,143만 명, 1980년 3,812만 명, 1990년 4,286만 명, 2000년 4,700만 명, 2010년 4,941만 명, 그리고 2015년 드디어 5,000만 명을 초과하여 2019~2020년 5,184만 명으로 정점을 찍고 하락하기 시작한다.

2025년 5,168만 명으로 감소가 본격화하여 2030년 5,119만 명, 이후 5,000만 명 인구수가 깨지고 2040년 4,871만 명, 2050년 4,418만 명으로 감소할 것으로 추산된다.[77] 2020년대 중반 한국에 거주하는 외국인 250만 명을 더해야만 2030년에 한국 인구는 5,300만 명 정도가 유지된다. 물론 이 수치는 매우 낙관적인 전망이다. 글로벌 코리아의 가장 큰 전제이자 다른 서구 강소국과 차별화하는 기준인 30-50의 후자, 국가 인적자산의 축이 무너지는 것이다.

초저출생 '인구급감' 상황에 따른 한국의 인구구조 변화 대응실태를 가장 명료하게 진단한 감사원은 "우리나라 시·군·구들이 약 30년 후부터 모두 소멸위험 단계에 진입해 인구학적으로 쇠퇴위험 단계에 들어간다. '큰 전환의 계기를 마련하지 않는 한 고령·초고령층 중심사회가 돼 공동체 인구기반이 점차 소멸할 것'이다"라며 이미 2021년에 감사 결과를 확정했다.[78]

이 책에서 한국과 함께 글로벌 종합 선진국으로 분류되는 국가들과 인구 변화를 비교해보면 한국이 사회인구 측면에서 어떻게 피크를 넘어 하락하는지 명백해진다. 한국이 목표로 삼고 지난 70년 동안 매진해온 서유럽 구제국들과 일본은 지난 20년간 정점을 지나 서서히 정점 지남 과정을 인구 증감에서도 겪어왔다. 그중에서도 이탈리아, 독일, 일본은 명백히 급격한 인구감소 현상을 겪고 있다. 적극적 이민 수용 등으로 인구증가 추세를 약하게나마 유지하는 프랑스와 영국도 타 국가와 마찬가지로 고령화 추세가 강화되고 있다. 30-50 국가 중 미국만이 예외다. 그리고 광대한 영토를 기반으로 이민자를 꾸준히 받아들이고 이들의 높은 출산율로 인구를 늘려가는 캐나다와 호주조차 2050년까지 5,000만 명의 기준에 못 미칠 것으로 예상된다.

지난 70년간 한국의 인구증가 추세를 보면 서유럽 구제국들과 뚜렷한 차이를 금방 발견할 수 있다.[79] 한국의 인구는 70년간 2,000만 명 부근에서 5,000만 명을 초과하여 무려 250%의 증가세를 보였다. 같은 기간 프랑스가 50%, 이탈리아가 25%, 독일이 20%, 일본이 25% 정도 증가한 것에 비해 폭발적인 증가다. 이 인구증가가 한국의 통합적 글로벌 탑10 진입의 매우 중요한 변수라는 것을 금방 알 수 있다. 급격하게 증가한 인구가 국가발전 계획이라는 틀 아래서 자기착취 수준으로 노동하며, 교육수준을 높여 우수한 인력으로 성장했기에 글로벌 탑10 코리아가 가능했다. 물론 인구배당demographic dividend에 의존한 경제성장의 한계라 비판도 받았지만 인구가 폭증한 대부분의 개발도상국은 아웃라이어 한국과 같은 수준의 통합적 국가발전을 달성하지 못했다. 아무튼 한국의 인구폭락도 이에 걸맞게 빠르다. 2020년대 이후 한국의 인구감소세는 타 개발도상국보다 압도적으로 빠르게 나타난다.

인구감소보다 더 무서운 건 고령화

고령화는 더 빨리 진행된다. 2000년대 한국의 고령화 지수는 10% 미만이었다. 프랑스, 이탈리아, 독일, 일본 등은 이미 20%를 초과하거나 근접했다.[80] 그러나 한국의 고령화 추세는 이들 국가를 압도하면서 2010년대 10%를 초과하고 2025년 20%를 넘어 2040년대 30%를 초과한다. 다행히(?) G7 국가들도 하나같이 고령화 트랩에서 벗어나지 못한다. 물론 신대륙에 있으며 광대한 영토 공간을 기반으로 이민을 꾸준히 받아들이는 미국, 캐나다, 호주의 사정은 훨씬 낫고 프랑스도 좀 더 여유가 있지만 이들도 2050년이 되면 고령화 지수가 30%에 육박한다.

그러나 한국은 그중에서도 일본과 함께 단연 깊숙이 빠져들게 된다. 한국은 이대로 인구사회 구조가 유지되면 빠져나올 수 없는 고령화 사회가 된다. 다른 주요 개발도상국도 유사한 인구 변화 패턴을 보일 것으로 예상되지만 한국보다 20~30년의 격차를 두고 더 느리게 진행될 것이다. 이처럼 글로벌 한국은 쟁쟁한 서구 선진국들을 전광석화처럼 따라잡고 난 후 이들보다 더 빨리 쇠락한다. 세계 질서에서의 위계를 간신히 지켜낼 수 있을지도 모르지만 대체로 부정적인 미래가 피크 코리아를 기다린다.

인구학적 팩트에 대해서는 기존의 전문가들이 이미 너무도 많이 다뤄왔기에 새삼 이 책에서 자세히 다루지는 않는다. 가장 중요한 것은 이미 인구학적인 '정점 지남' 현상을 돌이킬 수도 회복할 수도 없다는 현실을 인정하고 이를 기준선baseline으로 삼아 한국이 지나가는 현재의 정점을 좀 더 붙들어둘 수 있을지 여부다. 결국 국가를 이루는 사람이, 국민이 어떠한 인식과 방향을 공유하는가에 달려있으며, 대다수 국민의 합의가 바탕이 되어야 정점을 '붙들어두게' 하는 정치적인 결정과 실행이 국가 차원에서 가능하다. 그렇다면 왜 이런 인구감소가 일어나고 그 논리적 과정과 결과는 무엇인지 매우 솔직하게 까발려야 한다.

이에 대해 여러 형태의 접근법과 설명법이 있을 것이다. 그중에서 이 책은 가장 중요한 핵심 사물thing 또는 주체subject의 형성과 작동 논리를 비교적 평이하게 서술하고자 한다. 피크 코리아의 사회인구적 측면에서 주목할 개념은 '강남아파트'와 '도시국가 서울', 그리고 '전 국가사회의 동기화'다. 한국은 산업화, 도시화, 세계화의 3대 구조에서 발전해왔다. 한국뿐만 아니라 대부분의 선진국은 이 구조에서 최대의 부가가치를 창출하기 위해 노력했고 이로 인해 형성된 경제적 사회적 인센티브 구조에 국민은 충실하게 반응해왔다. 한국인은 앞에서 설명한 서구 선진국의 '경제 발전 → 교육 확대 → 법·정치 의식 강화 → 정치 자유화/민주화'의 경로를 구조적으로 밟아오면서 형성된 사회, 인구, 지역의 작동원리에 따라 행동한다.

매우 불편한 피크 코리아의 국가와 사회 구조적 현실을 서술하기 전에 명확하게 하고 싶다. 한국 국민이 의도적으로 잘못해서 이런 인구급감과 고령화가 발생한 것이 아니다. 2000년 이후 한국의 집권 세력들의 오롯한 잘못이라고도 하기 어렵다. 프롤로그에서 피터 자이한이 피크 코리아 현상을 돌려서 이야기한 내용을 소개했듯이 이런 인구절벽 현상이 일어나도록 한 근본적인 이유는 글로벌 코리아의 성공 모델이 가능했던 이유와 동일하다. 전 세계가 산업화, 도시화, 세계화를 전적으로 또는 부분적으로 누렸다면, 한국은 인류 역사상 최고의 경제성장, 최고의 건강증진, 최고의 평화확장을 정말 충분히 누렸다. 그러나 이 세 패턴의 결과로 나타난 세계화의 종말, 지정경학적 불안정성, 인구의 급격한 감소 등으로 여러 쇠락 과정을 겪고 있는 국가를 대표하는 정확한 사례가 2020년대 중반의 한국이다.

특히 앞에서 살펴본 폭발적인 인구증가, 게다가 갈수록 우수한 교육과 노동 태도를 지닌 인적 자원이 무자비하게 '경쟁'하며 '자기착취'를 일상적으로 해내는 구조, 끊임없이 공급되는 인구가 도시, 특히 가장 생산성 높고 부유한 멋진 도시 서울로 집중함으로써 글로벌 탑10 코리아가 되었다. 이러한 한국의 국가발전 모델이 너무 압축적으로 성공함으로써 발생한 결과가 바로 인구절벽, 인구감소, 고령화 축소사회다. 다시 한번 강조하는데 이는 한국이 '강대국의 최소'로서 어깨를 나란히 하는 서구 선진국도 고스란히 겪는 일반적인 현상이다. 어쨌든 문제는 한국의 현상이 너무 급속하게 진행되어 그 사회적, 경제적, 정치적, 군사적, 문화적 충격이 훨씬 심대할 것이란 점이다.

강남 아파트 테크트리로 동기화되는 한국

'강남', 피크 코리아 현상의 가장 핵심적인 행위자다. '꿈의 동네', '선망의 땅', '사교육의 성지' 이 모든 수식어가 가리키는 곳이 바로 '강남'이고, '나라 전체가 강남의 부속물'이라고도 하고, '바늘구멍', '철옹성 된 강남 입성 기회, 로또 분양 얼마나 있냐'고 분석하며, '마지막 강남 입성 기회'라고 온 국민을 '기회 놓침에 대한 공포FOMO, fear of missing out '에 몰아넣으며 안절부절못하게 한다.'[81] 대다수 국민은 무슨 수를 써서라도 강남의 아파트에 '입성'해야 하고 나머지 서울, 수도권, 지방의 아파트는 '절대로 옳은' 강남 아파트에 도달하기 전에 거쳐 가는 '임시 거주지'라고 생각하게 되었다.

강남 국민 평수(24평, 32평) 아파트라는 하나의 꼭짓점을 향해 달려가는 한국의 청장년세대는 우리 주변에서 매우 흔하게 볼 수 있다. 2010년대 이래 한국 사회의 가장 치열한 '경쟁' 목표 대상이 강남이다. 입성하지 못하는 자, 또는 '지방 → 수도권 → 서울 → 강남' 입성 과정에 합류하지 못하거나 들어가려 하지 않는 자는 낙오자, 패배자, 이생망(이번 생은 망한)자로 취급되기 일쑤다. 글로벌-한국 자본주의 시장경제하에서 자기착취의 '경쟁'을 수도 없이 치러오며 글로벌 코리아를 만든 한국인에게도 정말 버거운 경쟁이다.

강남은 서울의 한강 남쪽 전체를 의미한다. 한국전쟁 이후에도 강남은 원래 서울이 아니었다. 서울은 한강 북쪽 지역만이었다. 이미 많은 저작이 1970년대 이후 강남이 어떻게 형성, 성장, 군림하게 되었는지 다뤘으므로 이를 반복하지는 않는다.[82] 1963년 강남 지역이 경기도 광주군에서 서울특별시로 편입되고, 1975년 성동구에서 강남구가 분리되고 1988년 강남구에서 서초구와 송파구가 분리되면서 서울의 강남 지역이 형성되었다. 원래 서울 한강 남쪽 전체를 의미했지만 이제는 경제적으로 최고 부촌으로서 강남은 서초구, 강남구, 송파구의 '강남 3구'를 의미하며, 교육적으로 강남은 최고 학군지 강남 8학군이 분포한 서초구와 강남구를 의미한다. 가장 좁은 의미의 강남은 강남구와 서초구의 특정 세부 지역을 의미하는데 강남구의 '압구정동, 신사동, 청담동, 삼성동'의 기존 부촌 아파트 지역, 서초구의 '반포동', 강남구의 '대치동, 개포동, 도곡동'의 신흥 부촌 아파트 지역을 의미한다.

강남은 2000년을 기점으로 달라지기 시작했다. 2000년 30년 된 저층 아파트와 남은 부지에 대규모 고층 아파트 단지가 채워지면서 이전에 유사한 가격의 강북 아파트보다 훨씬 더 비싸지고 아파트 부동산 가격의 급등이 지속적으로 강화되었다. 글로벌 코리아 단계로 진입해서 글로벌 탑10 지위를 공고히 하던 바로 그 시기, 강남은 온 국민이 가고 싶은 최종 목적지 end-state가 되었다. 불과 지난 25년 사이에 일어난 일이다. 한국의 최초 신도시로서 강남은 서울의 부심이 아니라 또 하나의 중심, 그리고 궁극적으로 부와 권력과 교육과 문화의 궁극적 중심으로 탈바꿈했다. 이후의 신도시들은 대부분 강남을 모델로 설계하고 모방했지만 교통, 교육, 부, 특권, 명성이 1970년대 이래 지속된 강력한 정부지원이라는 요소에서 절대 상대가 되지 못했고 대부분 베드타운으로 유지되고 있다.

강남 핵심 지역 또는 진짜 강남 지역에 대한 개념화가 여러 기준(소득, 자산, 교육, 문화 등)에 따라, 강남 밖 거주자, 강남 안 거주자, 강남 안의 특정 세부 지역 거주자에 따라 달라질 정도로 강남은 한국 사회의 꼭짓점이다. 전 인구의 1%(50만 명)가 살고 있으며, 최상위 부자들 또는 경제, 정치, 교육, 문화 엘리트들이 모인 곳이다. 동시에 시공간으로의 강남은 정치학에서 공히 다루어지며 인류학에서 매우 중요한 개념인 '상상된 공동체 imagined community' 또는 지리학의 '상상된 지리 imagined geography'의 영역에까지 이르렀다. 베네딕트

앤더슨Benedict Anderson은 "전 지구의 정치공동체의 가장 중요한 기본 단위인 '민족nation'과 '민족국가nation state'는 상상된 정치적 공동체로서, 본성적으로 제한적이며 주권을 지닌 것으로 상상된다"고 개념화했다.[83] 다시 말해 민족은 상상되었으며, 제한적인 것으로 상상되고, 주권을 가진 것으로 궁극적으로 공동체로 상상된다. 강남은 이러한 상상된 공동체로 강남(민)족의 시공간이다.

우리도 강남류가 되어야 살아남는다

이러한 상상된 공동체이자 지리인 강남을 가장 잘 묘사한 사람은 아마도 현 부산시장인 박형준이다. 박형준 시장은 2024년 8월 한국정치학회에서 개최한 부산-서울 시장 대담에서 한국은 강남류라는 개념을 제시하며 다음과 같이 분석했다.[84]

한국은 현재 '강남류', 곧 강남 가치관, 감각, 행동양식이 지배하는 사회다. 글로벌 탑10이 된 한국의 계급적 구별 짓기 구조는 극단적이다.

> 대한민국의 최상층으로 구분되는 초고소득층 대기업 임원, 중앙정부 고위 관료, 언론계, 학계, 대중문화계 엘리트의 80% 이상이 강남권에 살거나 자녀를 교육시키거나 직장을 다니는 사회다. 강남이라는 (상상된 공동체 지리는) 지역적인 경계를 따라 서울의 강남구, 서초구, 송파구의 한강 맞은편인 용산구와 성동구 일부, 그

리고 과천, 판교, 분당 등을 의미한다. 소위 강남의 경제, 사회, 문화생활 패턴, 양식을 공유하는 권역이다.

2020년대 한국인에게는 강남권 입성 또는 편입이 핵심적인 삶의 성공 지표이고, 자녀를 강남 반포-대치동식 교육으로 서울의 일류대학 (특히 의대) 또는 유학 보내는 것이 부의 대물림 수단이고, 개인 및 가족 경제 능력 중시에 기반하여 강남 패턴의 삶의 방식과 가치, 그리고 문화적 취향이 삶의 기준이 되었다고 주장한다. 이 책의 입장에서 좀 더 논리를 밀어붙이면 강남을, 서울을, 한국을 지배하는 강남류 엘리트들이 한국을 압도하는 현재가 글로벌 탑10 코리아다. 동시에 한국의 '선택과 집중' 위주 발전 70년 전체, 좀 더 가깝게는 2000년대 이후 압축성장이 끝나가는 피크 코리아이기도 하다. 강남은 대다수 한국인에게 정점이고 국가 성장에도 정점이다. 글로벌 코리아의 정점이자 정점 지남의 표상이다.

한국인의 '성장' 프로토타입이 강남(민)족-강남류다. 경제사회 영역에서 한국인의 궁극적 목표 중 하나가 강남 입성이며 이에 대해 대다수 한국인은 동기화되어 있다. 동기화synchronization는 시스템을 동시에 작동시키기 위해 여러 사건을 조화시키는 것이다. 한국에서 가장 최신 버전의 상상된 공동체가 어찌 보면 한국의 '강남류'인데 이도 최첨단 인쇄 기술, 커뮤니케이션 동기화 기술에 크게 의존했다. 2020년대 중반 대부분의 한국인은 다른 한국인의 삶을 너무도 잘 알고 있다. 모두가 강남을 알고 강남 사람이 어떤 종류의 사람인지 알고 얼마나 어떻게 쓰는지 알며 어떻게 자식을 교육시켜서 부를 대물림하며 강남-서울-한국의 지배 엘리트로서 살아가려 애쓰는지 잘 안다. 어떻게 알까? 한국인 대다수가 없으면 살 수 없는 물건이 된 뉴미디어(유튜브, 인스타그램, 페이스북) 매체를 통해서다.[85] 강남의 모든 디테일은 경상남도 거제에서 양식어업을 하는 사람도, 제주 서귀포에서 귤농사를 짓는 사람도, 대구의 가정주부도, 평택2함대에서 복무하는 군인도, 대전에서 국책연구원으로 일하는 사람도 다 안다. 물론 매 학기 필자의 '정치체제론', 'AI 정치와 정책', '사물정치론' 등을 수강하는 대학생도 세세하게 다 꿰고 있다. 현재 정도의 뉴미디어가 없을 때는 이렇지 않았다.

그러나 한국에서 '강남' 현상을 비판적으로 이야기하는 사람은 예전보다 훨씬 적은 듯하다. 강남류는 글로벌 탑10 한국으로 올라서는 과정에서 시장이 가져온 자원 왜곡 사례라고 비판하는 박형준 시장 같은 사람도 아직 있지만 『강남, 낯선 대한민국의 자화상: 말죽거리에서 타워팰리스까지』(2006)로 선제적으로 강남 특권층 형성을 비판한 강준만 교수 같은 사람은 극소수다. 2010년대 후반에 거론된 내로남불의 대명사 '강남좌파' 논란도 이젠 더 이상 언급되지 않는다. 강남좌파는 강남 아파트에서 상류층 삶을 유지하며 자식을 중고등학교부터 미국으로 유학 보내거나 외국어고에 보내며 강남 테크트리의 정점에 있으면서도 한국 사회와 경제 영역의 불공정을 부르짖은 일군의 모순적 엘리트를 의미한다. 좌파에게나 우파에게나 2020년대 중반에 강남은 피크 코리아에 얼마 남지 않은 서사요 신화가 되었기 때문이다. 이상향으로 올라섰다는 뜻이다. 엘리트든 일반 국민이든 대부분 '강남 입성'을 지고지순한 궁극적 목표이자 입성하면 (혹시라도 하게 되면) 반드시 사수해야 할 가치요 사물이요 소유물이요 (상상된) 공동체로 간주한다. 다음은 강남의 한 프라이빗뱅커PB의 분석이다.[86]

> 자신과 소득, 성장 배경, 생활수준이 비슷한 사람들과 함께 사는 것을 편하게 여기는 심리가 크다. 비강남 지역에서 돈을 번 후 자녀 입시 교육 때문에 강남으로 입성한 사례가 있는가 하면 평소 다니던 백화점의 강남 지점이 더 크다는 이유로 강남에 사는 고객들도 있다. 하지만 강남에 한번 입성하면 경제적으로 아무리 힘들고 어려운 일이 생겨도 떠나지 않으려는 심리가 강하다. 강남에 살다 다른 지역으로 이사하면 성공 대열에서 탈락하는 것 같은 심리적 충격을 느끼는 것 같다.

권력과 자본, 스타일이 집중되어 한국의 대다수 국민의 가치와 목표, 그리고 삶의 방식의 모범이자 기준으로 기능하는 무엇이 바로 강남이 되었다. 전 사회 목표의 동기화, 일원화를 통한 신화다. 그래서 실현 가능 여부와 상관없이 지방 → 수도권 → 서울 → 강남으로 순차적으로 입성하는 테크트리Techtree(실시간 전략게임에서 한 레벨을 끝내고 다음 레벨로 올라가기 위해 기술, 경험, 아이템을 획득하는 과정)를 맹목적으로 타려 한다. 다시 한번 단순하게 이야기해서 온 국민 희망의 프로토타입은 강남 국민 평수(24평, 32평) 아파트로 동기화되어 있다.

조금 과장해서 비유하면 전 세계의 수많은 사람이 미국으로 이민 가서 영주권을 받고 시민권을 획득해 미국 시민이 되기를 원하듯이 한국의 수많은 사람이 수도권으로, 도시국가 서울로, 그리고 궁극적으로 강남으로 이주해서 강남 주민이 되고 강남 구민이 되기를 원한다. 강남에 입성하면 모든 것이 다 잘 풀릴 것이다. 아니 강남에 입성하는 지난한 과정이 2020년대 한국에서 성공해나가는 가장 효율적이고 합리적인 과정이니 입성하는 자체가 성공이고 다 잘 풀린 것이다. 내가 성공했으니 내 자식(저출생의 높은 벽을 뚫었다면)이 나의 성공을 (또는 내가 이루지 못한 성공을) 복제하여 강남류를 대물림할 수 있는 교육과 인맥네트워크와 고소득 전문직을 쟁취하도록 한다.

 이 책은 이러한 강남류를 비난하려는 것이 아니다. 고도로 발전된 중간 그리고 작은 사이즈의 선진국에서는 대부분의 국민이 평균 이상의 삶의 질을 유지하지만 소수의 기득권층이 고착화되고 계급 이동 사다리가 약해지는 것이 일반적이다. 피크 코리아의 강남도 이 '발전'의 전형적인 사례다. 끝까지 간 것이다, 더 이상 갈 곳이 없다, 한국에서는. 강남의 느슨한 확장판 또는 배후지가 서울이고 수도권이다. 1970년대 이래 서울 확장 산물인 계획 신도시 강남이 글로벌 탑10 코리아의 표준이 되었다. 2020년대 한국인이 설정한 인생 목표의 종착점 신화는 인구절벽과 지방소멸 현상, 다시 말해 한국이 메가 서울이라는 도시국가화하는 패턴으로 귀결된다. 바로 극단적 경쟁 기반 도시국가 서울에 대한 설명으로 넘어가기 전에 강남 논리를 좀 더 살펴본다.

강남의 스카이캐슬은
오직 의·치·한·약·수

    2018년에 전 국민적인 '현상'으로까지 지칭되며 엄청난 인기를 끌고 나아가 K-콘텐츠로 넷플릭스와 디즈니플러스에서 최상급의 시청시간을 기록한 〈스카이캐슬〉은 이 강남 논리를 잘 보여주는 극사실적 K-드라마 시리즈다. 이 드라마의 공식 웹사이트의 소개는 다음과 같다.[87]

> 스카이캐슬. 대한민국 최고사학 주남대학교. 그 대학의 초대 이사장이 서울 근교의 숲속에 세운, 주남재단의 이사들과 주남대학병원 의사교수들과 판·검사 출신의 로스쿨 교수들이 모여 사는 유럽풍의 4층 석조저택 단지에서 귀부인들은, 부, 명예, 권력을 모두 거머쥔 대한민국 상위 0.1%의 남편들과 함께 제 자식을 천하제일의 왕자와 공주로 키우고 싶은 명문가 출신의 사모님들은, 자녀들의 대학입시를 어떻게 준비할까? 3대째 의사 가문, 법조인 가문을 만들어내기 위한 그녀들만의 치열한, 철저한, 처절한 몸부림. 그 필사의 욕망이 꿈틀대는 내밀한 속을 샅샅이 들여다보는 리얼 코믹 풍자극.

    현재 강남류를 과장되지만 매우 현실적으로 그려낸 수작이다.
    실제로 한국의 신화, 강남의 스카이캐슬은 절박하다. 흥미롭게도 강남의 사교육 과정은 자식을 연소득 3억~5억의 '고소득 전문직'

만들기에 초점이 맞춰져 있다. 스카이캐슬의 의사와 법조인이 바로 그 고소득 전문직이다. 그러나 2020년대 들어 법조인은 탈락하고 의사만 남았다. 한국에 있는 의대에 들어가 의사가 되는 것이 최상의 목표다.

일단 영어 유치원은 네 살 때부터다. 이때부터 선행학습이 시작되고 그중에 '우수한' 아이는 수학에 집중해서 아무나 들어갈 수 없는 유명 '학원'에 들어가기 위한 '7세 고시'를 치른다. 유치원 때 수학경시대회를 준비하는 'F 학원', 초등학교 3학년부터는 생각하는 'H 수학학원'이 먹이사슬의 가장 상위에 있다. 이 학원에 들어가려고 준비하는 학원이 있고, 또 이 준비 학원에 들어가기 위한 준준비 학원이 있다. 예를 들어 'H 학원'은 아주 철저하고 체계적인 학습 습관 교육 시스템으로 강의하는 시니어 선생님과 자습 지도하는 주니어 선생님으로 교사진이 구성되어 있다. 학원생은 진짜 선생님은 학교 선생님이 아니고 학원 선생님이라 한단다.

이후 중학교, 고등학교 정규 교육을 압도하는 반포와 대치동의 4,000여 개 사교육 학원은 성적 단계별 위계 서열의 원칙에 따라 하나의 치밀한 생태계, 아니 세계관을 형성한다.[88] 강남 엄마들은 강남의 학원 교육 시스템을 전적으로 신뢰하고 그 안에서 자식이 성장하는 그리고 가능하다면 성공적으로 학원에 들어가고 학원 내 성적 기반 계급 상승을 달성하여 대학입시 유형(수시, 정시, 특례 등)에 맞춰 의대에 들어가는 것을 궁극적 목표로 삼는다. 강남 엄마들은 전적으로 동기화되어 있다. 이들의 세계관을 속속들이 알고 공유하는 비강남 엄마들은 이와 유사한 형태의 사교육을 추구하며 강남 입성을 끊임없이 노린다. 안 되면 '대전'으로(대치동에 전세 사는) 이사 가는 절박한 방법을 사용한다. 물론 이를 할 수 있는 경제력을 갖춘 부모는 소수다.

강남류 학부모의 궁극적 목표는 SKY(서울대, 고려대, 연세대) 의대 또는 SKY 어느 과다. 여기에 입학하지 못하면 의·치·한·약·수(의대, 치의대, 한의대, 약대, 수의대)의 나머지 네 과를 극단적으로 선호한다. 서울대 의대뿐만 아니라 서울에 소재한 상위 의대를 가려면 3수에서 5수는 기본이 된다. 게다가 1년에 1,400만 원, 1대1 전문의 과외면 1억 원 이상 드는 강남의 의대 전문 학원에 가야 다른 전공보다 3배나 더 벌 수 있다는 '피안성(피부과·안과·성형외과)', '정재영(정형외과·재활의학과·영상의학과)' 전공에 진학할 가능성이 높아진다.[89] 왜 반드시 의대여야만 할까? 이는 강남에 입성한 고소득 전문직 부모가 내 자식도 나처럼 살게 하는 가장 '합리적인' 대응이기 때문이다. 아이의 적성과 능력은 상관없다. 강남류들은 피크 코리아의 제반 사회적, 경제적, 정치적 조건하에서 생존, 번영할 수 있는 합리적이고 효율적인 방법을 찾아내고 추구할 뿐이다.

단순화해서 이야기하면 이들에게, 더 확장해서 2020년대 중반 한국의 부모에게, 자식이 강남류 공동체에서 지속가능하게 잘 먹고 잘살 수 있는 예측 가능한 직업은 의사밖에 없다.[90] 이젠 한국에서 평생 동안 유지 가능한 고소득 전문직은 대부분 사라졌다. 로스쿨로 대량 공급되는 판사, 검사, 특히 변호사도 소수를 제외하고 예전처럼 3억~5억 연소득을 확보하거나 부잣집으로 시집 장가가는 것은 극도로 어렵다. 교수도, 회계사도, 변리사도, 대기업 임원도 극소수를 제외하고 미래가 보장되지 않는다. 강남 교육 모델에 맞춰 사교육을 시키고 막대한 교육비를 써도 현재 한국의 대기업 신입사원 평균 연령이 30세 남짓이며 퇴직하는 평균 연령이 실질적으로 50세 남짓이므로 평균적으로 20년 정도 일하면 무직이다. 불안 정도가 아니라 공포다.

국세청 공식 자료인 '2014~2022년 귀속 전문직 종사자 업종별 사업소득 현황'은 2020년대 한국 고소득 전문직의 수입을 명확하게 보여준다. 한국에 11만 명 정도 되는 의사의 한 해 평균 소득, 곧 국세청에 신고돼 귀속된 사업소득 총액의 평균은 4억 원이다. 전문직 의사는 1년에 4억 원을 번다. 2위를 차지한 회계사 평균 소득(2억 2,000만 원)의 두 배이며 세무사(1억 2,000만 원), 치과의사·수의사·한의사(1억 원)의 네 배다. 연평균 소득이 1억 원이 안 되는 변리사(9,000만 원), 관세사·약사(8,000만 원), 변호사(7,000만 원), 감정평가사(4,000만 원), 건축사·법무사(3,000만 원), 노무사(2,000만 원)는 고소득 전문직이 아니다.

소득순으로 순위를 매겼을 때 딱 중간 소득인 중위소득도 의사(2억 7,000만 원)가 가장 높고, 치과의사(1억 6,000만 원), 회계사(9,000만 원), 약사(8,000만 원), 한의사(7,000만 원), 세무사(6,000만 원), 변리사(5,000만 원), 수의사(5,000만 원), 관세사(4,000만 원), 변호사(3,000만 원) 순이다. 고소득 전문직 업종 내 상위소득자로의 소득 쏠림 현상도 매우 강화되었는데 위 수치를 볼 때 평균소득이 중위소득보다 높다면 일부 고소득자가 극도로 많은 수입을 벌어들여 소득 평균값을 높였기 때문이다. 또 다른 전문직인 대학교수의 평

균 소득도 1억 원 정도다. 의사만이 살길이다. 어디서? 강남에서 살 길이다.[91]

한국은 비교적 평등한 재분배를 꾸준히 추구해온 국가다. 그러다 보니 상속세, 증여세 등이 유럽까지는 아니지만 유사한 경제 수준의 국가 중에서는 꽤 높은 편이며 특권적인 직업의 배타성, 안정성을 그 업계의 인원 확대 등을 통해 낮춰왔다. 스카이캐슬의 두 가지 직업 중 하나인 법조인이 그 예다. 기존에는 의사와 유사한 수입이 가능했지만 로스쿨 도입 이후 연간 1,000명씩 배출되는 현재는 더 이상 불가능하다. 현재 의사 부족 현상에 시달리는 피크 코리아 현상이 벌어지는데도 의과대학 증원에 반대하며 싸우는 총 의사의 70%를 차지하는 개업의 중심 기존 의사들, 의과대학생들, 그리고 예비 의과대학생 부모들은 이를 명확하게 인지하고 있다. 이들에게 의대가 아니라 공대에 가는 것은 하수 중에 하수다.

2025년 중반 한국 사회에 꽤 큰 반향을 일으킨 〈인재전쟁: 공대에 미친 중국, 의대에 미친 한국〉이란 다큐멘터리는 한국의 강남 중심 의대 올인 패턴을 잘 설명해주었다.[92] 게다가 과학기술의 폭발적 성장으로 제조산업이 글로벌 최상급으로 올라서고 있는 중국의 공대 올인 패턴과 비교했다. AI, 로보틱스, 합성생물학 기반의 제조산업과 서비스 산업에 국가의 명운이 걸린 시기에 한국은 이미 중국과 상대가 되지 않는 길로 정신없이 뛰어가고 있다. 이 다큐멘터리는 유튜브에도 업로드되어 1, 2부 합해서 200만 뷰 가까이 시청되었고 만 개에 가까운 댓글이 달렸다. 그중 가장 촌철살인의 댓글을 보자.

이게 이번 다큐에서 제일 웃기네 ㅋㅋ

중국 아이: 나중에 커서 과학자가 되고 사람들에게 도움이 되고 싶어요.

한국 아이: 의사가 돼서 롯데월드가 보이는 곳에 살고 싶어요.

이미 게임 over 아니냐? 뭔가 슬프네.

연소득 1억 원으로는 강남아파트에서 살 수 없다

자신의 연간 소득 1억 원으로는 강남아파트에서 살 수 없는가? 단연코 없다. 강남 지역에서 생활하는 사람 중 솔직한 사람들은 자신들의 소비액수가 대체로 월 1,000만 원은 당연히 넘고 그중에서도 강남의 핵심 지역이라는 반포에서는 월 2,000만 원은 써야 비교적 안정적인 삶의 질을 유지할 수 있다고 한다. 이렇다면 최소 세전 연봉 2억 원, 세후 1억 5,000만 원은 넘어야 한다. 대부분의 한국인은 강남 입성 테크트리를 타고 성공해서 강남에 살게 되었다고 해도 도저히 몇 년을 버틸 수 없다. 흑수저에게는 대치동, 강남은 개미지옥이다. 억대 연봉자도 강남에서 서민이고 빌라나 오피스텔에 살면 강남류가 아니다. 비교적 솔직하게 강남류의 현황을 설명한 유튜브 콘텐츠에 달린 댓글을 보자.[93]

아래는 서초생활자 저의 기본 생활여건입니다. 자산은 법인 사업가라 별로 없습니다. 대학생 자녀 둘 등록금 월 100만 원 + 자녀

둘 한 달 용돈 60만 원 + 외제차 2대 리스비 포함 유지비용 300만 원 + 30평대 아파트 월세 300만 원 + 생활비 최소 300만 원 + 관리비 월 50만 원, 이상만 해도 월 기본 1,110만 원입니다. 여기에 외국여행, 부모님 용돈, 병원비 제외. 이래서 연봉 2억 원, 실수령액 1,300만 원 벌어도 남는 게 별로 없습니다.

대치동 4년차 월세 480만 원 + 관리비 30만 원 + 리스료 480만 원(2대) + 생활비 300만 원 + 학원비 380만 원(2명) + 부모님 생활비 200만 원 + 골프 관련 100만 원(월 2회 라운딩, 와이프 레슨, 연습장 2명) + 외식비 200만 원 + 보험료 150만 원 + 용돈 100만 원(4명) + 저축 300만 원, 합계 2,720만 원. 여기에 뭐 지르면 3,000만 원 넘어가는 삶. 월소득이 2,000만~3,000만 원 왔다 갔다 해서 1년 내내 쪼들림.

강남 부자들도 등급이 있어요. 학벌이나 직업이 필요 없는 '넘사벽'이 있고, 그 아래가 우리가 흔히 아는 의대 열풍의 대치동 사람들이죠.[94]

이런 유의 자기 설명, 고백, 한탄, 자랑은 유튜브 등의 뉴미디어 세계에서 차고 넘친다. 전 국민이 모두 다 안다. 필자가 인터뷰한 다수의 강남류 주민의 수입과 소비 수준, 그리고 부의 대물림이 이들과 거의 유사했다. 강남의 아파트, 곧 강남구와 서초구 아파트를 합하면 총 19만 2,000호이며 그중 구축을 빼면 10만 호 정도가 있다. 그중에서도 앞에서 언급한 핵심 강남 지역의 아파트는 많이 잡아야 절반 정도이며, 최고로 선호되는 반포의 신축아파트에 사는 것은 거의 불가능에 가깝다. 그것도 자신의 소유인 자가로, 연간 2억 원이 넘는 소비를 하면서.

전국으로 시야를 넓혀보면 아파트 포함 주택이 전국에 총 1,120만 호 있는데 그중 이 두 구의 아파트가 각각 1.7%와 0.9%다. 30억 자산가가 한국의 1% 부자인데 이러한 상위 1%도 살기 어려운 아파트다. 1호당 3명 기준 30만 명 정도 사는 것이다. 한국 전체 인구가 5,175만 명이라면 0.6% 정도 되는 상류 계급이 모여 사는 것인데 이들도 다 여기서 살지 못한다. 물론 이들 중에서도 상위층은 따로 모여 사는 곳이 있고, 이들은 정말로 예외적이다. 아무튼 너무나 단순한 숫자 계산으로도 절대 다수의 한국인은 강남에 살 수가 없다. 그런데 내가 왜 강남에 못 사나 하는 순간 '강남 입성' 테크트리 집착이 시작되고, 나머지 지역에 사는 것은 '패배자' '이생망' 형태로 보게 된다. 이러다 보니 한국의 많은 청년은 글로벌 시장에 나가 경쟁하는 것이 아니라, 국내의 수도권-서울-강남 아파트-전문직 테크트리 생태계에서 경쟁한다.

다시 한번 강조하는데 강남류 한국인은 잘못된 것이 아니다. 그냥 주어진 사회경제정치 인센티브 구조에서 가장 효율적인 방식으로 생존하는 것이다. 가진 것을 현 세대에서 지키고, 자식에게 물려주려는 본능적인 행위다. 그러나 특권을 유지하기 점점 더 어려워하는 강남류의 상류-엘리트-기득권층, 그리고 그 지위와 영역을 추구하는 사다리가 갈수록 줄어들고 좁아지는 상황에서 대다수 일반 국민은 끊임없이 불만을 가질 수밖에 없다. 피크 코리아의 성장이 멈춰가면서 나눠야 하는 경제적 자원 파이는 줄어들고 수도권-서울-강남으로 갈수록 쪼그라들게 된다.

APT, APT, 아파트~ 아파트~

강남이 이렇게 한국의 경제·사회·교육 먹이사슬의 정점에 군림하게 된 이유는 '부동산', 특히 '아파트' 때문이다. 가장 중요한 인프라 역할을 하는 이 아파트라는 사물은 현 한국의 국가사회 구조를 규정 짓는 가장 강력한 경제적, 사회적, 문화적, 그리고 무엇보다도 정치적 존재 중 하나다. 전 세계 어느 국가의 국민도 자신의 집을 갖고 싶어 하지 않는 사람은 없고 이를 획득, 유지하기 위해 엄청난 시간, 에너지, 자원을 투자한다. 그러나 자신의 모든 자원을 부동산에 몰아 넣지는 않으며 이를 모든 삶의 척도로 삼지 않는다.

이런 측면에서 한국인은 특이하다. 2024년 기준 한국인의 평균 자산 5억 4,022만 원 중 저축액과 전월세 보증금을 합한 금융 자산은 1억 3,378만 원으로 전체의 24.8%였고, 부동산과 거주 주택, 거주 주택 이외의 주택, 토지, 건물, 계약금 및 중도금 등을 합한 실물 자산은 4억 644만 원으로 전체의 75.2%였다.[95] 비교 대상인 미국은 28.5%, 일본은 37%, 영국은 46.2% 정도로 한국인의 부동산에 대한 자산 의존도는 극도로 높다. 그중에서도 아파트, 부동산 투자 시 가장 선호하는 운용 방식은 '아파트'(65.8%)다. '상가, 오피스텔

등 비주거용 건물'(16.4%), '다가구주택을 포함한 단독주택'(7.8%), '논밭과 임야 등 토지'(6.8%)를 압도한다.

한국은 해당 지역의 아파트 가격에 따라 계급이 매겨진다. 사람들이 만나서 대화할 때 '어디 사세요?'는 흔한 질문 중 하나다.[96] 다들 그 의미가 무엇인지 잘 안다. 그 기저에는 아파트 가격이 있다. 전 사회가 동기화되고 표준화된 현대에 다수 한국인이 자신의 자산을 대부분 아파트로 갖고 있는 상황에서 상호 비교하기 때문이다. 아파트는 다 비슷한 구조에 규격화된 크기라 구분하기 어려우니 결국 아파트 가격이 얼마냐로 계급을 결정하려는 단순한 구분 논리다. 강남류는 대부분 강남의 아파트에 산다. 뉴미디어를 통해 동기화된 한국인이 유튜브에서 가장 많이 보는 콘텐츠 최상위에 대학입시 사교육과 함께 부동산이 있다. 물론 그 중심에 강남이 있다.

조금 복잡하지만 더 세부적인 통계자료를 보자. 2024년 기준 전국의 공동주택은 총 1,823만 호로 연립주택(354만 호), 다세대주택(229만 호)을 제외하면 아파트는 총 1,240만 호이며, 이 중 서울이 179만 호, 인천이 75만 호, 경기가 344만 호로 수도권이 총 598만 호, 약 48.2%를 차지한다.[97] 이 중 공시지가를 기준으로(현실화율 69%가 적용된 수치) 2,000만 원 이하에서 9억 원 초과까지 8개 구간 중 3억~6억, 6억~9억, 9억 초과의 최상위 3구간의 시도별 가격분포 현황은 서울이 각각 71만 호(39.7%), 37만 호(20.9%), 37만 호(20.8%), 경기가 112만 호(32.7%), 18만 호(5.4%), 6만 호(1.8%), 그리고 인천이 17만 호(22.7%), 9,900호(1.3%), 1,600호(0.22%)를 기록하고 있다. 반면 비수도권 지방 지역은 그 호수나 비율이 수도권,

서울, 그리고 강남과 비교할 수 없을 정도로 낮다. 한국의 모든 부의 구성요소 중에서 아파트 자산 가격이 공시지가 기준 2,435조 원, 현실화율 69% 적용 시 3,529조 원에 이른다. 그런데 전 국토에 걸친 이 부의 분포는 극단적으로 수도권, 서울, 강남에 75% 이상이 집중되어 있다.

당연히 대다수 한국인이 자산의 약 3/4을 몰아 넣은 부동산-아파트의 매매가격은 강남 지역이 압도적으로 높다. 강남 지역 2024년 기준 아파트 평균 매매가격은 25억 원이 넘는다. 서울 강남구 아파트의 3.3m^2당 평균 매매가격은 약 9,395만 원이다. 서초구는 3.3m^2당 평균 매매가격이 약 8,675만 원, 송파구는 약 7,019만 원이다. 그러나 서울의 가장 낮은 가격을 기록하는 도봉구는 3.3m^2당 평균 매매가격이 약 2,669만 원이다. 서울 전체 평균은 3,861만 원, 수도권(서울, 인천, 경기)은 2,319만 원, 그리고 비수도권, 지방 지역은 1,918만 원이다. 한국인이 수도권으로, 서울로, 강남으로 아파트 테크트리를 타려고 할 수밖에 없다. 다시 한번 강조하는데 이들은 그냥 한국이 정점에 다다르는 순간까지 기존의 선택과 집중 원칙에 따른 도시와, 산업화, 지식화, 세계화 성공 모델을 유지한 결과 나타난 조건들에 합리적으로 반응했을 뿐이다.

그러나 피크 코리아의 인구는 감소하고 아파트에 대한 수요는 줄어들어 온 국민이 부동산 재테크를 하며 부를 몇 배씩 불려가던 경제산업 구조는 더 이상 존재하지 않는다. 지방의 아파트는 폭락에 빈집 수준이 되어가고, 수도권도 일부만 가격이 올라가며, 비강남 서울도 마찬가지다. 계속 집값이, 아파트값이 오르는 지역은 강남밖에 남지 않는다. 더욱 강남으로 입성해야 부를 몇 배씩 불리는, 부동산 연수익률 10% 이상을 꾸준히 찍어주는 아파트를 소유할 수 있다. 궁극적으로 2000년대 들어서 서울-수도권 등의 부동산 중심 경제가 폭발적으로 성장하며 대다수 국민 자산의 70% 이상이 부동산에 아파트에 들어가 잠겨 있는 상황이 되자 부동산, 특히 강남아파트 시장을 중심으로 한 부의 축적 모델을 제어하려는 정부의 조정 정책 집행은 불가능해졌다.

그러니 원래 서울에 살던 엘리트층뿐만 아니라 부산, 대구, 광주, 대전 등의 지방 부자들도 너도나도 강남에 아파트를 구매하고 이주하고 자산화한다. 이들은 지방에서 돈을 벌어 강남에서 돈을 쓴다. 자신은 지방에서 기업을 하고 경제활동을 하지만 실제 집은 강남이고 자녀는 강남에서 키운다. 이들이 뿌리박고 나름의 도시화, 산업화를 이뤄나간 비수도권 도시들의 엘리트들도 다 수도권으로, 서울로, 궁극적으로 강남으로 빨려 들어간 지난 30년, 특히 지난 2010년대 이후 한국 사회인구 구조의 핵심적인 변화다. 물론 비수도권의 청년(15~39세)도 도시화를 넘어 한국 전체를 도시국가화한 수도권·서울로 이주하고 있다. 단, 강남 입성은 어렵다. 그래도 강남 테크트리는 타야 한다.

"서울로 서울로 이러다가 서울만 남고 다 없어질 거 같아요. 서울 살지만 서울 집중 문제 너무 심합니다."

뉴미디어 댓글창이나 일반 시민의 대화에서도 흔히 들을 수 있는 공포에 가까운 한탄이다. 여기서 우리는 한국의 도시국가화, 메트로폴리탄 '서울' 도시국가화 현상을 볼 수 있다.

도시국가로
쪼그라드는 한국

피크 코리아의 가장 큰 국가사회 구조적 변화는 국가의 도시국가화다. 달리 표현하면 '도시국가 메트로폴리탄 서울'. 메트로폴리탄metropolitan으로 지칭되는 도시권은 하나의 대도시를 중심으로 주변의 중소도시들이 하나의 도시와 같은 지역적 구조를 형성하는 경제적, 사회적, 문화적, 정치적 생활권 공동체다. 한국에서는 공식적으로 수도권정비계획법 제2조(정의)에서 사용하는 용어인 수도권이다. 수도권은 서울특별시와 대통령령으로 정하는 그 주변 지역인 인천광역시와 경기도다. 실제로는 경기도에서도 서울에 근접한 지역, 곧 서울을 중심으로 주변의 인구 100만 이상 특례시인 수원시, 고양시, 용인시, 50만 이상 성남시, 부천시, 화성시, 남양주시, 안산시, 안양시, 평택시, 시흥시, 파주시, 과천시, 하남시 등이 흔히 수도권으로 간주된다. 문제는 서울-수도권이 한국의 모든 인력과 자원을 빨아들여 다른 지역, 소위 비수도권 지역이 급속도로 축소, 소멸하는 현상이다. 달리 말해 한국은 '서울' 도시국가화되고 있다. 극저출생 현상이 일반적인 메트로폴리탄 지역의 배후지로서 인구와 자원의 성장 잠재력을 끊임없이 공급하며 말라가는 '지방'이 비수도권이다. 한국의 지리적 구조가 현재의 싱가포르, 홍콩과 유사하게 바뀌고 있다.

도시국가 서울의 한국. '도시국가'라는 개념을 사용하지 않았을 뿐이지 강남-서울-수도권 집중 현상은 수많은 학자, 미디어, 그리고 지방정부에서 수도 없이 지적하고 되뇌고 우려하지만, 그 대세를 막거나 늦추지도 못한 피크 코리아 현상의 하나다. 국가의 자원 '몰아주기'가 한국을 서울 도시국가화하는 정말 큰 패착으로 귀결되었다. 지방분권화 균형이 잘 잡힌 독일 같은 최고 수준의 선진국들이 동일하게 그러나 다른 정도로 겪고 있는 저출생, 인구감소, 고령화가 한국에서 유난히 가속화된 근본적인 원인이 도시국가 서울이다.

한국 다음으로 인구감소율과 고령화율이 높은 일본의 경우 도쿄 메트로폴리탄에서 일본 인구 1억 2,000만 명의 약 30%인 3,800만 명이 집중되어 살고 있다. 한국에서 광범위하게 쓰이는 '지방소멸'이란 개념도 2014년 일본의 일본창성회의 좌장 마스다 히로야의 「마스다 보고서」에서 제기되어 도쿄수도권-비수도권지방 양극화 및 이에 따른 인력, 자원, 잠재 성장력의 도쿄 집중화를 늦추기 위해 여러 국가 차원의 대응 정책을 양산하는 현상에서 나왔다.[98] 다음에 살펴보겠지만 지방소멸의 핵심 원인은 지역 내 저출생에 기인한 인구감소에 더해 도쿄 메트로폴리탄으로, 도시국가 서울로의 인구이동이다. 특히 15~39세 청년층 인구가 지역에서 계속 유출되고, 이들이 도쿄와 서울로 이주하는 현상은 계속된다. 이들은 서울과 도쿄, 전 세계에서 가장 극단적인 경쟁에 노출되어 결혼도, 출산도, 육아도 가장 적게 하는 인구집단이다.

세계화와 결합된 주요국의 도시화 심화는 출산율 감소와 직결된다. 간단히 청년 개개인 자신의 대도시 경쟁에서 생존 본능이 생물로서의 번식 본능을 넘어선다. 이에 더해 좀 더 냉정하게 경제학적,

합리적 선택이론에 따르면 대도시에서 자식은 전근대 농어촌에서 필수적이었던 노동력이 아니고 막대한 비용이기만 하다. 청년들은 대도시로 진입해 무한 생존 경쟁에 노출되고 합리적 선택으로 결혼도 아이도 우선순위로 두지 않는다. 마스다 히로야는 2010년대 이후 일본에서 절대 인구감소는 피할 수 없지만 청년층 인구이동으로 대도시만, 도쿄만 살아남는 '극점사회'가 더 위험하며 반드시 피해야 한다고 주장한다. 도쿄를 '인간을 소비하는 도시'로 지칭하며 "사람들을 빨아들여서 지방을 소멸시킬 뿐만 아니라 모여든 사람들이 아이를 낳지 못하게 해 나라 전체의 인구를 감소시킨다"고 비판한다. 그런 곳에 젊은이들을 더 모으려는 것은 일본이라는 나라를 소멸시키려는 음모나 다름없다고 경고했다.

도시국가 서울은 메트로폴리탄 도쿄보다 훨씬 빠르게 지방을 소멸시키고 인구를 감소시키며 궁극적으로 한국을 소멸시키는 중이다. 일본의 지방소멸은 오사카, 나고야, 후쿠오카 등 비수도권 핵심 도시까지는 해당하지 않는다. 한국은 그렇다. 부산마저 소멸 위험 구간에 진입했다.[99] 한국인은 자주 망각하는데 일본은 한국보다 훨씬 큰 국가다. 일본의 면적은 377,975km^{2}로 독일(357,022km^2)보다 크고 프랑스(664,064km^2)보다 작지만 한국(100,499km^2)의 3.7배, 북한(123,443km^2)까지 합해도 일본이 1.5배 크다. 일본의 인구는 1억 2,310만 명으로 전 세계 인구의 1.51%, 한국 5,142만 명(0.65%)의 2.4배다. 일본 면적의 3.6%인 도쿄 메트로폴리탄에는 전체 인구의 30%가 살지만, 한국 면적의 0.6%인 서울에는 전체 인구의 20%가, 한국 면적의 11.8%인 서울 메트로폴리탄 수도권(11,856km^2)에는

51%(2,604만 명)가 산다. 그중 2030 청년층은 약 55%가 산다. 배우자가 있는 수도권 거주 청년 인구는 2018년 232만 명, 2020년 207만 명, 2022년 177만 명으로 급감하고 있다. 특히 서울은 매년 10% 더 급격히 감소한다.[100] 지방소멸의 핵심 원인으로 지목되는 지방 청년 여성 인구의 수도권 입성도 수도권 출생률 감소를 막지 못한다.[101]

서울이 잡아먹는 한국

다음의 한국 인구 분포 카토그램(179쪽)은 한국이 어떻게 도시국가 서울화되고 있는지 시각적으로 잘 보여준다. 면적상 11.8%의 서울-수도권이 다른 부산울산권, 대구경북권, 대전권, 광주전남권을 압도하면서 도시국가의 '배후지'화하는 상황이다. 1960년대 20.8%의 인구가 수도권에 살았지만 이 비율은 1980년 35.5%, 1990년 42.7%, 2000년 46.3%, 2010년 49.3%, 2020년 50.1%, 2025년 51%로 급증했다. 글로벌 탑10 코리아와 종종 비교되는 대상이자 수도·수도권 집중과밀 현상의 대표적인 사례로 다뤄지는 일본 28.5%, 프랑스 18.8%, 영국 12.5%를 감안하면 해도 해도 너무 높다. 당연히 2020년대 인구밀도는 수도권 5,539명/km²으로 서울 16,126명/km², 인천 5,836명/km², 경기 3,597명/km²이며 이 엄청난 숫자는 도시국가인 홍콩, 싱가포르를 제외하면 세계 1위 수준이다. 비수도권 지방은 '저출생(지방) → 인구이동(지방 → 도시) →

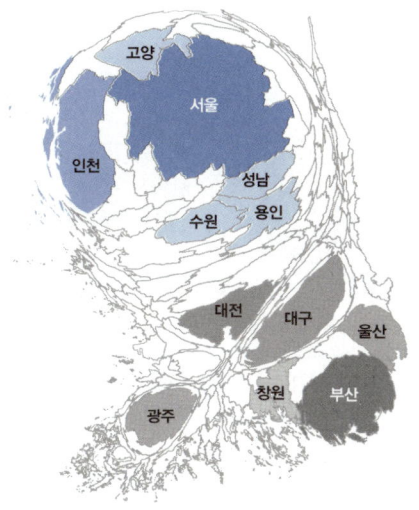

출처: 국토연구원

초저출산(도시)'의 악순환으로 축소된다.

이 한국의 도시국가화가 가속화되며 향후 지도의 70%가 도시국가 서울로 채워지게 된다. 특히 청년층(15~39세) 인구분포로만 한정한다면 이 지도가 어떻게 변할지 누구나 짐작할 수 있다. 지방 도시들은 "거의 질식사할 지경이에요. 길어 봐야 10년 남았어요"라고 비명을 지른다.[102]

감사원에서 제시한 시·군·구별 장래 소멸위험지역 도표(180쪽)에서도 잘 나타나듯이 이러한 원인으로 한국의 차등적 인구급감에 따른 소멸위험 지역은 2017년에 수도권과 비수도권 지방이 명확하게 갈리면서 후자의 대다수가 위험지역 단계이거나 진입하고 있고, 2047년에는 수도권을 제외한 전 지역이 소멸위험 단계로, 그

시·군·구별 장래 소멸위험지역 2017, 2047, 2067, 2117 [103]

고용정보원이 통계청의 시·군·구별 장래인구추계를 바탕으로 현수준의 합계출산율(0.98명)이 지속된다는 가정하에 예측.

① 2017년	② 2047년	③ 2067년	④ 2117년
고위험(12):	소멸위험 진입(72):	소멸위험 진입→ 고위험(59):	8개를 제외*한 221개 시·군·구가 고위험 단계
전남(4) 고흥, 보성, 함평, 신안 **경북**(6) 권위, 의성, 청송, 영양, 영덕, 봉화 **경남**(2) 남해, 합천	**서울**(23) 종로, 성동, 중랑, 은평, 서초, 강서, 송파 등 **부산**(3) 부산진, 강서, 연제 **광주**(3) 북, 서, 광산 **인천**(5) 중, 연수, 남동, 부평, 서 **대전**(2) 서, 유성 등 대도시 구가 소멸위험 진입단계 **고위험 단계**(157): **서울**(2) 강북, 도봉 **부산**(13) 해운대, 동래 등 **광주**(2) 동, 남 **대전**(3) 동, 중, 대덕 **인천**(5) 동, 강화 등 **대구**(5) 수성, 남 등 대도시 일부 구가 고위험 단계	**서울**(15) 노원, 금천, 종로 등 **부산**(2) 연제, 부산진 **광주**(2) 북, 서 **인천**(5) 남동, 부평 등 **대전**(1) 서 **대구**(2) 북, 중 등 대도시 구가 소멸위험 진입단계 → 고위험 단계로	* **서울**(4) 강남, 광진, 관악, 마포 **부산**(1) 강서 **광주**(1) 광산 **대전**(1) 유성 **경기**(1) 화성

출처: 감사원

이후 2067년에는 '강남'을 제외한 거의 모든 지역이 소멸위험 단계가 되어, 이를 구분하는 의미가 없어질 정도로 한국의 사회인구는 피크아웃(정점 지남) 현상을 겪게 된다. 이미 부산도 소멸위협을 절감하고 있다. 이 단계에 이르는 2060년대에 인구는 4,000만 명 이하로 떨어지며 한국은 글로벌 탑10 국가의 위상을 어떤 방법으로도 유지할 수 없게 된다. 다시 한번 강조하는데 피크 코리아는 '30-50'의 인구 5,000만 명이 무너지는 2030년대까지, 최대한 양보해도 2040년대가 마지막이다.

맛집도, 대학도, 기업도 서울로 서울로

도시국가 서울로 현상의 가장 근본적인 동기는 교육과 일자리다. 2024년 한국 전체 GDP 2,404조 원의 51%를 서울(508조 원), 경기(593조 원), 인천(116조 원)이 차지하고 있다.[104] 절대 다수의 고소득 직장은 서울과 수도권에 집중되어 있다. 사무직은 판교, 엔지니어 기술직은 기흥이라는 '남방한계선'이 존재한다. 한국의 청년이, 아니 전 국민이 선호하는 일자리인 글로벌 대기업은 거의 대부분 서울에 있다. 공정거래위원회의 2021년도 공시대상 기업집단 자료에 따르면 매년 자산 총액 5조 원 이상인 기업집단(삼성전자, 현대자동차, 네이버 등 71개 기업집단과 이들의 소속 회사 2,612개) 중 약 73.2%인 52개 기업집단의 본사가 서울에 있고, 경기 8개, 인천과 경남에 각각 2개 있다. 나머지 지역에는 기업집단 본사가 하나도

없다.[105]

　이러한 맥락에서 비수도권 지역 청년이 수도권으로 이주하려는 것은 전혀 이상하지 않다. 지역에서 청년 인구가 서울·수도권으로 유출되는 원인은 양질의 일자리 부족이 가장 크고, 자녀교육 환경, 문화의료시설 부족, 자본증식(부동산) 기회의 제한 등이 주요 원인이다.[106] 이제 내리막이 시작된 피크 코리아에서 축소되는 자원을 획득하기 위해 타인과의 경쟁은 더욱 불가피하다는 사실을 청년들은 인지하고 진검승부를 위해 수도권으로, 서울로, 강남으로 입성하려 한다. 경쟁지각 competition perception, 곧 자원을 얻기 위해 타인과의 경쟁이 불가피한 정도가 극도로 높다. 반대 면에는 대도시 집중화 패턴을 보이는 기업이 있다. 임금이 오르면 그 대도시를 벗어나 지방으로 가 싼 임금노동력을 찾는 것이 일반적인데, 한국의 대기업은 이 법칙을 따르지 않는다. 지방도 이미 한국의 균질 평등화에 따라 기대 임금수준이 높고, 고급 인재는 모두 수도권 학교에 진학하고 졸업하고 직장을 찾는다. 그러니 주요 기업집단과 핵심 기업은 비수도권 지역으로 갈 이유가 없다.

　한편 2020년대 한국 청년의 70% 이상이 대학교육을 받은 고학력자다. 1980년 27.2%의 고등학교 졸업자가 대학에 진학했는데 1990년 33.2%, 2000년 68.0%, 2008년 83.8%로 정점을 찍고 다소 감소하여 2020년대에 72~73%를 유지한다. 이들은 제조업의 근간인 생산직 노동자로 일하려 하지 않는다. 한국 기간산업의 중심이 첨단과학기술 산업으로 많이 이동했지만 여전히 제조산업에서 고숙련 생산직 인력이 많이 필요하다. 그러나 대졸자는 공장 노동자가 되지 않는다. 차라리 무직으로 취업 준비를 계속한다. 아니면 그냥 아무것도 하지 않는다. 따라서 지방의 제조 공장은 외국으로 이전하거나 은퇴연령이 지난 고령 노동자를 단기 채용하거나 외국인 노동자를 고용한다.

이러한 구조는 1997년 IMF 외환위기로 국가 경제 붕괴를 가까스로 면하고 정보통신ICT 산업을 중심으로 한 첨단과학기술 산업으로 국가 경제의 중심이 이동하면서 세계 산업의 사다리를 타고 올라가 좀 더 지식 기반 고부가가치 산업 중심으로 재편된 상황과도 연관되어 있다. 그럼에도 서비스업의 비중이 높아졌지만 여전히 제조산업은 투입 인력과 자원에 비해 상대적으로 훨씬 높은 부가가치를 생산한다. 공장을 유지해야 하지만 공장에서 일할 인력이 극도로 부족하다. 청년이 외면하는 고숙련 생산직이 턱없이 부족하다. 청년층은 공장이 없는 서울로, 서울 근처의 수도권으로 집중된다. 의사가 못 된다면 대기업 취직을 목표로. 그러나 대기업도 직업 안정성이 갈수록 떨어진다.

수도권, 특히 서울의 주요 대학들은 경쟁률이 매우 높다. 2010년대 이후 이과 계열 입시의 최정점인 서울, 경기, 인천의 의학과, 치의학과, 한의학과, 약학과, 수의학과('의·치·한·약·수') 계열 학과는 전 과목에서 1등급을 받아야 입학 가능성이 있다. 문과 계열 입시의 최정점인 서울대학교 문과 계열도 유사하다. 특히 앞에서 설명한 '의대'만이 살 길이라고 외치면서 올인하는 이유도 서울·수도권 청년 집중 현상과 결합된 도시국가 서울에 있다. 의대와 더불어 나머지 4개의 '메디컬' 전공 학과가 서울, 수도권, 비수도권을 망라해

SKY 대학의 다른 엔지니어링 공학 계열 학과들보다 입학 성적이 높다는 사실은 정말 충격적이다. 전 세계 어느 선진국에서도 이렇게 치우친 대학교육 성향은 존재하지 않는다. 이들 비수도권 지방 의대의 졸업생은 졸업하자마자 다시 수도권, 특히 서울로 복귀해서 일한다. 강남아파트에 살면서 말이다. 이 장에서 자세히 다루지 않은 의료시설, 의료권의 서울 집중화는 한국의 서울 도시국가화를 더욱 강화한다.

마지막으로 가장 중요한 변수 중 하나는 문화다. 특히 여성 청년 세대가 삶의 질에서 중요시하는 수준 높은 문화생활도, 이와 연관된 대학교육과 직업도 대부분 서울에 있다. 글로벌 탑10 한국의 위상이 K-콘텐츠 대중문화 중심 소프트파워의 세계적 보편화로 완성되었듯이 도시국가 서울화도 서울의 압도적인 대중문화 중심 소프트파워가 경제산업의 하드파워와 결합해서 완성된다. 현재 한국의 시공간을 살아가는 한국인 대부분은 서울 중심의 대중문화를 레거시미디어와 뉴미디어를 통해 소비한다.

특히 앞에서 설명한 전 국민의 동기화가 유튜브, 인스타그램, 넷플릭스 등의 뉴미디어와 스트리밍으로 최고조에 달한 2020년대 중반 한국에서 도시국가 서울의 소프트파워는 그냥 지배권력이다. 서울뿐만 아니라 비서울 수도권, 비수도권 지방에서 성장하면서 똑같이 서울 중심의 문화를 소비한다. 한국에는 서울밖에 없는 것으로 인식한다. 그것도 서울의 강남이다. 전 세계 최고 맛집 선정의 표준으로 불리는 '미슐랭가이드'와 '블루리본' 맛집 선정 현황(185쪽)을 보면 최고 수준의 '맛집' 'K-푸드'도 대부분 서울, 그것도 강

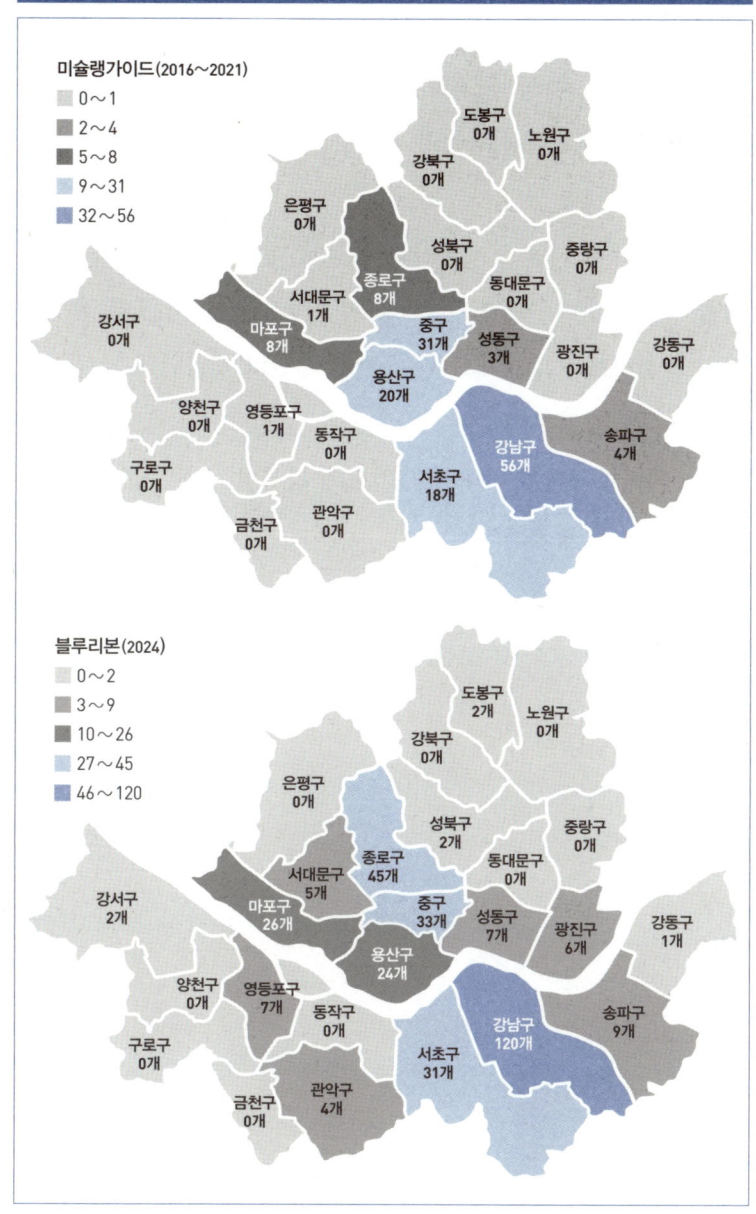

남구, 서초구, 용산구 등 강남류 지역에 있다. 유튜브에서 가장 많이 보는 콘텐츠 중 하나가 무엇일까? 그렇다, 맛집이다. K-푸드의 막강한 글로벌 소프트파워를 기억하면 된다. 서울의 강남류 지역에 전 세계 맛있는 음식점들이 한국의 타 지역보다 월등히 많다. 아니 거의 여기에만 있다.

결국 한국의 서울 도시국가화 현상에 대해 계몽적인 차원에서 서울 시민에게 비수도권 지방으로 이주하거나 정주하도록 정부 차원의 인센티브를 강화해도 한 유튜브 채널의 댓글난에 달린 이런 답밖에 나오지 않는다.

"네, 외딴마을에서 비대면 서비스 누리시며 패러다임 전환되신 분들과 대대로 행복하세요^^"

7장

피크 코리아 경제산업

: 부의 성장 엔진이 식어가는 한국

성장에서 정체로,
추락하려는 한국의 경제

글로벌 탑10 한국은 국가사회 구조, 곧 인구와 지역 맥락에서 축소를 가속화하고 있다. 빠르면 2035년경 인구 5,000만 명 선이 붕괴하면서 '30-50' 국가 그룹에서 누락된다. 그러면 역설적으로 한국은 더욱 제조수출 산업에 의존할 수밖에 없다. 내수 시장은 더욱 줄어들 것이기 때문이다. 3장에서 제시한 한국 글로벌 탑 3, 5, 10 산업 영역들이 향후 5년 정도는 버티더라도, 2030년대는 한계에 부딪힐 것이다. 안 그래도 수출에 과잉 의존해온 한국의 경제산업 구조는 더욱 더 수출에 의존해야 하는 탈출구 없는 외길을 따라서 갈 수밖에 없다.

그런데 수출 과잉 주도 제조산업을 지속적으로 발전시킬 인재, 창의적으로 새로운 첨단과학기술을 개발하고 상품화할 수 있는 필수적인 인재는 한국을 떠나고 있다. 피크 코리아 현상에서 '국가사회 구조' 영역과 '경제산업' 영역을 연결하는 가장 큰 특징은 '사람' 또는 '인력' 또는 '인적 자원'이다. 한국의 첨단기술 기반 제조산업을 유지하는 데 필수불가결한 두 유형의 인적 자원(R&D 인재와 고숙련 생산직 인재)이 극단적으로 모자라게 된다. 안 그래도 한국의 이과 계통 최우수 인재들이 '의·치·한·약·수'에 목숨을 거는데 말이다. 70% 이상이 대학교육을 받은 청년세대는 대부분 한국 경제성장, 그리고 향후 이를 유지하는 근간이 되는 제조산업의 현장인 반도체 공장에서, 자동차 부품 생산라인에서, 조선소 도크에서, 제철소 고로에서, 그리고 인프라건설 현장에서 일하려고 하지 않는다.[107]

극단적인 '서울' 도시국가에서 경쟁을 한 청년들의 일자리 선택 기준은 매우 높다. 지난 70년간의 폭발적인 산업, 과학기술, 경제, 교육, 정치, 군사, 그리고 문화의 통합적 발전으로 글로벌 탑10에 올라선 한국의 매우 높은 삶의 질이 기본 기준이란 뜻이다. 이 청년들에게 도시국가 서울의 핵심인 강남류의 가치관과 제도가 '강남 신화' 수준으로 수용된다. 당연히 이러한 강남 신화로 한국 국가 전체의 경제산업 성장은 지속할 수 없다.

그러나 2020년대 그리고 앞으로도 한국은 영토와 인구 규모 면에서 부가가치가 높은 제조산업 제품을 생산하고 수출해서 먹고사는 산업구조 외에 통합적 30-50 수준의 '강대국의 최소'를 할 수 없다. 또한 광대한 내수 시장에 기반하여 전 산업 품목의 생산과 소비가 대부분 이루어지는 과정을 통해 GDP 성장이 가능한 또는 가능할 미국도, 중국도, 인도도 될 수 없다. 내수로는 글로벌 탑10을 유지하기가 불가능하다. 도시국가 서울화가 가속되면 궁극적으로는 도시국가 또는 강소국의 생존번영 전략을 채용할 수밖에 없다. 다시 말해 결국 '강대국의 최소'가 아니라 유럽의 '강소국' 정도로 한국 국가 경제성장 또는 경제축소의 프로토타입을, 기존의 것과는 완전히 다른 경제산업 성장 모델을 구축해야 한다는 뜻이다.

한국의 경제성장은 내부적인 국가 주도의 선택과 집중 원칙에 따라 구축되었다. 먼저 제조산업 정책을 수립한 뒤, 재벌 대기업과 그 하청기업 위주로 성장에 제한된 자원을 쏟아 가능한 한 모든 수단을 동원해 과학기술력을 축적하고, 인적 자원을 효율적으로 교육, 육성, 활용하면서, 국가 전체의 경제자원을 확장하는 과정을 각 산업 영역에 반복적으로 실행했다. 기존의 선진국을 따라잡는 모델은 성공했다. 한국의 제조산업은 주요 영역에서 각각의 글로벌 사다리 정점에 다다랐고, 정말 하지 못하는 몇몇 영역을 제외하고 더 이상 따라잡을 선진국이 없는 경우가 많다. 그러나 현재는 이 선진국들의 산업 주체들과 경쟁하거나 새롭게 치고 올라오는 중국이나 개발도상국으로부터 한국의 제조산업을 지키는 단계다. 수성은 성장과 맞지 않는 개념이다. 한국의 경제성장은 멈췄다.[108]

이러한 한국 경제산업의 기초 요소 및 영역이 어느 정도까지 정점을 찍었는지, 이미 정점을 지난 단계에 들어섰는지 몇몇 측면에서 살펴보자.

북한과 중국
배당의 소멸

 한국의 경제성장은 외부적으로 적대적이거나 우호적인 국제정치 요인을 최대한 활용하며 그 영역을 넓혀왔다. 프롤로그에서 언급한 피터 자이한의 산업화, 도시화, 세계화 개념에서 가장 마지막인 1990~2020년까지의 세계화, 그리고 이와 결합한 중국의 부상이 오롯이 '수출 주도 성장' 한 길만을 걸어온 한국에 가장 결정적인 원인이었지만 그 전에 적대적인 국제정치 요인도 최대한 활용했다.

 그 요인은 1950~1953년 피비린내 나는 양쪽 200만 명 이상씩의 사상자를 낸 한국전쟁을 치른 적국 북한의 존재였다. 물론 이것은 결과론적인 이야기다. 한반도의 실질적인 두 주권 국가가 경제체제, 정치체제 경쟁을 어떻게 해왔는지는 여기서 다시 설명하지 않더라도 이미 연구 성과가 많고 글로벌 상식이 되었다. 한국은 북한의 존재 때문에 미국이라는 글로벌 패권국과 동맹 관계를 유지하며 미국과 유럽권의 막대한 원조와 투자 형태의 지원을 받으며 그들의 방대한 시장에 접근할 수 있었다. 다시 말해 미국이 동아시아에서 북한과 정치적으로, 경제적으로 결합된 소련과 중국을 억제하기 위해 한국에 군사안보적인 보호막을 쳐주고 한국에 여러 형태의 경제적, 기술적 혜택과 기회를 부여했다.

 또한 북한과의 체제 경쟁이라는 국가 생존이 걸린 목숨 걸고 성공해야 할 동기부여는 한국인 대부분이 당연하게 받아들인 목표였다. 북한 배당North Korea dividend이라 부를 수 있다. 이를 통해 1990년대 말 IMF 경제위기 직전까지 한국은 1인당 GDP가 1960년 158달러에서 1990년대 말 1만 달러 수준까지 40년간 100배 증가했다. 북한이 없었으면 또는 통일한국이었다면 이러한 성장이 가능했을지 아니면 오히려 더 빨리 성장했을지 판단하기 어렵지만, 일단 이 역사적 경로에서 북한의 존재는 아이러니하게도 한국의 경제발전에 큰 도움이 되었다. 그러나 냉전이 종료된 이후 북한의 존재는 더 이상 경제성장의 동기부여도 미국과 유럽의 자원 이전의 근거도 되지 않았다. 핵무장을 통한 한반도, 동북아, 글로벌 갈등으로 리스크가 폭증하고 그로 인한 여러 측면의 국방 비용 증가와 국제신용등급 불안정은 한국의 제반 산업 발전에 무거운 장애 요소일 뿐이다. 북한 배당은 완전히 사라졌다.

이러한 북한 배당의 소멸은 2000년대 들어 세계화에 따른 경제산업 구조의 최대 수혜자인 중국의 폭발적인 경제성장을 활용한 한국의 중국 배당China dividend으로 몇 배나 더 크게 대체되었다. 1997년 발생한 IMF 경제위기를 극복하던 2000년대 한국이 자체적인 산업구조 및 기업구조조정과 동시에 정보통신산업에 전 국가적 자원을 투입해 첨단산업화 과정을 거치며 1인당 GDP가 1만 달러에서 2만 달러 부근까지 갔다면, 2만 달러를 거쳐 3만 달러 고지를 넘어선 것은 중국의 경제산업 성장에 올라탄 덕분이었다. 한국의 자체적인, 서구 의존적인 경제산업 성장이 한계점에 다다른 2000년대 이후 냉전기와 달리 탈냉전기의 정치와 경제의 분리, 곧 정치적인 차이나 갈등이 경제적인 협력을 저해하지 않는 국제정치적으로 매우 드물게 우호적인 환경이 한국에 가뭄의 단비와 같이 주어졌다.

중국발, 미국발 경제기술안보 위협

명확한 것은 한국의 중국 배당도 2020년대 들어 거의 소멸되었다는 사실이다. 미국과 중국의 글로벌 패권 경쟁으로 한국의 대중국 경제산업 협력이 어려워졌다. 그러나 더 근본적인 구조적 원인은 중국의 제반 산업이 급속도로 성장하면서 한국이 각 산업의 가치사슬과 공급망에서 상위 파트너로서 중국에 공급하던 여러 자원이 중국에 더 이상 유효하지 않고 오히려 한국과 거의 모든 산업 분야에서 경쟁하는 관계로 변화했기 때문이다. 그리고 중국은 세계화에 근거한 글로벌 경제협력의 기본 원칙인 정치와 경제의 분리 원칙을 2017년 발생한 중국의 대한국 사드THAAD 경제제재 갈등 과정에서 파괴하며 '경제안보' 측면에서 한국에 위협적인 국가로 변모했다.[109] 한국 정부의 정책결정자와 주요 기업은 중국과의 경제협력 측면과 더불어 과도한 대중국 경제의존 측면을 동시에 고려하여 여러 전략적 입장을 취하고 있다.

한국은 혼자 경제산업적으로 생존하거나 번영할 수 없는 국가다. 전 세계가 동기화된 현재, 탈세계화의 기류가 심해졌다고 해도 한국의 제조산업 수출 중심 경제는 여전히 대외 의존도가 높다. 지금도 앞으로도 누군가가 필요하고 전 세계로 수출처가 다변화되었지만 중국은 더 이상 상호 의존을 높여갈 수 있는 대상이 아니다. 앞으로도 상호 무역을 통한 공급망 공유로 경제협력을 지속하겠지만 이젠 중국 성장의 등에 타고 한국이 더 높이 올라가는 상황은 벌어지지 않는다. 무엇보다도 중국의 성장이 한계에 다다라 성장률은 떨어지고 여러 경제산업적 (정치적, 군사적은 말할 것도 없고) 문제가 계속 확장되는 중이다. 중국도 포용성은 감소하고 자국의 이익을, 정치군사적 이익뿐 아니라 경제산업적 이익을 극단적으로 추구하게 된다. 예전의 중국이 아니다.

그러면 한국의 대안 '국가', '지역'은 있는가? 당장 한국 국민은 '미국'을 떠올릴 것이다. 중국 배당이 끝나가며 중국에 대한 과도한 경제의존이 안보 문제로 부각되자 한국은 대안 국가를 찾으러 노력했다. 거대한 14억 인구의 인도도 고려하지만 일단 가능한 선택지는 미국이었다. 중국과의 전면적인 패권 경쟁에서 '민주주의 동류국가'로서 한국을 자신 쪽으로 더 당기려는 미국의 의도와 노력은 '당근과 채찍'의 양면으로 실행되었다. 2020년대 들어 한국은 미국으로 경제산업 협력의 무게추를 옮기려는 노력을 강화해왔다. 안보는 미국, 경제는 중국이라는 '안미경중'을 벗어나 안보는 미국, 경제도 미국이라는 '안미경미'로의 점진적 변화다. 2025년 8월 미국 국빈 방문 중 이재명 대통령이 "과거 한국은 '안미경중'의 태도를 취한 게 사실이지만 이제 과거와 같은 태도를 취할 수 없는 상태가 됐다" 그리고 "한미동맹은 안보동맹-경제동맹-기술동맹이 합쳐진 미래형 포괄적 전략동맹이다"라고까지 선언했을 정도다.[110] 그러나 미국과의 경제협력 심화는 냉전 시기의 북한 배당에 기인한 주니어 파트너를 향한 '원조형 투자 협력'도 아니고, 탈냉전 시기의 중국 배당처럼 시니어 파트너로 '생산기지형 수출시장형 투자 협력'도 아니다. 미국은 한국의 제조산업, 특히 최첨단 제조산업들에 여러 제약을 부과하고 핵심 제조공장과 R&D 인력을 미국으로 이전하는 형태로 이루어지고 있다. 단순한 경제가 아니라 경제안보로 접근해야 할 사항이다.

피크 코리아의 경제산업의 쇠락을 촉진하는 국제정치적인 맥락을 이해하기 위해서는 대부분의 한국인에게 비교적 새로운 개념인 경제안보 그리고 더불어 과학기술안보에 대해 알아야 한다.[111] 한국을 둘러싼 국제적인 안보 지형의 변화가 한국의 경제산업의 정점 지남 현상과 긴밀하게 상호작용하기 때문이다. 다소 복잡하지만 경제안보의 정의는 다음과 같다. '한 국가가 자체 생산, 공정한 무역, 건전한 재정, 과학기술의 발전 등을 통해 국가와 국가구성원이 필요한 자원들을 획득할 수 있는 능력을 갖추고, 국가의 국내, 국제 경제시스템-메커니즘을 통해 영토와 주권 보전, 상품과 서비스 수요 충족, 정치적 사회적 독립 유지, 그리고 타국의 복합 군사 위협에 대응하는 국가안보 수호를 위한 일련의 인식과 행위.'

2020년대 들어 전 세계 주요국은 '경제안보'를 국가안보의 핵심 전략 분야로 간주하기 시작했다. 경제안보 그리고 좀 더 최근에 부각된 과학기술안보는 한국을 비롯하여 일본, 대만, 호주, 프랑스, 독일, 네덜란드, 미국과 중국 등 세계 경제의 핵심적인 산업제조 국가들이 복수의 정치경제 구조적 변화를 인식하고 대응하는 과정에서 주목받았다. 미국과 중국이 패권 경쟁을 본격화한 핵심 영역인 경제 및 과학기술 경쟁은 1990년 이후 심화된 세계화의 근본 구조인 글로벌 가치사슬과 공급망의 균열과 부분적인 붕괴를 초래했다. 이러한 구조적 변화는 2020년 이후 지속되는 코로나 팬데믹의 물적, 인적 이동의 제한과 더불어 2022년 글로벌 복합 안보 지형을 크게 위협하는 러시아-우크라이나 전쟁으로 가속화되었다.

기존에 경제안보 위협이라고 하면 주로 중국을 상정했다. 실제로 그렇다. 과도한 대중국 경제의존, 불안정하고 정치화politicization-안보화securitization되는 공급망, 지속되는 핵심 첨단제조 기술 유출/탈취 등은 너무도 명백한 경제안보적, 과학기술안보적 위협이다. 한편 일본도 부분적으로 한일 과거사 분쟁을 이유로 소재부품장비 경제제재를 가했기에 경제안보 위협국이었고 향후 그 잠재성은 여전하지만 지금은 여러모로 봉합되고 해결된 상황이다. 그러나 현재 경제안보적으로 정말 위협이 되는 국가는 중국뿐만이 아니다. 이 거대한 국가에 글로벌 패권을 빼앗기지 않기 위해 '초당적'으로 움직이는 미국을 상정해야 한다. 미국과의 경제협력에서 가장 핵심적인 이슈는 첨단기술 기반 제조산업(반도체, 2차전지 배터리, AI, 로보틱스) 미국 이전, 무역수지 불균형에 기인한 무역관세 부과(철강, 자동차, 배터리, 가전), 그리고 한국 주식시장을 포함한 자본의 미국 시장으로의 유출, 그리고 R&D 인재 유출이다. 미국의 대한국 보편적 상호관세 15% 부과 협상에서 잘 나타나듯이 트럼프 2기 정부 들어 본격화된 무역 관세 위협도 그 한 단면이다.

드레인Drain, 베이비, 드레인!

가장 객관적인 한국 경제산업 평가 지표인 증권시장에서 '국장 탈출은 지능순'이라는 자조적 표현이 유행했다. 그런데 이 뒤에 미국이 숨어 있다. 한국 증권시장을 탈출해서 어디로 가는가? 미장, 미국 증권시장으로 간다. 다시 말해 한국 내에서 투자되어야 할 한국 경제 주체들의 돈이 대부분 미국 증시로 빠져나가 미국에 투자된다. 자본 유출money drain이다. 물론 한국 같은 개방경제 시스템 국가에서 글로벌 금융의 흐름은 자연스러운 것이고 막기도 어렵다. 한국인이 자국 경제산업의 성장성을 낮게 평가하는 동시에 현재 글로벌 경제에서 유일하게 견조한 성장을 유지하며 안정성을 보여주는 국가는 미국으로 간주함을 알 수 있다.

'국장 탈출' 현상은 근본적으로 한국 경제의 시장 기반을 흔드는 문제다. 자본수지에서 상당한 이득을 볼 수도 있지만 한국의 자본이 한국의 기업을 외면한다는 사실은 매우 우려스럽다. 외국 자본이 한국 증권시장으로 유입되고 해외직접투자FDI도 증가하는 것은 한국 기업, 통합적으로 한국 경제의 자본 조달 능력을 증진시킨다. 동시에 한국 경제산업의 성장성, 수익성 평가가 높다는 뜻이다. 그러나 증권시장에서뿐만 아니라 한국의 주요 기업은 제조생산기지를 국외에 확보하는 해외투자를 적극적으로 실행하고 있다. 해당 전략이 한국의 첨단산업에까지 확장되어 한국 내 첨단산업 공동화로 이어지는 것은 치명적이다. 미국은 이 흐름을 한국에 강요하고 있다. 한국의 첨단제조산업의 기반을 흔드는 경제안보 이슈다.

2020년대 초반 미국의 전 바이든 정부가 자국의 경제안보, 과학기술안보 강화를 진행했다. 인플레이션 감축법 IRA, Inflation Reduction Act 같은 정책이 대표적이다. 한국은 미국의 글로벌 첨단제조산업 지배 전략에 종속되어간다. 특히 트럼프 2기 정부하에서 미국의 첨단제조업을 부활시키기 위한 '인쇼어링 inshoring' 정책이 한국에는 해가 된다. 미국의 반도체 관련 수출통제 및 한국과 대만 반도체 첨단공정 미국 이전은 대규모 국가보조금 혜택의 당근과 함께 수출통제 확대의 채찍이 동시에 적용된다. 2020년대 중반 트럼프 2기 정부는 그 정도를 배가했다.

한국 반도체, 배터리 산업, 그리고 AI 산업 등에서 최고 수준의 R&D 엔지니어 인력의 유출도 동시에 유발한다. 당연히 한국의 최고 일자리가 감소한다. 반도체, 배터리, 인공지능 등의 분야에서 일하는 석·박사급 엔지니어가 실리콘밸리 등의 미국 본토 업체로 이직한다. 매년 수천 명의 한국 공대 석·박사 재학생이 졸업을 하지 않고 미국으로 유학을 떠난다.[112] 수만 명의 R&D 엔지니어가 빠져나가면서 한국 첨단산업의 미래 경쟁력에 매우 부정적인 영향을 미치기 시작했다.[113]

물론 자신이 태어나고 자란 국가에서, 특히 글로벌 탑10을 종합적으로 달성한 국가에서 사는 것을 선호하는 인재들이 있지만, 개인 성장발전을 가능하게 하는 교육 여건과 그 성취에 따른 최고의 보상을 지급하는 국가로 옮겨가는 것은 현재 큰 장애가 없다. 더구나 2020년대 중반은 한국이 아웃라이어로 폭발적 경제성장을 시작한 1960년대부터 양성되어온 기술 국산화, 개발, 창조의 엔지니어, 애국 영웅 엔지니어 명장의 시대가 아니다. 이 애국자 엔지니어 인재에게는 그 당시 한국이 가장 좋은 테스트 베드였고 온실이었다. 2020년대는 아니다. '의대에 미친 한국'의 사회구조와 구시대적인 억압적 직장 문화와 노동 시간 제한도 이들을 쫓아내고 있다. 수만 명의 한국 첨단산업 인재와 인재 후보군이 미국으로 빨려 들어가고 있다. 소위 두뇌 유출 brain drain이다.

한국은 인구 10만 명당 석·박사급 이상 핵심 인재가 미국 영주권을 가장 많이 신청한 국가다. 2023년 한 해에 미국 정부가 발급한 석·박사와 C레벨 고급 인력 취업 이민 비자인 EB-1·2 취업비자 규모에서 한국(5,684명)은 인도(20,905명), 중국(13,378명), 브라질(11,751명)에 이어 4위를 기록했다. 그러나 실제로 인구 10만 명당 기준으로는 한국(10.98명)이 인도(1.44명), 중국(0.94명), 일본(0.86명)보다 10배 이상 많았다. 한국과 유사한 일본은 각각 1,066명, 0.86명이었다. 2025년에는 더 늘어서 5,800명이 미국으로 빠져나가며 7년 만에 최대치를 기록했다.[114]

현재 연봉의 대략 3배와 더 나은 연구 근무여건을 제안받은 핵심 인재, 특히 산업의 새로운 창조적 개념설계를 할 수 있는 잠재력을 지닌 국내 대기업 이공계 엔지니어와 연구직 인재가 미국으로 유출 또는 탈출하는 현상이 본격화를 넘어 주류화되고 있다. 당연히 최고의 과학기술 수준을 지닌 미국에서 석·박사 교육을 받고자 유학 간 한국의 인재들은 한국으로 회귀하지 않는다. 지난 10년 동안 매년 4,000~5,000명의 인재가 탈출했다. 대략 4~5만 명이다. 국가

의 주요 산업이 여러 맥락에서 정점에서 내려오면 더 푸르른 초지로 최고 인재들은 떠나간다.[115]

네이버 갈래, 구글 갈래?
미국 구글 갈래요

필자의 제자 중 이런 종류의 인재들이 있다. 사회과학과 AI 엔지니어링을 함께 공부하면서 성장하여 AI 산업에서 창조적인 무언가를 만들 가능성이 있는 학생이다. 무엇보다도 이 제자와 그 주변의 AI 청년들은 전 세계, 특히 북미의 AI 산업, 기업, 교육, 인력시장 등이 어떻게 움직이는지 훤히 잘 안다. 모든 정보가 나와 있다. 필자가 진로상담을 하면서 물었다.

"A야, 네이버 가고 싶어?" "예."

"네이버 갈래 구글코리아 갈래?" "구글코리아요."

"구글코리아 갈래 미국 구글 갈래?" "미국 구글이요."

이런 대화는 이와 유사한 융복합 AI 인재들과 나눈 대화에서 반복되었다. 선진국 모델을 열심히 따라가는 방식으로 '운영'할 때는 모두 열심히 같이 조직적으로 하면 되었지만 선진국이 되면 새로운 국가적 경제산업 모델, 곧 개념설계할 수 있는 소수의 창조적 천재가 필요하다. 그러나 피크 코리아는 성공한 성장모델을 폐기할 수 없다는 관성이 지배하고 있다. 완전히 망하기 전까지는 끝까지 간다.

한국에서 한국 국적의 최고 인재가 미국으로 탈출하지만 반대로 타국 국적의 최고 인재가 한국으로 유입되어 정착하는 사례는 극히 드물다. 예를 들어 테슬라, 스페이스X, 뉴럴링크, X를 창업하고 글로벌 탑으로 키워낸 일론 머스크Elon Musk 같은 외국 인재가 한국에 와서 동일하게 성공하고, 인정받고, 시민권을 받고, 시장뿐만 아니라 정부정책 수립에서도 핵심적인 '개념설계' 역할을 할 수 있는가? 절대 불가능하다. 머스크는 남아프리카공화국에서 태어나 캐나다에서 고등교육을 받고 미국으로 진입하여 페이팔PayPal을 창업한 후 최첨단기술 기반의 테크기업들을 줄줄이 창업하고 미국과 전 세계의 R&D 인재들을 끌어모아 미국 경제산업의 새로운 '개념설계'와 '실행'에 한 축을 담당했다. 남아공도 캐나다도 아니고 미국 시민으로 미국 정부의 고질적 저효율 문제를 다루면서 첨단기술 산업의 새로운 길들을 열어가려는 시도까지 도전한 극소수의 인재 중 하나다.[116]

그러니 패권국 미국의 국력이 하강한다 해도 여전히 첨단기술 경제산업 분야에서 최고 최강인 것이다.[117] 이런 인재들이 미국에서 자라나고 전 세계에서 몰려 들어오며 미국 시민이 되어 미국을 끊임없이 혁신시킨다. 현재 미국은 3억 4,000만 명 정도의 인구와 세계 6위의 방대한 영토를 갖고 전 세계 GDP 총액의 25%를 생산하고 소비한다. 그런데 미국 증시가 세계 증시 총액의 50% 넘게 차지한다. 현대의 경제산업 시스템에서 주식시장보다 더 빠르고 날카롭고 냉정하게 기업 및 다른 경제 주체의 가치를 평가하는 것은 없다. 뭔가 이상하지 않은가? 이런 말도 안 되는 비율이 의미하는 것을 한국인은 이미 잘 안다. 특히 '국장 탈출은 지능순'이라고 외치는 미장 투자자들은 더 잘 안다. 미국은 정말 끊임없이 최첨단 과학기술 산업을 창조해내고 기존의 산업을 한 단계 더 업그레이드시킨다. 무엇보다도 이 '개념설계'를 할 수 있는, 산업 차원에서 국가 차원에서 가능하게 하는 R&D 인력을 전 세계에서 빨아들인다.

미국은 전국에 걸쳐 새로운 혁신 지역이 나오고 발전한다. 우리가 알고 있는 뉴욕, 로스앤젤레스, 샌프란시스코 정도가 아니다. 50개 주state에서 각각 '혁신'이 일어난다. 캘리포니아의 실리콘밸리가 약화하면 텍사스, 플로리다, 네바다로 인재들이 이동하고 기업들이 이전하며 무엇보다도 새로운 첨단산업 클러스터가 형성된다.[118] 각 주에는 이 R&D 인력을 공급할 수 있는 우수한 대학들이 있다. 도시국가화하는 한국과는 경제산업 모델이 완전히 다르다. 도시국가 서울의 한국은 서울-수도권 말고는 갈 곳이 없다. 이러한 인재들도 예외가 아니다. 극소수의 게임체인저가 될 잠재력이 가장 높은 이공계 인재들은 다들 '의·치·한·약·수'만을 바라보며 재수, 삼수, 사수, 오수를 한다. 암담하다.

경제산업 영역의 측면에서 현재 가장 중요한 질문은 북한 배당, 중국 배당 이후 미국 배당에 올라타야 하는가다. 향후 상대적 고속 성장을 지속할 것으로 예측되는 미국과 더 깊숙이 협력을 확대하는 것이 한국에 중국 배당과 같은 형태로 떨어질 수 있는가, 그것이 가능하다면 어떻게 해야 하는가. 아니면 절대 해서는 안 되는가.

제조수출 외에는 노답?

한국 핵심 제조산업은 수출 비중으로 측정하면 2023년 수출통관자료 기준으로 반도체 986억 달러(15.3%), 자동차 709억 달러(11%), 석유제품 520억 달러(8.1%), 자동차부품 230억 달러(3.6%), 합성수지 229억 달러(3.6%), 선박해양구조물 및 부품 218억 달러(3.4%), 철강 207억 달러(3.2%), 정밀화학원료 191억 달러(3%), 디스플레이 187억 달러(2.9%), 무선통신기기 155억 달러(2.4%)를 차지한다.[119] 약간의 비율 차이만 있을 뿐 지난 10년간 거의 변동이 없었다. 6,838억 달러를 기록하며 수출액 세계 6위를 차지한 2024년도 유사하다.[120] 대체로 57~59%의 비중인데 나머지 40%도 대부분 첨단기술 기반 제조산업 품목이다. 다른 측정 기준에 따르면 2차전지·양극재 합산 수출 실적은 224억 8,000만 달러(약 31조 원)로, 역대 최대 실적을 경신했다. 수출 품목별 기준 반도체, 자동차, 기계 등에 이어 7번째로 높은 수준이다. 수주 호황을 맞은 조선업의 수출 실적을 이미 2022년 추월했다. 서비스업과 농수산업 제품의 수출 비중은 매우 낮다. 3장에서 자세히 설명했듯이 글로벌 탑 10 한국의 위상을 만든 근간은 제조산업이다.

한국 산업구조의 문제점은 지속적으로 지적되어왔다. 첫째, 수출 10대 품목에 집중된 상황, 무엇보다 소수의 산업영역, 특히 반도체(15~20%)에 쏠려 있는 것은 경제산업의 중장기적 안정에 위협이다. 2024년 전체 수출 성장의 82.5%를 견인한 것이 반도체다. 물론 대만의 TSMC 의존도보다는 낮지만 반도체 의존도가 너무 높다. 10대 품목은 반도체, 자동차, 석유제품, 자동차부품, 합성수지, 선박해양구조물 및 부품, 철강, 정밀화학원료, 디스플레이, 무선통신기기다. 그다음 11~15대 품목이 컴퓨터, 바이오헬스, 가전, 섬유, 2차전지이며 그다음으로 16~20대 품목이 농수산가공식품, 원자력발전소, 방위산업, 로봇, 해외건설 플랜트다. 기존 10대~15대 산업품목 외에 더 높은 수준의 첨단기술 기반으로 새로운 산업품목을 주력 산업화하며 기존 10대 산업품목의 상대적 비중을 줄이는 균형 전략을 실행하지 못하고 있다. 지난 20년간 한국의 수출품목 순위와 비중은 거의 변화가 없다. 이들 중 반 정도만 무너져도 한국 수출의 1/3이 날라간다. 수출 주도 경제인 한국이 회복하기 어려운 타격을 받게 되는 것이다. 현재 급속도로 경쟁력이 하락하면서 위기를 겪고 있는 삼성전자의 반도체 사업 부문이 인텔, 소니, 도시바의 전철을 밟는 시나리오다.

다시 말해 주력 산업품목들이 자체 기초, 제조 기술 경쟁력 약화, 경쟁국가 성장에 따른 시장점유율 하락, 탈세계화에 따른 국제 무역 질서 악화에 직면했다. 현재 한국 수출의 50% 이상을 책임지는 산업품목이 중장기적, 곧 향후 10~20년간 이 정도 수치를 유지할 수 있다면 물론 문제가 되지 않는다. 지난 15~20년간 10대 품목은 다소 간의 부침이 있었지만 꾸준히 성장과 확장을 이어왔으며 한국 정부와 주요 대기업들은 이 품목들을 적극적으로 육성해오면서 해당 제조 기술을 고도화하며 고정 설비를 확대하면서 규모의 경제를 이룬 것이다. 물론 '중국 배당'도 이들이 발군의 실력을 발휘하는 데 중요한 역할을 했다. 그러나 향후 5년 정도의 단기적 유지는 가능할지 모르지만 10년 이상 이들이 현재의 글로벌 시장점유율을 유지할지는 불확실하다. 이미 '정점 지남' 징후를 보이는 산업도 있다. 10대 품목 중 하나인 석유화학산업은 국가 주도 구조조정에 들어갔고 철강산업은 수출경쟁력이 떨어져 '국가기간산업' 명목으로 국가 지원하에 유지해야 한다는 포스코의 내부 시각까지 포착된다. 그러나 아직 이들도 포기할 수는 없다. 여러 가지 이유가 있지만 가장 중요한 이유는 대안이 없어서다.

내수 중심 모델 vs. 수출 의존 모델

성공한 개발도상국 성장 모델을 버리기는 너무도 어렵다. 그러나 한국은 이미 '30-50' 중견선진국이다. 한국이 경제산업 구조를 '혁신'해서 좀 더 균형 잡힌 산업 구조 또는 경제 구조로 '전환'하는 것은 필수다. 지금의 글로벌 경제 시스템하에서 수출 중심 경제산업 구조 외에 어떤 대안이 있는가? 좀 더 나아가 아예 한국 경제산업 구조를 송두리째 바꿀 필요가 있는가? 몇몇 전문가는 한국이 소비를 늘려 내수를 확장해야 한다고 주장한다. 내수 중심 경제산업 체제로 전환하라는 것이다. 한국에 수출 중심이 아니라 내수 중심 경제로 생존, 번영할 가능성이 있는가? 이 맥락에서 내수 중심 경제로 재편 가능한지 살펴보자.

내수 중심의 국가 경제성장을 위해 충족해야 할 다양한 조건이 있다. 현대 글로벌 경제체제하에서 대다수의 선진국과 신흥국이 수출 주도 전략에 의존해 성장하지만, 특정 조건을 갖춘 소수의 국가는 내수 기반 또는 중심으로 경제 운영이 가능하다.

첫째, 강력한 내수 시장 규모, 곧 일정 수준 이상의 인구와 높은 소비력이 필수적이다. 높은 도시화율을 기반으로 밀집된 경제활동 구조가 필요하다. 예를 들어, 인구 규모에서 미국(3억 5,000만 명), 중국(14억 명), EU(4억 5,000만 명), 일본(1억 2,500만 명)은 광범위한 내수 시장을 형성할 수 있다. 인구 규모가 최소한 1억 5,000만 명 이상이면(미국, 중국) 극단적인 경우에 수출 없이도 내수 중심 경제가 가능하며, 일본은 내수 중심 경제 운영이 가능한 규모지만 수출 요소가 없으면 균형 잡힌 안정적인 경제 운영은 어렵다. 강력한 내수 시장을 가진 프랑스, 영국은 내수 중심 경제 운영이 비상시 가능하지만 상당히 제한적이며 국내 소비력이 약화되면 특정 제조산업 또는 서비스 산업의 수출이 필수적이다. 그러나 과학기술의 폭발적인 발전으로 과거보다 인구 자체에 대한 의존도는 낮아졌다고 하더라도 7,000만 명 이하의 한국(5,200만 명)과 대만(2,400만 명)의 경우 내수만으로는 경제성장이 어렵고 수출이 필수적이다.

둘째, 내수 중심 국가경제 성장 구조는 농수산업, 광업, 중공업 유형의 제조업이 아니라 소비재 제조업 및 서비스 산업이 전체 경제에서 70% 이상의 부가가치를 창출해야 가능하다. 내수 중심 경제는 제조업보다 금융, 의료, 교육, 관광, IT 인프라 등의 산업이 주축을 이루어야 한다. 또한 제조산업도 외국 시장보다 내수 시장에서 경쟁력을 갖도록 국민의 자국브랜드 선호 경향을 강화하고 지속적으로 내수 소비를 늘리며 성장해야 한다. 물론 제조산업 전반이 모두 갖춰져야 한다. 높은 수준의 소비를 지속적으로 증가시키기 위해서는 노동시장이 안정되고 실업률이 낮아야 하며 소득격차가 낮아 경제인구 구성에서 중산층이 다수를 차지하고 총소득 중 가처분소득 비중이 높아야 한다. 특히 연금, 의료, 교육 등의 사회복지제도가 최고 수준으로 보장되어 국민이 저축과 투자보다 소비를 선택하도록 유도해야 한다. 이를 위해서는 정부의 경제산업 정책이 내수 중심의, 내수 진작의 산업을 육성하는 것이 기본이다.

셋째, 내수 중심 경제 구조의 더 근본적인 요건은 원자재 및 에너지 자급률이 매우 높아야 한다. 당연히 해당 항목의 수입 의존도를 낮추는 산업 구조가 필수적이며 동시에 글로벌 경제 시스템의 변동으로부터 오는 외부 충격에 큰 영향을 받지 않아야 한다.

정말 모두 충족하기 어려운 조건들이다. 정리하면 한 국가가 내수 중심 경제를 안정적으로 운영하려면 최소 1억 명, 가능하면 1억 5,000만 명 이상의 인구를 기반으로, 다양하고 종합적인 기초 및 첨단 제조산업, 서비스 산업, 그리고 원자재와 에너지 자급이 높은 수준으로 갖춰지고, 이러한 인구의 대다수가 최소한 연간 1인당 GDP가 3만 5,000달러 이상으로, 정부의 소비 진작 정책 및 사회복지 정책을 기반으로 지속적인 소비 확대가 실현되어야 한다. 지구상의 어떤 국가도 이 조건들을 모두 다 완벽하게 충족시키기는 어렵다. 당연히 X/O의 이분법적 문제가 아니라 정도의 문제라고 봐야 하지만 여전히 그것만으로는 '성장'을 추구하기 어렵다.

2020년대 중반 이것이 가능한, 그리고 어느 정도 실현하고 있는 국가는 미국이 유일하며 근접한 국가는 일본과 중국 정도다. 이들 국가들은 앞의 조건들을 높은 수준에서 충족시킬 수는 있다. 그럼에도 국제경제적 무역 효율성을 여전히 중시하며 국력을 이에 집중하고 있다. 중국은 수출 중심 성장 구조를 탈피하고 내수 중심 성장으로 경제정책의 초점을 돌렸는데도 아직까지 성공적이라고 보기 어려우며 여전히 수출 없이는 성장이 불가능하다. 당연히 중국의 1인당 GDP는 12,000달러 수준으로 국민소득 및 소비 역량이 한참 미달이다. 다음으로 가장 높은 수준의 선진국인 독일(8,400만 명, 55,000달러), 영국(6,900만 명, 55,000달러), 프랑스(6,600만 명, 48,000달러)가 내수 중심 비율이 높거나 높아질 잠재력이 있는 국가지만 이들도 강한 내수 시장을 기반으로 수출이 뒷받침되어야 한다. 특히 독일은 기존 경제산업 구조가 수출 중심 성장으로 공고화되어 내수 시장 중심 성장으로 전환하기는 쉽지 않다.

이들보다 아직 한 단계 아래로 평가받는 한국은 이러한 내수 중심 국가경제 성장은 불가능하다. 한국의 현재 인구는 5,200만 명, 한국에 거주하는 외국인까지 합하면 5,400만 명 수준으로 최소 기준인 1억 명의 절반 정도 수준이며 그나마도 인구가 급감하고 있다. 제조산업의 다변화는 이루어져 대부분의 소비재와 산업재를 생산 공급할 역량은 충분하지만 다음에 설명하듯이 서비스 산업이 국가 총생산에서 차지하는 비율이 50% 중반에 머물고 있으며 그 생산성도 타 선진국에 비해 낮고 수출 정도도 상대적으로 매우 미약하다.

국가의 사회복지정책 중 의료 부문은 뛰어나지만 연금 고갈과 사교육 중심 공교육 몰락, 그리고 이와 연관된 부동산 아파트 중심의 국민 자산 구조로 소비를 지속적으로 증가시킬 수 있는 잠재력도 낮다. 부동산 관련 부채가 끊임없이 확대되는 구조가 재생산되어 타 선진국보다 터무니없이 20~30% 이상 높은 70~80%의 부동산 자산 집중이 지속되어 현금 창출력 저하, 높은 이자 부담 증가, 현금 유동성 부족이 이어진다. 게다가 지난 40년 넘게 이어져온 부동산 가격의 폭등 또는 우상향 기조가 (서울-강남 지역 정도를 제외하고) 꺾여 하락이 시작되며 국민 가계의 소비심리 위축도 심화된다. 안타깝게도 피크 코리아 한국에 내수 중심 성장 모델은 대안이 될 수 없다. 앞으로도 경제산업적 성장은 '수출 중심', '수출 주도'가 유일한 길이다.

대졸 70% 국가가 서비스는 왜 수출 못 하나?

세계 서비스 수출 순위 18위, 1,235억 달러, 전 세계 서비스 수출액 비중 1.5%가 2023년의 한국 성적이다. 한국 경제산업 구조의 핵심 문제 중 하나는 서비스 산업의 낮은 생산성과 수출 기여도다. 첨단기술 기반 제조산업이 글로벌 시장에서 높은 경쟁력을 창출, 유지하고 있지만 서비스 산업은 이상할 정도로 그 성장 및 확장세가 더디다. 한국 서비스 산업의 대부분은 국제 경쟁력이 떨어지고 부문별로 무역수지 적자를 기록하고 있다. 한국의 인구사회학적 구조가 도시화율, 고등교육 수준, 소득 수준 등 거의 전 부문에 걸쳐 서비스 산업 고도화에 최적화되었음에도 이런 결과가 나타난다. 2000년 이후 한국 수출에서 서비스 산업이 차지하는 비중은 줄곧 15% 정도다.

한국은 2023년 서비스 산업 수출 부문에서 세계 18위에 머물렀다. 1위 미국(9,938억 달러)은 비교 대상이 아니지만 한국과 제조수출을 경쟁하고 있는 2위 영국(5,801억 달러), 3위 독일(4,328억 달러), 5위 중국(3,796억 달러), 6위 프랑스(3,490억 달러), 10위 일본(2,031억 달러)에 한참 못 미친다. 한국 정부와 학계에서는 서비스 산업 수출이 2배 이상, 2,000억 달러 이상 수준으로 한국 수출 총액의 25% 정도는 차지해야 '정상'으로 보고 중단기적 목표치로 설정했다.[121]

한국의 서비스 산업은 전체적으로 생산성이 낮다. 또한 생산성 높은 서비스 산업보다 생산성 낮은 서비스 산업에 치중되어 제조 산업에 비해 너무 뒤처진다.[122] 국가가 설정한 유형 총 12개 중에서 무역수지 흑자를 기록하는 분야는 건설과 콘텐츠 정도에 불과하다. 부가가치가 높은 보험, 금융, 지식재산권 사용료, 유지보수, 여행 등은 낮은 수준이다. 특히 정보통신, 교육, 컨설팅, 금융, 법률, 회계 등의 전문 서비스업은 수출 경쟁력이 거의 없다.[123] 한국의 제조업 각 부문별 생산성은 개선의 여지가 있다고 하더라도 최선진국 대비 90%에 육박하는 경우가 많은데 서비스업은 40%에 불과하다.

저임금, 노동집약적 구조로 대부분 부가가치가 낮은 내수형 제로섬 게임zero sum game으로 형성되어 서비스 산업 내의 기업은 대체로 영세한 소규모이며, 이로 인해 각종 불법, 부조리 경영 및 노사 문제도 심각하니 경쟁력이 더 떨어진다. 그러나 70%에 이르는 한국인이 이 서비스업에 종사하고 이를 통해 생계를 유지한다. 국내 근로노동자 가운데 15%가 고부가가치 전문 서비스업에 종사하며 57%가 저부가가치 일반 서비스업에서 일한다. 전자는 성장 및 확장 속도가 느리고, 후자는 고용점유율을 늘려왔다. 당연히 수출에서도 제조산업에서 대기업, 중견기업의 비중이 높고, 서비스 산업은 중소기업 비중이 절반을 차지한다. 이런 구조하에서는 한국 서비스 산업의 생산성 제고 및 수출 확장이 쉽지 않다.

　이러한 서비스 산업(제조산업도 마찬가지)이 의미 있게 성장하기 위해서는 일반론적으로는 총요소 생산성Total Factor Productivity 증대가 가장 확실한 전략이다. 총요소 생산성은 노벨상 수상자 로버트 솔로Robert Solow가 1957년에 제기한 개념으로, 인력자본의 증가와 금융자본의 증가로 도달할 수 있는 경제성장 수준을 넘어서 발전시키는 잘 보이지 않는 요소들의 집합이다. 기초과학 및 응용제조 기술 성장과 경영 효율성이 총요소 생산성의 가장 큰 비중을 차지하며 한 국가의 규제 철폐 등의 제도 개선, 정치적 안정과 민주주의 공고화 등도 중요 요소다. 한국의 경제성장은 높은 수준의 노동과 물적 자본 투입, 교육 수준 향상에 따른 인적 자본의 지속적 축적, 그리고 이런 요인이 설명하지 못하는 총요소 생산성의 변화에 기인한다. 한국의 지난 70년, 특히 최근 40년의 경제성장 동력은 주로 노동력과 물적 자본 투입 확대에 따른 성장이었다. 중장기적 경제성장을 가능하게 하는 동력은 생산성 증대만 남아 있다. 인간의 창의력에 기인하는 기술 발전과 정치적, 사회적 제도 개선은 지속적으로 가능하다. 그러므로 개발도상국 단계를 넘어선 선진국의 경우 물적 투입 증대의 한계를 인정하고 인적 자본 교육개발과 총요소 생산성 증대를 추구할 수밖에 없다.

한국이 바로 딱 맞는 사례다. 그러나 청장년 대학교육이 70%에 이르는 한국은 서비스 산업의 생산성이 매우 낮으며, 기이하게도 저발전 상태를 유지하고 있다. 피크 현상을 거론할 수조차 없는 수준이다.[124] 피크 코리아는 이미 저성장기에 진입했으나 내수 중심 성장은커녕 비중 확대도 여의치 않으니, 결국 고용근로자 다수가 저부가가치 서비스 산업에 종사하며 타 30-50 선진국 대비 매우 작은 내수 시장에서만 점유율 싸움을 벌이는 제로섬 게임이 한국 서비스 산업의 구조다.

제조 수출 경쟁력은 언제까지 살아남을까?

여전히 한국은 '첨단기술 기반 제조산업의 수출 중심 주도 경제' 모델밖에 다른 길이 보이지 않는다. 그러면 이러한 몇몇 주력 제조 산업의 현재와 중단기적 미래를 간략하게 검토해보자.[125]

① 반도체

AI 산업의 폭발적 성장에 바로 적응하지 못했던 삼성전자가 고대역메모리 부문에서도 고전하는 등 기술, 경영, 인력 여러 측면에서 위기를 경험하고 있다.

SK하이닉스는 적응하면서 시장점유율을 확대하고 있다. 여전히 한국 반도체는 메모리반도체 영역에서는 최강자지만 시스템반도체, 설계/팹리스, 후공정, 파운드리 등에서의 성장과 확장성은 그다지 크지 않다. 향후 10년 정도 유사한 수준을 유지할 수 있어 보이지만 현재 미국으로 팹들이 빨려 들어가는 상황으로 한국의 제조 비중이 줄어드는 부정적 패턴이 중단기적 문제다. 세계 반도체 가치사슬과 공급망에는 설계에서 미국, 제조에서 한국, 대만, 중국, 장비에서 일본, 네덜란드 정도가 독과점하고 있어서 이들과의 경쟁이 결정적이다. 미국이 직접 생산공정을 되살리려 하지만 이보다는 중국의 제조 기술 수준 향상 정도가 한국 반도체 산업 성장의 최대 관건이다.

② 디스플레이

세계 최고 기술 수준의 디스플레이는 대부분의 품목에서 중국에 추월당하고 시장에서 퇴출되었지만 OLED 부문에서는 여전히 우위를 차지한다. 그러나 중기적으로는 중국의 기술 수준이 한국과 동일하거나 우수해지고 있어 이미 경쟁력이 급격히 저하되고 있다. 현재 디스플레이 공급망과 가치사슬에서 한국, 중국, 대만, 일본이 거의 모든 제조 부문을 차지하고 있어 이 안에서의 경쟁이 결정적이지만 결국 중국에 대부분 밀리고 있다.

③ 2차전지(배터리)

한국은 중국 다음의 글로벌 시장점유율을 갖고 최고 수준의 제조 기술을 지니고 있으나 전기차 캐즘chasm(신제품이나 기술이 초기 시장에서 대중 시장으로 넘어가는 과정에서 일시적으로 수요가 정체되거나 감소하는 현상)으로 상징되듯 시장의 장기적 성장 방향은 명확하지만 정체된 상태다. 전고체 등의 파괴적 기술 개발을 기다리고 있으며 리튬, 코발트, 흑연(양극재) 등의 원자재 시장도 안정세로 접어드는 상황이다. 한국의 해당 분야 응용연구개발 역량은 가장 앞서 있고 세계에서 2차전지 제조 공급망에 속한 국가는 한국, 일본, 중국, 미국 등 극소수이고, 폴란드와 헝가리 같은 국가는 이들의 현지 제조 공장으로서 기능한다. 캐즘 현상이 지속될 2020년대 중후반 생존 경쟁이 격화되고, 많은 중간 규모 기업이 국적을 막론하고 소멸할 것으로 예상한다. 가장 큰 약점은 모든 공급망이 중국을 중심으로 형성되어 LG, SK, 삼성 배터리 기업들 모두 중국 기업의 공급망에 절대적으로 의존한다는 점이다.

④ 이동통신

5G에서 가장 앞선 기술력을 바탕으로 6G까지 성장이 이어지는 가운데 중국과의 경쟁에서 미국과 유럽의 경제안보, 과학기술안보 맥락에서 보호 정책 강화가 큰 도움이 되고 있다. 또한 우주 저궤도 위성(스타링크 등) 분야에서 새로운 형태의 이동통신 기술 혁명이 진행 중이나 한국 기업의 경쟁력이 떨어진다. 이동통신 인프라 장비와 더불어 이동통신단말기(스마트폰)에서도 삼성전자의 갤럭시 시리즈 등은 세계 시장점유율을 여전히 방어하고 있다. 그러나 중국 기업들의 생산성과 제품 수준은 한국의 삼성 갤럭시뿐만 아니

라 애플 아이폰의 시장점유율을 낮출 정도다. 역시 미국과 중국이 관건이다.

⑤ 자동차/자동차부품

2020년대 초중반 현대기아차의 기술 혁신과 사업 모델 변화가 상당히 큰 성장을 이끌어냈다. 매우 놀라운 성과이고 이제 반도체와 유사한 수준의 수출점유율을 보일 정도로 한국의 주력 제조산업 위치를 확고히 했다. 이에 더해 자동차부품 품목도 꾸준히 성장하고 있다. 전기차, 플러그인 하이브리드차 등 새로운 기술로의 전환도 상당히 발빠르게 해왔지만 중국 경쟁 기업들의 높은 기술 수준과 가격경쟁력에 힘이 부치는 상황이다. 또한 테슬라와 비야디의 자율주행 기술 등 더 앞선 미래 기술에서는 매우 뒤처졌다. 자동차 제조업을 이끄는 국가는 미국, 독일, 중국, 일본, 그리고 한국이며 이들과 연계된 제조 기지 및 부품 공급망 국가들이 협력하면서 경쟁하고 있다.

⑥ 원자력

한국의 원자력 산업은 국내 정치 변수로 우여곡절을 겪어왔다. 현재 글로벌 전력 시장에서 친환경 대체에너지의 성장이 위축되면서 원자력 에너지 발전이 부활하는 상황이다. 한국 국내에서의 원자력 산업 회복 및 확장 구조가 형성되고 해외 물량 수주가 확대되면서 상당히 긍정적인 시장으로 재편되고 있다. 차세대 소형모듈 원자로 분야도 전망이 밝아 한국의 원자력 분야 주요 기업들이 투자를 늘리고 있다. 그러나 미국 웨스팅하우스와 특허 분쟁 협상 결과로 한국의 원자력 수출이 상당히 큰 제약을 받게 되었다. 물론 중국, 러시아, 프랑스와의 경쟁이 크지만 미국과의 협력과 경쟁 변수도 새롭게 떠올랐다.

⑦ 철강

최고 수준의 기술력에 비해 중국의 덤핑 수출 물량으로 글로벌 시장에서 점유율이 급속히 감소하고 있다. 이에 국가 수출을 주도하는 위치는 더 이상 아니며, 포스코와 현대제철의 수출 물량과 수익률 자체의 지속적 악화에서 잘 관찰된다. 현재 국내 수요 부진과 수출 수요도 지속 감소할 것으로 예상된다. 이런 상황에서 최첨단 기술 산업들에 밀려 R&D 인력이 지속적으로 부족하여 기술 혁신에도 큰 어려움을 겪고 있다. 주력 수출 산업보다 '안보산업'으로, 국가 기간 인프라 산업으로 절대 포기할 수 없다는 형태의 생존 유지 논리가 업계에서 부각될 정도로 수세적인 상황이다. 특히 연관 산업인 자동차와 조선 산업에서는 한국산 철강의 가격경쟁력 저하로 중국 철강 수요가 매우 높고 이는 산업 간 갈등 요소로까지 작용한다.

⑧ 석유화학

석유화학[석유제품(경유, 휘발유, 항공유, 나프타), 합성수지, 정밀화학원료]은 이미 범용화된 기술 수준으로 중국 등에 비해 가격경쟁력이 떨어지지만 국내 업체들은 설비 확장을 지속해왔다. 현재 한국의 주요 기업들은 사업성, 수익성에서 대부분 큰 타격을 입으면서 산업 전체가 치킨게임으로 돌입하고 있다. 중국의 성장과 팽창이 독보적이지만 독일, 미국, 프랑스, 일본, 대만 업체들도 대등한 상황에서 출혈 경쟁을 피하지 못한다. 이에 더해 중동 산유국들도 이 산업에 뛰어들며 한국의 10대 산업 중 가장 큰 위기를 맞았다. 기초 소재 산업으로 포기할 수 없지만 역시 생존 자체를 추구해야 하는 매우 어려운 상황이다.

⑨ 조선

사이클에 따라 부침이 있지만 한국 조선산업은 글로벌 최고 수준의 경쟁력을 갖추고 있다. 조선산업을 주도했던 일본의 건조 능력은 급격히 하락했지만 중국이 압도적인 규모, 제조 기술 고도화, 그리고 여전히 풍부한 노동력을 기반으로 글로벌 시장점유율이 50%에 이르게 되어 한국에 유일한 그러나 압도적인 경쟁자로 존재한다. 군사안보-경제안보-과학기술안보의 결합 맥락에서 조선 역량을 많이 소실한 미국이 한국에 자국 시장을 개방하고 중국을 견제하는 형태의 글로벌 구조가 만들어지고 있어 향후에도 확장성이 큰 드문 전통적인 산업 분야다. 다만 고숙련 노동력의 부족 문제 등 제조 환경이 급속도로 악화하여 지속가능성에 의문은 항상 제기된다. 로봇을 도입해 자동화가 진행되나 여전히 그 정도는 낮고 가뜩이나 전체적으로 줄어드는 R&D 인력을 확보하는 데 큰 어려움을 겪고 있다.

⑩ 인공지능

　미국, 중국의 압도적인 투자와 인력 및 데이터 투입으로 한국은 다른 주요국들과 함께 상당히 뒤처진 상태다. 가장 근본적인 기술인 파운데이션foundation 모델 분야에서 지난 3~4년간 급속도로 발전한 미국과 중국의 기술 수준을 따라가지 못해 이를 포기하고 버티컬vertical 응용모델에 집중해야 한다는 제언이 많이 나올 정도다. 2020년부터 2024년까지 글로벌 초거대 AI 모델의 출시는 총 271개에 달하며 연평균 성장률 179.5%를 기록하는 등 경쟁이 심화되고 있다. 미국과 중국이 각각 128개, 95개의 모델을 출시하며 초거대 모델 경쟁을 주도하는 반면, 한국은 14개로 3위를 기록했으나 기술 격차는 확대되고 있다. 인공지능 산업은 그 자체로도 게임체인저의 위상을 확보하는데, 앞에서 언급한 그리고 언급하지 않은 대다수 주요 산업의 생산성을 결정적으로 제고할 수 있는 인프라 성격의 산업이다. 한국 정부, 기업, 사회, 국민 대부분이 이미 AI 영역으로 빨려 들어가는 상황이지만 중견선진국 크기의 한국이 미국과 중국에 크게 뒤지며 결정적으로 종속될 위기 국면으로 진입하고 있다.

　참고로 여기서 다루지 못하는 한국 제조산업의 가장 기초가 되는 뿌리 제조산업은 더욱 심각하다. 주로 1차, 2차, 3차 벤더(공급업체) 또는 하청업체로 지칭되는 중소기업이 담당하는 주조, 금형, 도금 등은 첨단기술산업 기업과 비교할 때 몰락하는 속도가 정말 충격적이다. 이번 7장과 앞 6장에서 설명한 경제산업 분야와 국가사회 구조 분야에서의 부정적인 변화가 합쳐져서 극도의 부정적인 결과를 양산하고 있다. 이러한 중소 제조업체들이 밀집했던 서울, 수도권, 울산, 안산, 진해 등 전국의 공장들이 폐업하고 있다. 현재 젊은이들의 힙한 K-문화와 K-푸드의 성지로 떠오른 서울의 성수동, 을지로(힙지로), 오류동이 원래 모두 이런 모세혈관 같은 소규모 공장의 밀집 지역이었음을 상기해야 한다.

한국은 경제성장을 수출에 절대적으로 의존하고 있으며 앞으로도 현재의 구조는 변하기 어렵다. 이대로면 지속가능한 성장은 어렵다.

8장

피크 코리아 국방군사

: 시대에 뒤처진 한국군, 급격히 하락하는 전투력

No Thank You for Your Service

"Thank you for your service!(나라를 지켜줘서 고맙습니다!)" 미국 국민이 제복 입은 미국 군인에게 언제 어디서 마주치든 하는 인사다. 미국 할리우드 전쟁 영화나 군 관련 영화, 드라마에서 그리고 개개인의 경험을 보여주는 SNS 유튜브 등에서 한국인과 많은 세계 시민에게 익숙하기도 하다. 미국에 살았거나 미국과 관련된 일을 하는 사람은 공항에서, 식당에서, 거리에서 흔히 듣는 문장이다. 이 말을 하는 (미국) 사람의 눈빛을 보면 따뜻한 존중과 진심이 느껴진다. 가식이 아니고 동정도 아니고 부끄러움도 아니다. 심지어 미군과 함께 합동훈련을 하러 온 한국 등의 동맹군 군인에게도 이 문장을 거리낌 없이 말해주어 놀랐지만 기분 좋았다는 한국 군인의 에피소드도 종종 접한다.

그런데 미국 국민에게 이런 대접을 받는 한국의 군인은 따뜻한

눈빛과 함께 "나라를 지켜줘서 고맙습니다"라는 진정 어린 말을 정작 대다수 한국 국민에게서 듣지 못한다. 오히려 제복 입고 거리에서, 버스에서, 지하철에서, 운전석에서 이동하는 군인에게 '군바리'라는 멸칭을 서슴지 않고 입에 담으며, 국가를 지키는 임무를 수행하는 이들을 무시하거나 피해 다녀야 할 존재로 그리고 함부로 대할 수 있는 약자로 취급한다. 국가 생존 최후의 보루이자 국가역량의 근간인 군사력의 핵심, 장교와 부사관이 부대 밖으로 나가거나 출퇴근할 때 군복 말고 사복을 입고 다녀야 피해를 안 본다. 청년세대의 여론과 관점을 형성하는 SNS와 온라인 커뮤니티에는 한국 군인을 비하하고, 조롱하고, 무시하는 콘텐츠가 넘쳐난다.

   그럼에도 한국군은 육군, 해군, 공군 통합 군사력이 글로벌 화력Global Fire Power 등의 여러 측정 지표에서 현재 글로벌 5~7위권이다. 전 세계 군사 전력의 반 정도를 보유하고 있다는 미국이 1위, 냉전 소련의 막강한 군사력을 계승하고 발전시킨 러시아가 2위, 지난 30년간 가장 큰 군사력 성장을 이룬 대국 중국이 3위, 그리고 한국이 영국, 일본, 인도, 프랑스 등과 함께 그다음 그룹에 속해 있다. 미중일러의 동북아시아, 미국의 북아메리카, 러시아의 유럽을 제외한 전 세계의 모든 지역에 대입해도 한국의 군사력은 지역 최강국이다. 한국 최정예 육군 부대만으로도 대부분 국가와의 지상전에서 압도적인 승리를 거둘 수 있다. 한국은 구축함 등 수상함, 중대형 등 잠수함 100여 대를 보유한 해군 전력 또한 미중러일 다음이며 F-35, F-16, FA-50 등 최신예 전투기와 수송기를 포함하여 600여 대 이상 보유 운용하며 자체 개발한 4.5세대 전투기 KF-21이

곧 실전 배치되는 공군 전력도 마찬가지다. 전통적인 군사 강국인 프랑스, 독일, 영국, 이탈리아는 말할 것도 없고 신흥 강국인 인도, 튀르키예, 브라질, 이란 등보다도 뛰어난 전력의 45만 병력을 보유하고 있다.

병력은 부족해지는데 전투력은 나락으로

이런 강력한 군대, 국가 방위를 수호하는 군대의 군인들이 왜 저렇게 홀대를 당하는지 의문이지만, 더 급하게 다뤄야 할 문제는 한국군 전투력의 급격한 하락이다. 군사력의 근간인 병력의 급감 현상부터 접근해본다. 6장에서 자세히 설명했듯이 한국의 출생률이 급격히 떨어지면서 더 이상 충분한 병력을 징집할 수 없다. 우리나라 인구는 2020년대 중반 현재 5,168만 명으로 감소가 본격화하여 2030년 5,119만 명, 그리고 5,000만 명 인구수가 깨지면서 2040년에 4,871만 명, 2050년 4,418만 명으로 감소할 것이다. 초저출생에 따른 인구급감이다. 글로벌 코리아의 가장 큰 전제이자 다른 서양 강소국들과 차별화하는 기준이었던 '30-50'의 후자, 국가의 인적 자산 축인 인구 기반이 무너지는 것이고, 동시에 나라를 지킬 군인인 병력 자원 축이 무너지는 것이다.

다음 그림(226쪽)에서 보듯이 한국의 상비군 병력은 2024년 기준 약 47만 명 선으로 장교와 부사관 20만 명, 병사(용사) 27만 명 정도다. 현 규모를 유지하기 위해 매년 장교와 부사관 1만 6,000명, 병

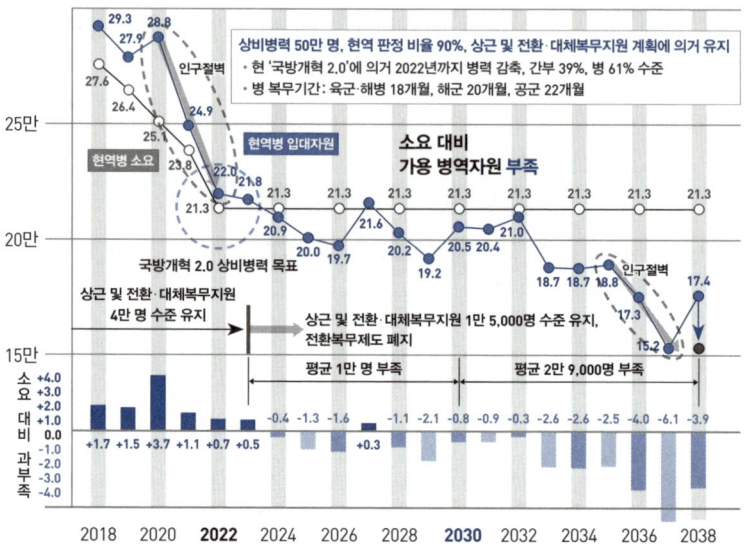

사 20만 3,000명, 총 22만여 명이 자원하거나 징집되어야 한다. 그러나 한국의 저출생으로 인구가 급감하기 시작했고 아동 및 청년 인구감소가 시작된 지 20년이 지난 지금 현역병 입대자원인 18세 이상의 남성 인구는 2020년대 초반과 2030년대 중반 인구절벽 수준으로 두 번에 걸쳐 대폭 감소한다. 2020년 28만 8,000명을 기점으로 2022년 22만명, 2024년 20만 9,000명을 거쳐 2025년 20만 명으로 감소한 후 유지되다가 2035년 18만 8,000명을 기점으로 급감하여 2037년 15만 2,000명까지 떨어진다. 2037년 18세면 2019년생이다. 2020년 이후 한국 출생률이 0.7 수준임을 감안하면 이 수치는 10만 명, 5만 명 수준으로 떨어진다. 이미 한국군 운영병력은 2019년 56만 명에서 2025년 45만 명으로 6년간 11만 명 이상인 20%가 감소했다.[127]

병력자원의 규모 감소는 장교, 부사관, 병사 모두 감소하는 기저효과를 나타내는데 징집 대상인 병사의 병력자원 감소가 더 직접적인 부정적 요인이다. 장교와 부사관은 징집이 아니라 자신이 원해서 지원하는 모병 대상이고 남성과 여성 청년 모두 대상이기 때문에 병력자원이 감소한다고 해서 자동적으로 비례하지 않을 수도 있다. 실제로 2019~2023년의 5년간 장교는 6만 9,500명에서 6만 8,300명으로 1.7% 감소했지만, 병사는 37만 4,000명에서 28만 7,300명으로 23.2%나 줄었다. 이러한 차이는 남아 신생아 수가 1999년 32만 명 수준에서 2003년 25만 명 수준으로 급감했기 때문이다. 또한 2010년 24만 명 수준에서 2020년에는 14만 명 수준으로 남아 신생아 수가 인구절벽 수준으로 떨어졌으니 이들이 징집 대상인 2030~2040년에는 병력자원이 다시 한번 크게 준다.

군대를 지휘할 장교, 부사관이 사라진다

그러면 병사와 달리 장교와 부사관 병력은 양호한가? 전혀 그렇지 않다. 장교와 부사관 규모도 급격하게 감소하고 있다. 사관학교의 인기가 급감하고 이탈(자퇴) 비율이 급증하고, 위관급 장교의 주요 충원 루트인 학군단ROTC도 지원율이 급감했다. 2022년 육·해·

공군 ROTC 지원율은 2.39배(정원 3,511명·지원자 8,405명)로 2016년 3.95배에 비해 절반가량 감소했고, 2023년 육군 학군단을 운영하는 전국 108개 대학 가운데 54곳이 후보생 정원에 미달했다.

부사관은 더 심각하다. 2019년 대비 2023년 군의 부사관 지원 인원은 무려 55%, 선발 인원은 25%나 급감했다. 육해공해병 전군의 부사관 2019년 총 지원 인원이 4만 7,874명이었지만 급속하게 감소하여 2023년에는 2만 1,760명이 되었다. 무려 55% 감소했다. 2019년 선발 인원은 1만 288명으로 모집 인원인 1만 1,274명을 간신히 채우지 못한 정도지만, 2023년은 선발 인원이 7,691명에 불과하여 모집 인원 1만 4,038명의 55%밖에 충원하지 못했다. 이것이 부사관 인적 자원의 양적, 질적 역량 측면에서 어떤 의미인지는 너무도 명확하다.[128] 또한 육군 중사와 상사 계급의 장기복무자 가운데 희망 전역자와 휴직자는 2020~2024년 증가세가 빨라지고 있다.[129] 2020년 이후 중사와 상사 계급에서 연간 희망 전역자가 2020년 480/290명에서 2024년 1,140/810명으로 크게 늘었다. 중사와 상사 계급 휴직자도 2020년 520명에서 2024년 1,180명으로 증가했다. 2025년 현재 한국군 병력의 1/4을 차지하는 부사관은 약 12만 3,000명이지만 이 추세가 지속되면 향후 10년 동안 절반으로 떨어질 것이다.

한마디로 2020년대 들어 초급 간부로 일컬어지는 위관급 장교, 중하사급 부사관 병력의 캐즘chasm 현상이 발생했다. 2010년대 후반을 기점으로 경제사회적인 변화들이 격화되면서 초급 간부의 수급이 양적, 질적 저하에 노출되었다. 사관학교 지원율과 입학성적이 떨어지고, 학군장교 및 학사장교의 지원율은 이미 정원 미달 수준이며, 부사관 지원율도 떨어지고, 이들의 장기복무 지원율과 경쟁율도 급격히 감소했다. 모병제에 근간하여 모집하는 인적 자원의 질이 떨어지는 것이다. 그나마 이들 중에서도 우수한 인력은 단기복무를 마치고 전역하며 기존에 장기복무 경쟁을 뚫지 못하는 역량이 부족한 초급 장교와 부사관의 다수가 장기복무를 하게 되었다. 심지어 이러한 장기복무 인력조차 너무 부족하여 각급 부대의 '편제'를 채우지 못하고 1인이 2~3인의 편제를 떠맡고 상급 계급이 맡아야 할 업무를 하급 계급 간부가 맡거나 기존에 하급 계급 간부가 맡아서 해야 할 업무를 상급 계급 간부가 떠맡는 것이 일상화되었다. 이들은 비명을 지르고 있다.

전쟁 나면
제대로 싸울 군인이 없어요

이러한 장교, 부사관 병력의 양적 질적 저하, 그리고 그와 결합된 형식적 관료주의, 과중한 업무는 한국군의 전투력을 급감시키고 있다. 인력 부족 현상은 바로 일상적인 검열 대상인 행정업무를 우선시하고 여러 훈련을 하지 못하는 결과를 야기했다. 군인이 군인이 아니고 행정공무원이 되어버리는 현상이다. 행정공무원이 나라를 지킬 수는 없다. 초급 장교, 부사관의 급감은 이들이 직접적으로 전투에서 이끌어야 할 병사 수의 급감과 이들의 복무가치에 대한 충실도, 소위 '자발적 복종 voluntary compliance'의 저하와 결합된다. 전쟁이 발발한다면 이들 중 몇 퍼센트가 목숨을 걸고 전선으로 뛰어들겠는가? 전투력 자체의 저하로 개전 즉시 무력화되는 인원이 몇 퍼센트가 될 것이며 실제 중위, 소위, 중사, 하사의 지휘를 받아 자발적으로 복종하여 전투에 임하려는 인원과 출동을 거부하거나 탈영하는 인원의 비율이 얼마나 될 것인가? 이러한 비참한 질문을 하는 상황이 되었다. 관련 연구 인터뷰 중 만난 한 부사관은 "전면전이 벌어지면 시작하자마자 5명이 죽고, 그나마 3명은 도망갈 거예요" 라며 고개를 저었다. 이러한 전투력 상실에 대한 의문과 우려는 필자의 연구 인터뷰에서 끊임없이 제기되었다. 각 군종과 특기에 따라서 다소 희망적인 평가도 혼재했지만 대체적인 인식은 유사했다.

실제로 육군 포병의 경우 자주포 운용 병력이 부족하여 훈련 시 3개 포대를 1개 포 운용 병력이 번갈아 가면서 사격하는 상황이 발생한다. 근래 들어 상당수의 정기 훈련 시 인접 부대에서 '포병 꿔오기'라는 상상하기 어려운 상황이 발생했다. 좀 더 자세히 살펴보면 한국군 화력의 핵심인 육군 자주포 부대의 조종수 보직률은 2022년까지 80%대였다가 2023년 72.2%로 급감했으며 자주포를 운용할 부사관과 장교가 절대적으로 부족하다. 육군 자주포 보직률은 같이 추락하는 전차(92.7%), 장갑차(93.2%) 보직률과 비교해도 더 낮다. 북한의 장사정포 도발 시 즉각 맞대응에 나서야 할 무기체계를 운용할 군인이 부족하다. 현재 조종수 병력으로 육군에 편제된 K-9 자주포 1,100대 중 약 300대는 운용하기 어렵다. 이는 조종수뿐만 아니라 포반장, 사수, 부사수, 1번포수, 2번포수 등의 다른 병력도 마찬가지다.

이에 더해 육군 보병은 입영 병사가 급격히 감소하자 입영 판정 기준을 완화했고, 그 결과 부적합 인원이 부대 배치를 기피해 전방초소GP, Guard Post와 일반전방초소GOP, General Out Post 최전선에 배치한 인원의 정기 교대가 어려운 상황이 지속되고 있다. 최전방 지역은 극도의 긴장 상황이 지속되는 만큼 육체적, 정신적으로 강인한 병력 배치가 필수적이며 정기적으로 전투지역전단FEBA, Forward Edge of Battle Area 지역으로 순환 배치하여 근무 강도를 조절해줘야 한다. 대규모 육군 경계병력 중심 작전계획은 전혀 변하지 않은 상황에서 장교, 부사관, 병사 전 계급에서 인력 부족 현상이 발생하니 무리한 상황이 지속되는 것이다. 다음에 자세히 설명하겠지만 병력 급감 상황에서 육군 가용 병력의 70%가 휴전선 경계작전에 투입되는 상황은 전투력을 약화하는 결정적인 원인이다.

또한 해군은 향후 2~3년 안에 복수의 수상함과 잠수함 운용 병력이 부족해져 작전 수행이 불가능한 상황이 도래할 것으로 예상한다. 지난 몇 년간 급격하게 줄어드는 병사 숫자로 해군은 수병 없이 부사관과 장교만으로 함정을 운용하는 실험까지 한다. 해군은 2023년 3월 중형함인 인천급 호위함(FFG·2500t급)을 비롯한 3척으로 '함정 간부화 시범함' 운영 실험을 시작했고, 2024년 2월에 소형함인 유도탄 고속함(PKG·450t급) 등 3척을 시범함에 추가했다.[130] 실제 병력 수요 계획 대비 입영 인원수를 나타내는 입영률에서 해군은 2020년 100.5%으로 간신히 충족했지만, 2021년 94.3%, 2022년 70.1%로 급감했다. 같은 기간 육군이 96.1%에서 84.0%, 공군이 99.4%에서 98.2%, 해병대가 96.5%에서 80.8%로 감소한 폭보다 훨씬 크다. 현직 해군 지휘관들은 결국 빠른 시일 내에 병력 부족으로 다수의 함정이 작전에 투입되지 못하고 모항에 머물러 있을 수밖에 없다고 우려한다. "실제로 배들이 못 나가서 기초 작전 임무조차 하지 못하게 되어야 아마 국방부, 정부에서는 움직일 겁니다." 관련 연구 인터뷰 중에 만난 한 해군 지휘관의 차가운 평가다.

다시 말해 실제 전쟁이 발생했을 때 최전선에서 적과 싸워야 할 병력의 양적, 질적, 정신적 역량이 감소했다. 군의 계급별 상황도 문제지만 한국이라는 국가 수준에서 가장 중요한 이슈는 전투력의 심각한 저하다. 한국군은 이미 정점을 지난 피크 코리아의 한 축을 이루고 있다.[131]

제국 미국의 군대가 아닌, 피를 흘리지 않는 한국군

다시 한국의 군인이, 특히 징집병인 병사보다도 모병인 장교와 부사관이 왜 미군과 달리 "Thank you for your service!(나라를 지켜줘서 고맙습니다!)"라는 말을 듣지 못하는지 살펴보자.

한국군은 피를 흘리지 않는다. 한국군, 곧 육군, 해군, 공군, 해병대, 전 군의 영관급, 위관급, 그리고 부사관 모두 복무가치와 복무여건의 이상적 모델은 미국이다. 상당수의 장교와 부사관은 미군과의 합동 훈련 및 근무 경험을 통해 미군의 복무여건과 복무가치, 과학기술장비의 수준, 전투력, 그리고 사회적 인식과 대우에 대해 잘 알고 있으며 매우 높게 평가한다. 한국인도 미군을 높이 평가한다. 한국군도 미군처럼 되고 싶어 한다. 그러나 가장 근본적인 차이가 있다. 바로 미군은 전쟁에서 전투를 직접 수행하며 부상당하고 순국하지만 한국군은 그렇지 않다는 점이다.

미군은 미국 본토 주둔뿐만 아니라 해외 59개 국가 및 영토에 군기지를 운영하고 군대를 주둔시킨다. 북대서양조약기구 NATO 동맹국인 그린란드, 독일, 이탈리아, 노르웨이, 인도태평양 동맹국인 한국, 일본, 태국, 싱가포르, 중동 협력국인 사우디아라비아, 카타르, 바레인, UAE 등에 육해공해병 미군이 주둔한다. 또한 최근의 아프가니스탄 전쟁, 시리아 내전, 이라크 전쟁, 걸프 전쟁 및 수많은 중소규모 교전에 미군은 참전한다. 국제정치적으로 정당성 여부를 떠나 이들은 자국의 '국가이익'을 위해 본토를 떠나 외국에서 목숨을 걸고 싸운다. 이러한 군사력의 글로벌 투사가 없다면 우리가 보고 겪는 글로벌 초강대국, 패권국 미국은 존재하지 않는다. 이로 인해 미국 국민은 엄청난 혜택을 본다. 게다가 이들은 장교, 부사관, 병사 모두 징집병이 아니라 모병이다. 자원한 것이다. 미국 정부와 대다수 국민은 당연히 애국 전사를 존중하고 존경하며 우대한다.

한국군은 그렇지 못하다. 1953년 한국전쟁 종전 이후 한국군이 대규모 참전으로 사상자를 감당한 전쟁은 베트남전 파병 사례가 유일하다. 지난 70년간 한국과 북한이 대치한 한반도는 단 한 번도 전면전 발발 가능성이 가장 높은 탑3 지역에서 벗어난 적이 없다. 그러나 1999년, 2002년의 1, 2차 서해 해전 및 2010년 연평도 포격전과 천안함 폭침 등의 국지전 상황과 휴전선 지역의 소규모 교전 등을 제외하면, 1980년대 이후 한국군은 한반도에서 타국과 전쟁하거나 외국에 파병되어 전투 중 심각한 사상자를 낸 상황을 경험하지 않았다. 군의 사상자가 없다는 것은 당연히 바람직한 상황이다. 그러나 이의 부정적 외부효과negative externality, 곧 어떤 활동이 제3자에게 의도하지 않은 비용을 발생시켰으나 그 대가가 지불되지 않은 현상 중 하나가 한국군에 대한 낮은 평가다. 목숨을 거는 희생이 없는 군대. 안타깝게도 대다수 한국인에게 한국군은 잉여로 보인다. 미군 같은 사회적, 경제적 대접이라니 터무니없어 보인다.

물론 이러한 부정적 외부효과에 기반한 평가는 비합리적이다. 세계 군사력 5~7위권으로 올라선 한국군의 압도적인 억지력이 없다면 북한과 주변 국가의 침공을 비롯해 전쟁 가능성은 훨씬 높았을 것이다. 당연히 한반도에서, 특히 한국 영토에서 전면전이든 국지전이든 전쟁이 발생하는 것은 어떤 수단을 써서라도 막아야 한다. 대규모 전쟁이 일어나지 않은 상황은 한국 국가 차원에서 국민의 안전을 지키고 경제산업 및 사회문화 발전에 지대한 공헌을 했다. 그리고 한국은 미국과 같은 글로벌 제국이 아니다. 한국은 이미 글로벌 탑10 국가의 반열에 올랐지만 인구, 국토, 경제, 산업, 문화, 무엇보다도 군사 국가역량에서 압도적인 미국과 비교할 수준이 아니다. 미군은 자국의 이익이 전 세계를 경영하거나 운영하는 수준이며, 이를 성공적으로 유지하기 위해서는 압도적인 군사력의 투사가 기본적인 조건이 된다. 이러한 맥락에서 미군은 전 세계의 전장에 투입되며 대부분 압도하지만 많은 군인이 희생된다. 한국과 근본적으로 다른 유형의 군대다.

그러나 여전히 한국의 일반 국민에게는 미군과 한국군은 대비된다. 한국군이 미군과 유사한 시기가 있었다. 베트남 파병 시기다. 한국군 베트남 파병의 정당성 여부를 떠나, 당시의 한국군은 한국의 경제발전을 위해 피를 흘리고 희생한다고 한국 국민이 인식했고 그들을 존중했다. 실제로 한국군의 파병 대가는 군인 개개인에 대한 것보다 미국이 그 대가로 제공한 군사 및 경제 원조였다. 한국 군인이 피를 흘린 대가였다. 이러한 맥락에서 한국 정부가 한국군의 베트남전 파병 대가를 요구하고 이에 부응하여 막대한 군사적, 경제적 원조와 지원을 약속한 것을 당시 주한미국대사 윈스럽 브라운Winthrop Brown이 1966년 3월 4일 이동원 외무부 장관에게 보낸 브라운 각서Brown Memorandum의 내용에서 확인할 수 있다.[132]

현재 글로벌 탑10 국가로의 발전이 본격적으로 시작된 1960, 1970년대 한국의 경제산업 발전과 군사안보 성장에 필수불가결한 미국의 원조를 확대하는 데 한국군이 기여했다. 매우 위험한 가정이지만 만약 어떠한 세계 정세에 따라 이러한 한국군 파병이 1980년대 이후 지금까지 지속되었다면 한국군에 대한 인식과 그에 따른 위상은 현재와 완전히 달랐을 것이다. 1950년대 초반 한국군은 200만 명의 사상자를 낸 피비린내 나는 전쟁을 치른 이후 북한의 군사적 위협을 현재까지도 잘 막아냈지만 2020년대 중반 현재는 '가시성visibility', 곧 눈에 보이는 희생이 거의 없는 국가의 한 행정공무원 조직과 비슷한 존재로 인식된다. 연구 중 만난 공군 부사관과 해병 부사관은 이렇게 표현했다.

"저는 어떻게 보면 다른 나라에 비해 우리나라가 실질적으로 전쟁을 하지 않고 유지만 해와서 군의 중요성을 잘 몰라주니 아쉽습니다. 당장 제 동생도 군인은 맨날 놀지 않냐고 핀잔을 줍니다."

"제 친구들도 자기들이 내는 세금으로 아무것도 안 한다고 이야기해요. 그들도 다 의무복무로 군생활을 했고 그 경험에 비췄을 때 군인이 전쟁을 치르지 않는 이상 우리가 미국처럼 대우받거나 영웅으로 여기거나 나라를 위해 희생했다는 개념이 없는 나라지 않습니까?"

한국군의 여전한 원죄, 쿠데타

한국군은 1960년과 1980년 두 번의 군사쿠데타로 한국의 민주주의 정치체제를 파괴하고 군부 권위주의 정권을 수립해 독재를 행한 원죄가 있다. 현대 국가의 군은 가장 기본적으로 그 국가와 국민의 안위를 수호하고 타 국가와의 군사 분쟁에서 승리하는 것이 목적이다. 당연히 군은 국내 정치에 중립을 지키고 관여하지 않으며 민간의 궁극적인 통제를 받는다. 민군 관계의 원칙을 송두리째 뒤집고 중립은커녕 기존 민간 정부를 전복하거나 억압하면서 국가의 통치권을 장악한 뒤, 민주화가 된 1987년까지 27년간 군사독재를 행했다. 군사정권하에서 군인들, 특히 고위 장성급 장교들은 국가의 이익보다 군대 조직의 이익, 그리고 군인의 사사로운 이익을 우선시하고 일반 국민과 민간 엘리트를 탄압하는 최일선에 섰다.

각 군의 사관학교, 특히 육군사관학교는 '출세길'로 통했고 뛰어나지만 뒤틀린 인재들 또한 다수를 빨아들였다. 현대 군조직에서 가장 금하는 사조직인 파벌을 형성했고, 이러한 권력 지향적 조직화를 통해 군사정권을 유지하고 재생산하는 한국 내의 정치적 구조를 구축했다. 전두환과 1980년 2차 군사쿠데타를 주도한 장성급, 영관급 장교들이 조직, 운영하고, 1987년 민주화 이후에도 형형하게 유지되며 제3의 군사쿠데타 가능성을 상정하도록 한, 민주주의 공고화를 본격화한 김영삼 대통령이 취임 즉시 숙청 및 해체한 '하나회'가 바로 그 대표적인 사례다. 27년의 군사독재 기간 동안 정치군인들과 이들이 동원한 '군홧발'은 '부마항쟁', '광주민주화운동' 등에서 자국민을 학살하고 탄압하는 민주주의의 적으로 존재했다.

한국의 일반 국민은 한국군을 이 맥락에서는 부정적으로 볼 수밖에 없다. 민주화가 된 직후의 1990년대, 2000년대를 지나 40년이 다 되어가는 지금도 한국군, 특히 군을 이끌어가는 고위 장교에게 의심스런 눈초리를 보내며 끊임없이 경계하는 국민이 많다. 자국민을 죽이고 다치게 하고 탄압하는 군대는 존재해서는 안 된다. 자신들에게 선한 존재가 아니라 '필요악'으로 한국군을 취급하는 것이다. 비서양 개발도상국에서 군사쿠데타가 끊임없이 일어나고 군사독재하에서 신음하는 국가의 사례가 반복될 때마다 한국 국민은 한국군을 무서운 내부의 잠재적인 적으로 간주하는 마음을 감추기가 어렵다. 한국 국민은 한국군이 문민통제하에 '제복 입은 시민'으로서 '전문 직업군인'으로서 정치 중립 및 비관여 의무를 체화했다고 명확하게 인정하지 않는다. 게다가 2024년 12월 3일 한국에서 세 번째 쿠데타가 발생했다. 이를 주도한 세력이 국군통수권자 대통령을 비롯해 국방부 장관을 포함한 육군사관학교 출신 고위 장성들이다. 언제든지 군사독재로 회귀할 수 있다는 공포가 한국을 휩쓸었다. 이러한 측면에서도 한국군은 미군과 다르다. 미군과 같은 사회의 긍정적 인식과 대우를 받기 어렵다.

군인이 되고 싶어도 되지 못하는 한국 청년들

그런데도 한국군은 미군처럼 되고 싶어 한다. 아니 더 정확하게 이야기하면 앞에서 말한 한국군의 한계를 명확하게 인지하는데도 한국 군인 중 장교와 부사관은 미군처럼 대우받고 싶어 한다. 실제로 한국군, 특히 모병제를 통해 복무하는 대부분의 장교와 부사관은 앞에서 언급한 군사정권하 그리고 그 이후에도 국가 안위에 위협이 되는 소수의 고위 장성과는 근본적으로 다른 전문 직업군인으로 살아가기 때문이다.

1990년 전에 입대한 사람은 대부분 이미 전역했고 현재 한국군의 중추가 되는 영관 및 위관 장교 그리고 중사, 상사 부사관은 2000년 이후 입대자가 대부분이다. 현재 한국군의 치명적인 인력 문제 대상이 되는 인원은 장기복무의 경우는 2010년 이후, 입대 및 단기복무의 경우는 2020년 이후 입대한 인원이다. 곧 1990년대 이후 출생자, 흔히 MZ세대라고 하는 디지털 네이티브 세대다. 현재 20대와 30대란 뜻이다. 한국의 대다수 국민, 특히 여러모로 동기화된 청년층이 강남아파트로 상징되는 도시국가 서울과 수도권으로 이주하며 글로벌 탑10 한국의 높아진 삶의 질을 누리기 위해 합리적인 선택을 하는 시기에 성장했다. 애국심과 사명감 중심의 제도 군인보다 합리적 경제적 보상체계 중심의 전문 직업군인으로의 정체성과 세계관이 명확한 현 세대의 장교와 부사관은 한국의 보통 국민처럼 동기화되어 있고 자신의 노동에 대해 정당한 또는 상대적으로 납득할 수 있는 경제적 대가를 바란다. 그러나 현실은 그렇지 않다. 한 해군 부사관은 이렇게 표현했다.

"금전적인 건 내가 한 만큼 받아야 되는 게 가장 크잖아요. 우리 세대는 IMF 때 입대해서 밖에 나가면 지옥이다 이렇게 가스라이팅 당해서 남아 있었다면 지금 세대는 유튜브라는 강력한 매체가 있어요. 그러니 다른 나라 군하고도 비교할 테고 자기 또래에 어떤 직장을 가졌을 때 얼마를 벌고 어떤 대우를 받는지 뻔히 다 아는 사람들이 들어온 겁니다."

일단 장교와 부사관으로 자원입대하여 선발되고 기초 및 주특기 훈련을 받고 소위와 하사로 임관하면 첫 월급이 세금 공제하기 전 2025년 기준 소위 194만 원, 하사 193만 원이다.[133] 200만 원이 안 된다. 중위로 진급하면 240만 원, 중사로 진급하면 230만 원 정도를 받는다. 여기에 여러 형태의 수당과 복지 지원이 추가된다. 예를 들어 주택수당으로 미혼 월 8만 원, 기혼 월 10~15만 원 등이다. 초급 장교와 부사관용 독신자 숙소도 제공되고 가족 관사도 대기 순번제로(6개월~2년 대기 기간) 제공된다. 그러나 독신자 숙소와 관사의 여건은 열악하기로 악명이 높다. 여기에 추가 근무 수당 등을 합하면 기본 월급의 15~25%를 더 받는 셈이다.

그래도 초급 장교와 부사관의 임금 자체만으로는 2025년 최저임금인 209만 원보다도 낮다. 참고로 미국은 소위 679만 원, 하사 508만 원, 독일은 소위 511만 원, 하사 434만 원이다. 여기에 주택, 보건, 특근, 위험 수당을 더하면 총수령액은 기본급의 140~150%에 달한다. 미국, 독일과의 비교도 비교지만 일단 이들 MZ 초급 장교들이 또래의 대기업, 중견기업 수입과 자신의 수입을 비교해볼 때 자괴감이 들게 된다. 중사, 상사, 중위, 대위가 되어도 이 상대적 빈곤감에서 벗어나기 어렵다.

병사 월급이 초급 장교, 부사관보다 많다?

상대적 빈곤에 따른 박탈감에 시달려오던 장교와 부사관에게 결정적인 한 방을 먹이고 줄줄이 전역하거나 자원입대 희망자의 의지를 확실하게 꺾어버린 사안이 바로 병사 월급 200만 원 정책이다.[134] 2020년대 들어 급격하게 오른 병사 월급은 월급과 내일지원금을 합쳐서 205만 원으로, 임관한 소위와 하사의 월급보다 높아졌다. 병장이 205만 원, 하사가 193만 원, 소위가 194만 원이다. 물론 기본급 이외에 소소한 당직근무비, 시간외근무수당 등을 더하면 월급 총액은 병사보다 많다. 그러나 월급이 전액 비과세인 병사와 달리 이들은 소득세, 지방소득세, 건강보험료, 군인연금공제 등을 제하고 병사에게 지급되는 피복, 식사, 주거 관련 비용은 고스란히 자비로 충당해야 함을 고려하면 이들의 경제적 보상은 자신들이 평시와 전시에 지휘해야 하는 하급자인 병사보다 훨씬 못하다.

동기화된 MZ세대 청년들이 경제적인 합리성을 거스르면서 초급 간부로 입대할 것이라고 생각하는 것이 난센스다. 당연히 부사관과 초급 장교의 70%를 구성하는 학군장교 루트도 비매력, 비호감이다. 달리 말하면 이 직업군에 적합하고 애국심과 사명감의 공적 가치관이 충만한 청년 인재조차 합리적으로 계산하면 군인이 되어서는 안 된다. "병사 월급을 급하게 올려준다고 했을 때 우리 초급 간부들 월급 관련해서도 계획이 있는 줄 알았어요." 연구 인터뷰 중 만난 한 공군 부사관이 어이없다면서 되뇌었다. 병장 기준 2017년 처음으로 21만 6,000원으로 인상되더니 2022년 67만 6,100원, 그리고 2025년 205만 원이 되었다. 정말 입이 떡 벌어지는 인상률이다. 문재인 정부에서 공약으로 2020년까지 당시 최저임금의 50%인 70만 원 수준 인상을 제시했고 실행했으며, 윤석열 정부는 아예 200만 원을 공약으로 내세우고 충실히 이행했다.

한국전쟁 이후 70년 이상 전면전이 없었던 국가의 국민, 곧 징집되어 강제로 군대를 가야 하는 남성 청년과 그들의 부모들의 표를 얻기 위한 포퓰리즘이라고 비판하지만 우리가 이 책에서 살펴본 한국의 경제산업적 수준과 사회인구적 상황을 고려할 때 비합리적인 정책은 아니다. 엄격한 병역법으로 병역기피가 만연하지 않지만 현재 급감하는 징집 대상 청년 인구를 감안할 때 병역저항을 선제적으로 감소시키는 효과는 분명히 있다. 그리고 현재 징집되어 입대하는 인원의 절대 다수가 대학 졸업 또는 대학 재학 학력자로 높은 교육 수준을 갖춘 인력이다. 물론 이 고학력자가 전투력 높은 병사로 자동 치환되는 것은 아니지만 이에 걸맞은 경제적 보상은 합리적이다. 다른 각도에서 보면 글로벌 탑10 국가 한국은 말도 안 되는 임금으로 그동안 너무 '저렴하게' 징병 인력을 써온 것이다. 이는 초급 장교와 부사관에도 그대로 적용된다.

중위, 소위, 중사, 하사 병력의 캐즘 현상

아무튼 문제는 저 부사관의 말처럼 '대책 없이' 정책을 시행했다는 것이다. 초급 부사관, 장교의 월급도 향후 5~10년 동안 급격하게 상승한다. 이러한 조치로 궁극적으로는 합리적, 경제적 판단에 더해 군인 직종에 적합하고 선호하는 인적 자원이 다시 돌아올 가능성이 높다. 그래서 희망적으로 2025~2035년까지 초급 및 중견 간부 캐즘 현상으로 귀결될 것으로 본다. 그러나 병사보다 못한 처우를 받는 부사관과 초급 장교라는 인식과 평가가 한국 사회에 확실히 뿌리내렸고, 향후 급격한 초급 간부 월급 및 수당 인상을 통해 다시 병사와의 급여 차이가 어느 정도 벌어진다고 하더라도 이를 뒤집기는 중단기적으로 어렵다.

또한 더 근본적인 문제는 대학 재학 이상의 고학력자가 대부분을 구성하는 병사를 지휘할 수 있는 매우 뛰어난 정신적, 육체적, 지적 능력이 있는 인적 자원으로 초급 간부가 구성되어야 하는 현실이다. 1990년대 이후 급격히 늘어난 대학 입학 비율은 2020년대 70% 이상으로 유지되어 자동적으로 병사의 학력이 높다. 물론 학력이 역량과 정비례하지 않는 경우도 있지만 현재 일선 부대에서 병사들이 초급 장교와 부사관보다 역량이 뛰어난 경우가 많아 여러 형태의 부작용과 부조리가 나타나고 있다. 다시 말해 중위, 소위, 중사, 하사가 병장, 상병 등을 지휘통제하지 못하는 경우가 많아졌다. 당연히 지켜져야 하지만 군의 위계질서를 준수하기 어렵게 만드는 상황이 여러 군내의 인권 및 사생활 보호 규정과 결합하기도 한다. 전투가 벌어졌을 때 이들 병사가 소대장, 부소대장의 명령을 따를지 미지수인 매우 위험한 상황이 전개되고 있다.

이와 결합되는 인력 문제의 중요한 근원은 장교, 부사관과 병사의 의무복무 기간의 벌어진 격차다. 한때 3년(36개월)에서 2년 4개월(28개월) 정도였던 병사의 복무기간은 병사는 육군 18개월, 해군 20개월, 공군 22개월로 짧아졌다. 국가의 법률에 의거해 병역기피자가 되지 않기 위해서 '하기 싫은, 젊음의 낭비 같은' 국방의 의무를 신속하게 수행하고 무한 경쟁이 기다리는 진검승부의 취업시장에 뛰어들 수 있다.[135] 단기복무 부사관의 의무복무 기간은 4년(48개월), 단기복무 장교(학군장교, 학사장교)는 3년(36개월)이며, 장기복무 장교(사관학교)는 10년(120개월)이다. 특히 장기복무 가능성을 갖고 한국군의 중추 역할을 할 수 있는 단기복무 장교와 단기복무 부사관은 일반 병사와 비교해 최소 2배, 최대 3배의 복무기간을 준수해야 한다. 기존에는 시기별 차이는 있지만 1.5배 정도였다. 장기복무 직업군인이 되고 싶은 한국의 청년도 그리하기 어렵다.

다시 한번 강조하는데 전쟁이 발발하면 최전선에서 싸워야 할 병력이 이들이고 이들이 전사하거나 부상을 입었을 때 후방에서 충원되어야 할 병력도 이들이다. 한국군이 병력 구조상의 초급 간부 캐즘을 겪으면서 전투력이 극도로 낮아지는 향후 10년간 혹시라도 전면전이 발발한다면 어떤 결과가 나올지 생각만 해도 아찔하다.

화석화된 휴전선 경계병력 중심 작전계획의 늪

국방군사 측면에서의 피크 코리아 현상은 2020년대 한반도와 인도-태평양 지역의 군사 지형 변화에 부응하지 못하는, 한국군의 시대에 뒤떨어지고 지속가능하지 않은 군사전략에서도 나타났다. 치열한 참호전으로 귀결된 한국전쟁 이후 현 휴전선 대치 체제가 고착화된 1950년대에 시작되어 1980년대 정도까지 유효했던 전쟁 수행 개념이 아직도 한국군 전략 전반을 지배하고 있다. 1953년 휴전 이후 취약한 군사력을 최대한 방어에 집중하기 위해 휴전선 중심의 지상 위협 대응에 군사력, 특히 병력 운용을 집중하는 '전방방어전략'에 올인하고, 해양과 공중의 위협은 동맹국인 미국의 군에 의존하는 기본 구조다.

간단히 요약하면 이렇다. 한국군은 군사분계선 Military Demarcation Line 155마일(약 250km) 길이에 2km 폭으로 전개된 총 500km² 비무장지대 Demilitarized Zone 지역 전체에 육군 지상군 중심 대규모 경계 병력을 군사분계선 지역의 전방초소 GP와 일반전방초소 GOP에 배치하여 북한군의 침공을 탐지하고 방어하는 군사작전 개념에 기반한

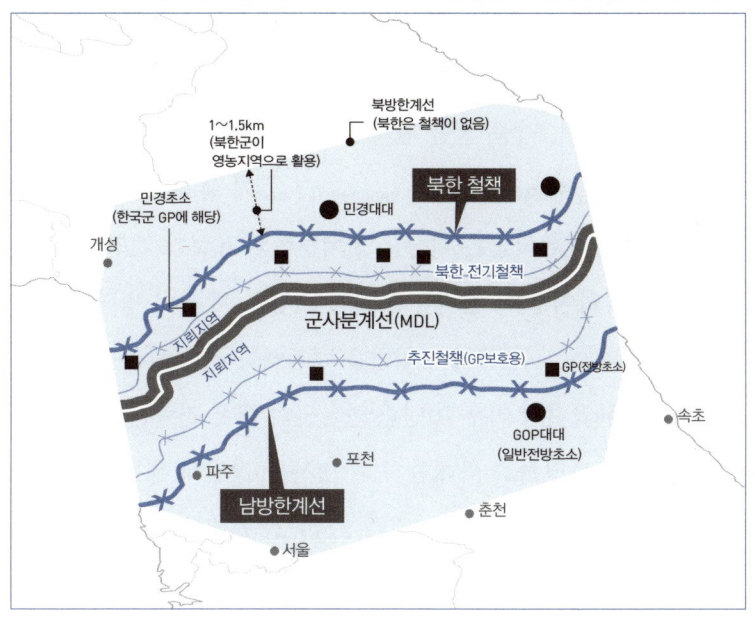

출처: 저자 자체 제작

다. 군사분계선에서 조금 뒤에 배치된 전투지역전단FEBA 지역에 있는 사단들의 후방 연대, 예비 및 동원 사단까지 합하면 육군 병력의 70% 이상 절대 다수가 이 지역에 배치되어 다층적 방어체계를 구성한다.[136]

이 군사전략, 정확히는 작전계획은 서울과 수도권을 방어하기 위해 수립되었다. 곧 휴전선 지상경계병력의 대규모 소모를 통해 북한군의 선제공격을 막아내고 한국군은 미군의 지원을 받아 역공세를 시도하는 방식이다. 충격적으로 어이없는 사실은 한국과 미국, 합동 워게임war game 등에 따르면 전면전 개전 후 10일 안에 이

전방경계병력의 70%가 소멸한다는 것이다. 2020년대 중반인 지금, 이미 막강한 한국과 동맹국 미국의 정보자산을 통해 북한군의 세밀한 움직임을 대부분 포착하고, 한국의 우수한 무기체계가 전 세계로 수출되며, 각종 첨단 전자장비를 비롯하여 인공지능 기반 유무인 복합체계MUM-T, Manned-Unmanned Teaming가 본격적으로 도입되고 있다. 그런데 한국군은 지상군 정예병력의 70%가 개전 10일 만에 바로 전사하여 회복 불가능한 타격을 입은 채 잔여 병력과 미국 증원군이 북한으로 진공하여 침략을 격퇴하는 전략을 아직도 고수하고 있다. 한국전쟁 이후 70년간 한국군의 근본 전략은 우수한 장교, 부사관을 모병하고 막대한 수의 병사를 징집해 휴전선 근처에 인의 장막으로 깔아놓는 것이었다. 그리고 그 기본 작전계획 개념은 여전히 변함없다.[137]

조금 더 자세히 분석해보자. 군사전략적으로 전방경계 중심 작전은 다층적 방어체계를 통해 적의 공격 의지를 억제하고 침략 비용 상승 효과를 꾀하는데, 적의 기습공격 성공 가능성을 저하시킬 목적으로 수립된 방어적 거부defensive denial 전략이다. 이러한 작전계획은 전시 초기에 방어할 시간을 확보하는 데 초점이 맞춰져 있으며 북한의 속전속결 전략에 대응하는 시간 지연 전략으로서 한미 연합방위체제 구조에 기인한다. 한국군 경계병력의 희생으로 초기 방어를 하고, 그동안 미군의 증원 전력이 전개되도록 시간을 버는 계획이다. 한국군은 방패이고 미군은 창의 역할인데 미군 입장에서는 한국군이 직접적인 대규모 병력, 전력 손실을 감수하면 자신들의 작전계획 운용성 및 유연성이 크게 제고되므로 큰 문제가 되지 않는다. 자료 수집 중 만난 한 관계자는 오히려 이렇게 무리한 작전계획이 한국에 괜찮겠느냐는 의견을 한국군에 전달해온다고 말했다.

육군만의, 육사만의 한국군인가?

경제산업 급성장에 기반한 통합적 국가역량의 성장을 발판으로 글로벌 군사력 5~7위권에 올랐고, 최첨단 무기체계를 갖춘 한국군이 이와 같은 비합리적인 작전계획 및 이에 따른 구조적 특성을 유지해왔다. 당연히 육군, 해군, 공군, 해병대 각 군의 인력, 부대구조, 예산 등이 과도하게 차이가 나는 불균형 상태가 극심하다. 이러한 구조적 불균형은 냉전기 권위주의 체제하 한국의 정치 상황과 연계되어 있다. 두 번의 군사쿠데타로 집권한 박정희 대통령의 제3, 제4공화국과 전두환 대통령의 제5공화국 27년간 한국은 육군과 그들의 지휘그룹인 육군사관학교 출신 고위 장성이 국가를 지배하는 환경이었다. 국가의 여러 경제산업적, 사회인구적, 정치제도적 결과들뿐만 아니라 한국군 최고지도부를 육사 출신이 장악하고, 해군과 공군이 보조적, 제한적 역할에 국한되는 결과도 낳았다.

다시 말해 한국군의 구조적 불균형은 2020년대의 환경에 부응하는 효과적인 군사력 건설과 운용을 위한 합리적인 의사결정을 저해하는 요인이다. 이미 한국의 국방군사 체계는 정점을 지나도 한참 지난 것이다. 늦어도 1990년대 이후 대북한 군사력의 열세,

미·소 냉전 진영 경쟁 등 그 형성 요인이 소멸한 후에도 여전히 비합리적인 한국군 구조가 유지되는 것은 '경로 의존성path dependence', 곧 과거에 형성된 관행이나 제도, 규격, 제품 등에 익숙해져 이에 의존하게 되어 시간이 흘러 변화가 필요한데도 이를 탈피하지 못하는 현상이 작용하기 때문이다. 북한의 군사적 위협에 대한 높은 경각심에 따라 국방부 장관을 포함한 국방군사 정부 영역의 핵심 주요 직위 대부분을 군 출신 인사로 충원해왔고, 대부분은 육군 출신이었다. 이는 국방부를 비롯한 국방군사 분야 의사결정에서 육군 중심의 상황인식과 판단이 주도하는 조직문화적 구조로 굳어졌다. 이러한 육군 중심 조직문화 및 의사결정의 경로 의존은 2000년대, 2010년대에도 꾸준히 이어졌다.

2000년대 후반부터 2010년대 이명박, 박근혜 정부는 노무현 정부에서 도입한 '공세적 억제 전략'에서 공격 요소를 더 강화한 '적극적 능동 억제' 개념을 도입했다. 북한의 도발 징후를 사전에 포착하고 선제적으로 공격 대응하여preemptive attack 도발 의지 및 능력을 무력화하고 침공이 실제로 본격화되면 즉각 핵심 전력을 소멸시키는 개념이다. 3-K라고 일컫는 킬체인Kill Chain, 한국형 미사일방어KAMD, 대량응징보복KMPR을 위해 한미 연합 감시 자산을 활용해 북한의 군사 동향을 철저하게 감시하여 작전 대응에 신속히 반영하는 구조를 갖게 된다. 이러한 작전계획은 여전히 육군이 주도하며 지상병력의 70%를 휴전선 경계임무에 배치한 구조는 변함없다. 2010년대 후반에서 2020년대 초반 집권한 문재인 정부의 '군비통제'와 더불어 '최단시간 내 최소피해' 개념도 추가되었으나 경계병력 중심 기조는 변함이 없었다.

조금 더 전문적으로 보면 중요한 작전계획상의 변화는 1974년 한국군과 미군 사이에 수립, 확립되고 2년마다 개정된 '작전계획 5027'이 '작전계획 5015'로 개정된 2015년에 발생했다. 전자는 방어에만 치중했다면 후자는 방어와 공격을 동시에 하는 개념을 채택했다.[138] 기존의 작전계획 5027은 북한의 전면전 도발 시 북한의 공격을 막아내며 휴전선 남쪽 20~30km까지 저지하고, 전열을 재정비하면서 전쟁 발발 90일 이내에 대규모 한반도 주둔 미군에 더한 증원군(대략 병력 69만 명, 항공모함전단 5개의 함정 160척, 항공기 1,600대)이 한반도에 도착하는 90일까지 휴전선 경계 지상병력 중심으로 방어에 치중하고, 그 이후에 북한 지역으로 진공하여 북한군을 패퇴시키는 개념이었다. 구체적으로 미군의 신속 억제전력 배치(1단계), 북한 전략목표 파괴(2단계), 북진 및 대규모 상륙작전(3단계), 점령지 군사통제 확립(4단계), 한국 정부 주도의 한반도통일(5단계)로 구성된다.

개전 후 첫 90일 동안 한국군 정예부대(대부분 육군)는 거의 소멸될 가능성이 높고 거대한 규모의 미국 증원군이 오리라는 보장이 없다. 2015년 개정된 '작전계획 5015'는 북한의 침공으로 발발한 전면전에서 우선 침공 징후 포착 시 '합동요격지점 Joint Designated Point of Impact'으로 지칭되는 북한 정권 지도부 및 핵전력을 포함한 핵심 군사시설 700개 소에 선제타격을 실시하고, 개전 이후 증원된 미군이 도착하기 전에 주일미군에 배속된 항공모함전단, 전투기, 원자력잠수함, 해병대를 동원하여 휴전선 지역을 방어하는 동시에 즉

각 공격도 실행하는 개념이다. 상당히 진전된 개념이지만 여전히 전면전 개전 후 10일 이내에 휴전선 근처 정예병력이 70% 이상 소멸되는 것은 크게 변함이 없다. 2025년 개정된 '작전계획 5025'에서도 핵미사일 위협에 대한 선제적 억제와 대응을 체계화한 '핵 대응작전Counter Nuclear Operations'이 추가되었을 뿐이다. 민간 군사전문가를 비롯해 해군, 공군, 해병대뿐만 아니라 육군 내에서도 이 작전계획의 비효율성, 비효과성을 강하게 비판하지만 누구도 공개적으로 거론하거나 개조하려 하지 않았다.[139]

반복해서 실패하는 군 개조 시도

2000년대 이후 한국군 지도부, 그리고 좀 더 확장해서 국가안보 핵심 보직에서 보수 집권 시 육군사관학교 출신이, 진보 집권 시 해군, 공군, 그리고 비육군사관학교 출신이 주로 활동하는 상황이 번갈아가며 발생했다. 국방부의 주요 실무 보직에서는 육군 중심이 변함이 없었지만 이러한 한국 양대 집권 세력과 각 군 수뇌부의 '협력', '배제', '유착' 관계도 한국군의 구조적인 문제로 굳어졌다. 예를 들어 2017년 집권한 진보 정부 때 육군사관학교 출신은 배제되면서 해군 송영무 장관, 공군 정경두 장관, 그리고 마지막에 육군(육사, 광주 출신) 서욱 장관이 임명되었고, 특히 남영신 육군참모총장은 육군 창설 이후 역대 첫 학군장교ROTC 출신이었다.

그러나 2022년 보수 정부 들어서 육사 출신이 다시 압도적으로 지휘부를 장악했다. 국방부 장관은 육사 출신 신원식, 김용현이었으며, 대장 7명(육군 5명, 해군 1명, 공군 1명, 해병대 0명)이 모두 물갈이되었고, 육군 대장 5자리 중 학군사관 출신이 임명된 육군 2작전사령관을 빼고 4자리를 모두 육사 출신이 차지했다. 초대 대통령 경호처장(차관급)이었던 육사 출신 김용현을 국방부 장관으로 임명하는 동시에 대통령실 국가안보실장(장관급)에 신원식 국방부 장관이 임명되었다. 또한 국가안보 관련 핵심 요직인 국가안보실 2차장, 국방부 차관, 국가정보원 1차장 모두 육사 출신이다.[140] 의심할 것 없이 이들은 철저하게 육군 중심, 육사 중심의 의사결정을 할 수밖에 없는 인적 자원이다. 이들 중 다수가 2024년 12월 3일 '친위 쿠데타'의 핵심 인물이란 사실도 상기해야 한다.

육해공해병 관련 정책 각각에 대한 각 군의 이해도, 호감도, 이해득실 계산이 다르며 '소군'으로 정의되는 해군, 공군, 해병대의 역할은 의사결정 과정에서 좌절되거나 축소된다. 국방개혁 정책이 논의될 때마다 육군이 주도하는 국방부 자체의 논의 내에서 수용되지 못한 정책 제안이 국회나 여론의 지원으로 추진되는 경우, '자군 이기주의'로 이를 비판받는 경우가 많았다. 앞에서 언급했듯이 극단적으로 관료제화한 조직인 한국의 육군, 해군, 공군, 해병대 모두 자신들의 조직을 보호하고 확장하려는 경향이 당연히 있다. 그러나 육군 중심의 구조적 불균형을 유지, 확대하는 한국군의 공식 의사결정 구조에서는 '자군 이기주의' 프레임은 주로 해군, 공군, 해병대를 억제하는 수단으로 활용되는 경우가 대부분이었다.

지상 육군 중심의 대북 위협 대비에서 벗어나 전방위의 다양한 실질적 위협에 대비하려는 노력은 이런 구조적 불균형, 조직문화 때문에 많은 제약을 받는다. 한국군 최고 지휘조직인 국방부, 합동참모본부 내부의 의사결정 과정은 철저히 육군 중심으로 이루어지고, 이는 육군 주도로 좀 더 정확하게는 육군사관학교 출신 장성과 영관급 인적 구성에 좌우된다.[141] 곧 한국군 전체의, 또는 합동군으로서 현재 가장 효과적인 군사력 및 군사전략 수립이 육군 조직의 이해관계에 배치되면 실무 단계에서부터 최종 결정 단계까지 강력한 저항을 받게 된다. 너무도 당연히 철저하게 육군 중심으로 관료제화된 조직에서 벌어질 수밖에 없는 현상이다. 자신들이 속한 조직의 이익을 지키려는 행위는 매우 합리적이다. 조직이 자신의 진급과 권력, 그리고 전역 후의 삶을 좌우하기 때문이다. 육군 장교나 예비역의 잘못이라고 할 수 없다. 화석화된 구조를 그대로 내버려둔 지난 20년 집권 세력들의 잘못이다.

　육군 중심의 의사결정과 관행이 한국군 의사결정의 근간이다. 당연히 지상군 병력 방패막이 희생 전략과 연계되어 한국군의 가장 큰 문제는 육군, 해군, 공군, 해병대 병력 및 예산 비대칭 구조다. 상당한 전문성이 전제되어야 하지만 일단 대략적으로 한국군 내의 비중을 10으로 설정하면 육군 8~7.5, 해군(해병대 포함) 1.5~1, 공군 1로 8:1:1이다.[142] 2025년 기준 병력 구성상 육군이 365,000명, 해군 41,000명, 해병대 29,000명, 공군 65,000명으로 구성되어 있으며 그 비율을 보면 7.3:1.4:1.3이다. 전력 운용 예산은 육군 18조 9,538억 원, 해군 4조 1,065억 원, 해병대 1조 2,715억 원, 공군 5조 6,585억 원으로 그 비율은 6.3:1.8:1.9다. 새로운 무기 구매에 관한 예산인 방위력 개선비는 명확히 각 군별 예산이 발표되지 않지만 상당히 불균형한 구조다. 이러한 육군 편중 구조는 지난 몇 년간 조금씩 개선되었지만 여전히 한국군의 육군 경계병력 중심 작전계획에 매여 있어 합동군의 균형 잡힌 전력과 작전계획 실행을 막고 있다.

더 근본적인 문제는 군의 문민화 설계 실패에 있다. 특히 정책과 전략 기능의 비군사화가 이루어지지 않았다. 현재 국방부는 예산, 방산, 정보화 분야는 민간 공무원을 중심으로 개편되었지만, 전략 기획 및 군정 통제 부서는 여전히 현역 또는 예비역 장성 중심의 구조다. 육군 중심뿐만 아니라 한국군 전체적인 구조 개조는 정체된 상태다.

거꾸로 가는 한국군의 축소지향성

또 하나의 근본적 문제는 한국의 군사 분야 최상위 개념인 독자적 군사전략이 명확하지 않다는 사실이다. 1999년에 처음으로 제대로 수립된 한국의 군사전략은 미국과의 합동군사전략 JMS, Joint Military Strategy이 실질적으로 모두다. 앞에서 설명했듯이 대략적으로 북한 군사위협 대비 평시와 전시로 구분하되 '평시전략'은 평화유지 중심으로 억제하는 것이고, '전시전략'은 최단 시간 내 전승을 추구하는 것이다. 다시 말해 한국 독자적인 군사전략은 존재하지 않지만 나름 자주적인 작전권을 확보하면서 한국과 미국 연합전력으로 북한 및 주변 적대국의 군사적 도발을 억제하는 것인데, 이는 미국이 부여한 전략 개념이다. 곧 한국 군사전략은 능동적 억제전략과 한미전략동맹이 두 축이고 북한의 군사위협에 대응하기 위해 강력한 한미연합전력을 구축, 활용한다는 전제에 기초한다. 그러나 한국은 국가안보전략, 국방전략, 군사전략, 그리고 가장 하위인 작전계획까지 체계적으로 개념 및 실행 설계를 하지 못했다.

좀 더 나아가 기존의 사고 틀을 깨는 방향으로 논리를 진전시켜 보자. 한국군의 작전계획은 항상 북한의 군사전략 개념과 실행에 수동적으로 반응하는 형태였다. 왜 그래야 하는가? 왜 북한이 아니라 한국과 미국이 주도하여 북한이 이에 반응하고 변하게 만들면 안 되는가? 북한은 핵무기 및 운반체계 전력을 포함하여 지속적으로 군사력을 증강해왔고, 주요 육해공 전력을 평양-원산선 아래로 배치했다. 또한 북한군의 기본 군사전략은 기습침공을 전제로 한 정규전 및 비정규전 하이브리드 전쟁 형태로 전쟁의 주도권을 장악해, 다연장로켓 및 자주포 등의 대규모 화력 공격과 기계화 기동부대로 서울 및 수도권을 점령하고, 작전계획 5027에서 제시한 미군 증원군이 도착하기 90일 이전에 전쟁을 종결하는 것이다.[143] 작전계획 5015에서 방어공격 동시 전개 개념을 도입했지만 여전히 북한군 침공과 한미연합군 방어 대응 구조는 동일하다. 한국군이 주도할 수는 없는가? 한국군의 국방군사 전략은 이미 정점을 지나도 한참 지났다.

한국군의 육군, 육사, 휴전선 지상경계병력 배치 방어 중심 작전계획은 철저하게 한미동맹 구조에 기반하고 있다. 그러나 한국전쟁 이후 지속된 미국의 대서태평양 전략은 지난 10년간 근본적으로 조정되었고 이러한 미국의 군사전략 변화는 한국군의 작전계획 변화를 요구한다. 미국 글로벌 전략의 중심을 유럽 및 중동에서 아시아 지역으로 전환하는 과정은 이미 2010년대 초반부터 구체화되었다. 이에 따라 미국의 해외 주둔 재배치도 '해외 주둔 미군 재배치 검토Global Posture Review'에 근거해 이미 실행되고 있고 그 중심은 인도-태평양 지역이다. 미국은 인도-태평양 전략Indo-Pacific Strategy을 개념화를 거쳐 신속히 실현하면서 기존의 미군 태평양 사령부Pacific Command를 인도-태평양 사령부Indo-Pacific Command로 확대 개편했다.[144]

  미국의 변화된 외교군사 전략의 핵심은 당연히 중국이며 부차적으로 북한이 중요한 적국으로 상정되어 있다. 이에 미국이 요구하는 한국군의 역할도 당연히 변화해간다. 한국전쟁 종전 이후 냉전기를 거치고 중국이 패권 도전국으로 부상하는 시기까지 미국의 태평양 전략 중 특히 동북아시아 전략은 작전계획 5027에서 잘 나타나듯이 한국은 북한 군사력을 억제하고 패퇴시키는 역할, 특히 한반도 육상에서의 역할이 핵심이었다. 아직도 한국군과 보수, 진보 집권 세력 모두의 머릿속에 깊이 박혀 있는 구조, 곧 한국은 육군력을 담당하고, 미국이 공군력과 해군력을 맡는다는 기본적인 구조다. 좀더 나아가 한반도, 동북아시아 전구theater(전쟁에서 중요한 군사적 사건이 일어나고 진행되는 지역)에서 미국의 양대 동맹국인 한국과 일본의 역할 분담도 유사하게 한국이 육군력 중심, 일본이 해군력과 공군력 중심으로 구축되어 있었다.

  그러나 현재 미국에 북한보다 더 크며 당면한 군사 적대국은 중국이다. 미국은 일본과 더불어 한국에도 이러한 미국의 인도태평양 군사전략에 맞추어나가도록 요구하기 시작했다. 대북한 억제 위주를 넘어서 최소한 서태평양 일부와 중국과의 군사적 경쟁의 일부를 담당하라는 것이다. 트럼프 2기 정부는 여기에 더해 한국에 여러 형태의 한국군 자체 및 연합 전력을 강화하도록 요구하고 있다. 군사 영역에서 한국의 방어는 한국이 책임지고 서태평양의 대중국 방어와 억제에도 적극적으로 참여하라는 기본적인 요구다.

한반도를 넘어서는 한국군의 힘의 투사는 어디에?

이러한 맥락에서 한국 해군의 한반도를 넘어선 투사력power projection을 요구받는 상황이다.[145] 미국의 인도-태평양 사령부는 막강한 항공모함전단을 기반으로 한 7함대를 운영하고 이를 보완하는 일본의 최상급 해군력으로도 중국을 동중국해, 남중국해, 남태평양, 그리고 북극해에서 억제하기 어렵다. 남태평양까지는 아니더라도 서태평양 북쪽 지역에서는 한국 해군의 보조적 역할이 필요하다. 또한 한미동맹과는 다른 맥락에서 기술 기반 제조산업 중심 무역국가인 한국은 중국의 군사력 투사가 본격화되는 주요 해상무역로를 미국과 일본의 해군 보호에만 전적으로 의지할 수도 없다. 유사시에는 한국 해군 수상함과 잠수함이 한국 및 타 국가의 상업선박을 직접 보호해야 하는 경우의 수도 늘어나기 때문이다. 직전 두 진보, 보수 정부는 '신남방정책'을 수립, 대폭 확장하여 '인도태평양 전략'과 그보다 상위의 '글로벌중추국가전략'을 수립했다. 이 개념 하의 군사전략적 목표와 영역은 연안해군brown water navy을 훨씬 넘어선 대양해군blue water navy을 요구한다. 미국 같은 글로벌 대양해군은 아니지만 최소한 일본 수준의 지역해군green water navy 정도는 필요하다.

또한 한국의 방위산업은 폭발적으로 성장하며 육상, 항공 전투체계뿐만 아니라 수상함과 잠수함 전투체계도 서태평양을 넘어 북태평양-북극, 대서양 전구까지 수출될 것이다. 현재 독일의 티센크루프마린시스템즈와 한국의 한화오션-HD현대중공업 컨소시엄이 최종 입찰 경쟁을 벌이는 중인 60조 원 규모의 캐나다 차기 잠수함 사업이 그 예다. 캐나다는 북극해에서 러시아와 중국 해군력을 억제하는 목적으로 잠수함을 도입한다. 대규모로 수상함과 잠수함 도입을 시도 중인 서인도양 끝에 있는 사우디아라비아와 UAE도 주요 대상국이다. 동태평양의 페루, 칠레도 있다. 해군은 이러한 방산 수출과 함께 한반도를 넘어서 나아갈 수밖에 없다. 이들은 대규모의 해군 현역, 예비역 인력이 필연적으로 투입되어야 하는 방산 수출 프로젝트다.

글로벌 한국의 해군은 한반도 해역에서 북한 억제 임무를 훨씬 넘어서는 압력에 직면했다. 한국군 구조상 자조적으로 작은 군대, 곧 '소군'의 정체성을 재생산해온 보조적인 군에서 지역해군과 대양해군 사이의 어느 정도까지 한국군의 인도-태평양 지역 및 글로벌 작전 능력을 담보하는 주도적인 군이 되어야 한다. 그러나 한반도 휴전선 중심의 대북 억제 올인 군사전략 개념을 뛰어넘지 못하는 한국군 리더십이 한국 해군이 처한 글로벌, 인도-태평양 지역의 핵심 역할에 부응할 수 없게 한다. 이러한 인도-태평양 시공간에 걸맞지 않은 비합리적인 한국군의 전략적 개념과 작전계획이 한국 국방군사 분야 피크아웃 현상의 핵심 중 하나다.

마지막이면서 가장 무거운 한국 국방의 피크아웃 상황은 자체 핵무기 결여다. 이 영역은 솔직히 국방군사전략의 측면뿐만 아니라 경제산업 및 외교전략 측면에서 동시에 고려되어야 하기에 궁극적인 국가이익의 득실에 대한 가치 판단이 어렵다. 국방군사전략 측면에서 지속적으로 강화되는 북한의 핵무기 및 운반체계(미사일 등) 역량, 그리고 이에 기반한 직간접적인 군사적 위협을 감안하면 핵무기 개발 역량이 충분하고 이미 운반체계를 대부분 갖추고 있는 한국이 핵무기를 보유하는 것이 합리적이다. 핵은 앞에서 언급한 모든 최첨단 무기체계와는 카테고리가 다른 절대무기로서 모든 다른 무기체계를 무력화하고 어떤 형태의 군사적 침공(핵무기 사용 침공도 포함)도 저지할 수 있다. 한국이라는 국가의 생존 자체를 일시에 불가능하게 만들 수 있는 무기를 적국이 사용한다면 지금 이 책이 다루는 피크 코리아 현상 자체가 무의미하다.

핵무기는 역사상 단 2번 사용되었다. 1945년 미국이 일본의 히로시마와 나가사키를 핵공격하면서 태평양 전쟁이 종결되었다. '상호확증파괴mutually assured destruction' 원칙, 곧 핵무기 보유국이 선제 핵공격을 하면(1차 공격first strike) 그 상대 핵무기 보유국도 핵공격을 실시하여(2차 공격second strike) 동시에 두 국가가 공멸하게 되는 '공포의 균형balance of terror' 원리다. 이 원칙에 의지하여 글로벌 핵보유 강대국(미국, 러시아, 중국, 프랑스, 영국)은 자국과 자국의 동맹국들을 '핵우산' 아래 두고 군사적 긴장이 고조되더라도 핵공격이 불가능하도록 했다. 핵확산금지조약NPT, Non-Proliferation Treaty으로 이 외의 국가들이 핵무장을 할 수 없도록 했지만 이스라엘, 인도, 파키스탄, 그리고 가장 최근 북한이 핵무장 국가가 되었다. 맨 마지막 핵무장국이 한국의 바로 머리 위에 있고 미국의 핵우산 없이는 한국은 '상호확증파괴' 능력이 없다. 핵무장 딜레마, 다루기는 어렵지만 한국의 국방군사 영역에서 피크 코리아의 가장 근본적인 이슈 중 하나다.

한국군은 세계에서 인정하는 강군이지만 그 강군을 구성하는 다수의 필수 요소가 크게 잠식당해 지속가능성이 급격히 저하되고 있다. 한국군의 전투력이 추락하고 있다. 피크 코리아의 한 단면이다.

한국 생존을 위한
국가 개조가 절실하다

한국이 새로운 국가 개조의 개념설계를 하기 위해서는 이 책에서 설명한 4대 영역에서 맞닥뜨린 피크 코리아의 현실을 엘리트와 국민 대다수가 인지하고 인정하는 것이 가장 먼저 필요하다. 2020년대 중반에 접어들면서, 특히 지난 계엄-탄핵 사태를 분기점으로 한국인은 정치, 사회, 인구, 시장, 교육, 기업, 정부, 국방, 외교 전반에 걸쳐 정체 또는 퇴보를 실감하기 시작했다. 그러나 커가는 위기감은 여전히 '이만하면 된 것 아닌가'라는 자족감의 벽에 막혀 있다. 그리고 많은 사람이 이 피크 코리아 현상을 알고 싶어 하지 않는다. 불편하고 싫은 것이다. '어떻게든 되겠지'라는 안이한 마음가짐이다.

그러나 한 국가의 성장이 멈추면 추락은 더 빨라지고, 그러면 그 자족감을 지탱할 자원들이 급속도로 줄어든다. 결국 '내리막 포비아'가 온 국가를 휩쓸고, 작아진 파이를 두고 싸우는 갈등은 여러 정치적 균열선을 깊이 패이게 하여 극단으로 치닫게 된다. 그 국가가 향후 가속화될 피크 코리아 현상을 맞닥뜨린 한국이다. 결국 대다수 국민이 이 현실에 대해 합의해야 타개책을 찾기 위해 신속하게 논의, 숙의, 결정, 실행을 할 수 있다. 몇몇 전략가나 정치인이 비상사태를 부르짖는다고 될 일이 아니다.

이전에도 한국 경제가, 아니 국가 한국이 망한다고 한 적이 있다. 1997년 IMF 외환위기 때다. 그 이후 한국은 반등해서 글로벌 탑10 코리아가 되었다. 우리는 2020년대 중반 전면적인 피크 코리아 위기를 겪고 있는 이번에도 한국이 재반등해서 현재의 글로벌 아웃라이어 신화가 지속되기를 희망한다. 그러나 그때는 맞고 지금은 틀리다. 1990년을 거쳐 2000년대까지는 한국이 우상향으로 상승곡선을 타던 시기였다. 성공하는 국가성장발전 모델에서 발생한 부정적인 이물질들을 한번 정리하고, 다시 최선을 다해 몰두하면 되던 시공간이었다. 그러나 2020년대, 2030년대는 한국이 정점을 찍고 급전직하를 시작하는 시공간이다.

한국과 달리 글로벌 동기화가 진행된 환경에서 다른 많은 국가가 성장을 추구하고 성취하고 있다. 어찌 보면 다른 국가를 글로벌 위계질서에서 끌어내리고 그 자리를 차지하지 않으면 우리가 끌어내려진다. 돈으로든, 무기로든, 기술로든, 문화로든, 어떠한 수단을 동원해서라도 경쟁국보다 앞서야 한다. 아니면 당한다. 향후 5~15년간 한국이 현재 구조를 끝까지 밀어붙이면 현 수준의 글로벌 탑10 지위를 유지할 수 있을 것이다. 그러나 그 안에 어떤 돌파구가 나오지 않으면 이미 시작된 운명인 '나락'으로 떨어지게 된다. 길게는 한국전쟁 이후 70여 년, 중간으로는 한국민주화 이후 40여 년,

그리고 짧게는 글로벌 코리아 지위를 획득한 이후 10여 년, 한국의 기존 국가성장발전 모델은 수명을 다했다.

국가적 피크는 한국이 '강대국의 최소'로서 어깨를 나란히 하는 대부분의 서구 선진국도 겪는 일반적인 현상이다.[146] 특히 강소국 수준을 넘어선 30-50 클럽에 속한 중견선진국은 모두 머리를 싸매고 타개하려 한다. 그러나 한국의 피킹, 피크아웃 현상이 이들보다 훨씬 급속하게 진행되어 그 사회적, 경제적, 정치적, 군사적, 문화적 충격이 훨씬 심대할 것이다.

이 상태로 한국이 반등할 가능성은 낮다. 우상향의 시대는 끝나고 우하향으로 가속화될 뿐이다. 생각보다 더 빨리 왔다, 그 통합적 추락의 시작이. 1997년 IMF 때처럼 국가 성장발전 모델의 이물질들을 잠시 걷어내는 정도가 아니라 아예 그 모델의 수명이 다해가는 상황이다. 한국은 4대 영역인 국가사회 구조, 경제산업, 국방군사, 그리고 정치체제 모두에서 한계를 명확하게 드러냈다. 한국은 이제 더욱 곤두박질치지 않기 위해 버티면서 천천히 쇠락하든지, 아니면 기존 모델을 근본적으로 전면 수정하거나 폐기하고 국가의 제 영역들, 곧 국가 자체의 개조 여부를 결정해야 한다. 현재로는 한국이 전자를 선택할 것으로 보이고 '곱게' 늙어갈 가능성만 바라보는 형국이다.

이제 한국은 새로운 국가의 개념설계가 필요하다. 글로벌 탑10 국가가 고작 '강남' 신화에만 매달려 있을 것인가? 한국이 다시 성장할 기회와 모멘텀을 찾을 수 있는가? 아니면 다수의 경제학자, 전문가가 이야기하듯이 현실적으로 변혁할 기회가 없는 한국은 그

마저도 쉽지 않아 보이는 곱게 늙어가는 길을 찾아야 하나? 한국이 반드시 붙잡아야 하는 희망의 끈은 무엇인가? 그래도 어찌 되었든 시도라도 해봐야 하지 않겠는가? 어떻게 하면 타 국가에 한국이 계속 필요한 포괄적인 국가 산업, 군사, 문화, 정치 구조를 유지하고 재구성하고 성장시킬 수 있나? 글로벌 탑10 코리아를 그냥 내어주기는 너무도 아깝다. 만약 한국이 수백 년 후에도 존재한다면 우리의 후예들은 이 2020년대의 한국을 '신화'화할 것이다. 한반도에 존재했던 국가 중에 가장 종합적으로 성공한 자랑스런 아련한 과거의 신화로.

할리우드 블록버스터 영화를 좋아하는 사람이면 〈닥터 스트레인지〉를 기억할 것이다. 전 우주의 생명체 반을 소멸시켜서 우주의 인구 압력을 줄여 생태계의 균형을 맞추려는 절대 패권자 타노스에 맞서 지구를 넘어 우주를 지키는 히어로들의 어벤저스가 이길 수 있는 미래는 단 하나. 미래를 볼 수 있는 닥터 스트레인지는 1,400만 605개의 미래 중 단 한 개의 미래에만 타노스에 승리한다고 했다.[147] 한국은 과연 어떤 미래에서 절대 패턴인 피크 코리아에 승리할 수 있을까? 피크 코리아의 길에 묶여 있는 한국인의 미래 삶을 바꿀 수 있을까? 결국 이러한 노력들이 피크 코리아를 구해내지 못하게 되더라도 후회는 남기지 말아야겠다. 다시 한번 국가 개조를 위한 개념설계가 필요하다. 대다수 국민이 고개를 끄떡이며 신발끈을 다시 조여 매고, 스마트폰을 다시 한번 그러쥐며, 고개를 바짝 들고 눈에 독기를 품을 수 있는 신화가 필요하다.

피크 코리아 현상을 직접적으로 피크 코리아라 부르든 아니면 다른 명칭으로 부르든 분야별로 접근한 기존의 저작들은 경제산업 성장률 저하 및 인구감소, 인구절벽, 87체제 한계 등을 중심으로 비평하며 대안으로 대부분 총요소 생산성 강화, 출산율 제고, 이민 확장, 새로운 산업 과학기술 투자, 정치개혁 등을 제시했다. 물론 방향성이 틀리지는 않았지만 어떻게 할지 구체적인 액션플랜이 대부분 부족하다. 무엇보다도 통합적 개념설계가 부재하다.[148] 구체적인 영역별 개념설계와 동시에 각 영역을 가로지르는 통합적인 개념설계와 집행설계가 가능할까? 2030년대에 다시 우상향으로 한국의 성장 방향을 틀어낼 수 있는 프로토타입을, 스토리를, 신화를 그려낼 수 있을까? 이 책을 마무리하는 3부에서 시도해보려 한다. 짧은 지면을 통해서는 당연히 앞에서 비판한 단편적인 '외침' 정도로 귀결될 가능성이 높고 어설픈 구석이 많겠지만, 누군가 먼저 시작하지 않으면 시작조차 안 된다는 마음으로.

# 3부

한국은 어디로 갈 수 있는가?

피크 코리아 극복의 신화
- 개념설계의 시작

9장

개념설계 1
: 정치체제

5장에서 언급했듯이 피크 코리아 현상의 속도를 늦추거나 극복할 수 있을지는 한국의 정치체제가 어떻게 작동하는가에 크게 달렸다. 물론 정치의 영역, 곧 국정에서 '끼끼빠빠'의 영역들이 있지만 현재 고착화된 피크 코리아의 국가 성장발진 개념을 조금이라도 전환할 수 있는 주체는 '사회적 자원의 권위적 배분'을 하고 이해관계를 달리하는 다수 집단의 타협과 동의를 이끌어내는, 그리고 무엇보다도 한 국가와 국민 공동체의 미래를 비전, 스토리, 신화 형태로 제시할 의무가 있는 정치 영역에 존재한다. 국가의 정치 지도자들이며 집권을 다투는 리더십 집단이다. 그런데 설명했듯이 정치체제(87체제, 1987년에 출범한 6공화국 정치체제)와 제도도 이미 피크아웃 상태다. 점점 조여오는 피크 코리아 패턴에서 한국을 탈압박할 수 있는 정치리더십이 먼저 재구조화되어야 한다.

　가장 중요한 피크 코리아 정치체제의 개념설계 기준점은 '중도로의 수렴'이다. 현재 한국 정치는 70%를 차지하는 중도 유권자 국민의 선호와 타협을 통해 국가 방향성을 설정하고 입안된 정책을 실행하지 못하고 있다. 오히려 정치 양극화로 점철된 한국 정치는 각각 10~15%를 차지하는 극좌와 극우 집단에 휘둘리고 있다. 이 현상을 상호 가속화한 87체제 권력구조인 대통령 5년 단임제와 국회의원 소선거구제, 팬덤 정당과 뉴미디어 유튜브 에코 체임버에 기반한 제왕적 대통령-당대표의 거취 문제가 이 책에서 통합적으로 다룬 피크 코리아 4가지 영역의 성패를 압도한다. 어떠한 정치제도가 되었든 '꼬리가 몸통을 흔드는' 정서적 정치 양극화 세력을 약화시키고 중도가 다수를 차지하는 15-70-15의 정치분포에 따른 국가 의사결정 구조를 만들 수 있으면 된다. 궁극적인 목표인 '중도로의 수렴'이 한국 정치의 핵심 원리로 작용하도록 강제하는 정치체제와 그 제반 조건을 구축하고 공고화하는 정치체제와 제도의 개조가 필요하다.

현재 한국에 정치체제 구조 전환 영역에서 다음의 세 가지 선택지가 있다.

① 현 6공화국 헌법 유지: 대통령 5년 단임제 + 국회의원 소선구제 + 중앙정부 집중

② 현 6공화국 원포인트 개헌: 대통령 4년 중임제 도입 + 부분적 지방정부 강화

③ 7공화국 출범 전면 개헌: 분권형 대통령 4년 중임제-결선투표(또는 의원내각제) + 국회의원 중대선거구제-비례대표 확대 + 전면적 지방정부 강화

셋 중에서 피크 코리아 국가 개조의 정치 영역 개념설계 기준선인 '중도로의 수렴'에 부합하는 선택지는 분명 ③번이다. ①번 선택지는 피크 코리아가 곱게 늙어갈 수도 없게 할 것이다. 윤석열 대통령 탄핵 후 벌어진 국가적 개헌 논의에서 87체제의 수명은 끝났다는 데 이견을 제시하는 정치 세력은 극소수였다. 이들은 헌법상 규정한 '5년 단임' 권력구조가 문제가 아니라 이를 그르게 운용하는 양 거대 정당의 집권 세력이 문제라는 의견도 있었다. 그러나 양대 정당 모두 지난 20년 이상 집권 시 이 정치체제하에서 '중도 수렴'의 정치 구현에 실패했다. 특히나 현재 집권을 추구하는 양대 보수와 진보 '팬덤 정당' 내부 권력구조하에서 이 화석화된 정치제도를 '잘' 운영할 가능성은 제로다. 2025년 이재명 대통령의 국민주권정부가 출범한 이후 벌어지는 양대 정당의 움직임을 봐도 희망을 품기 어렵다. ②번 선택지도 판을 흔드는 정도에 그치는 종결점이 아니라 ③번으로 후속 개조의 디딤돌이 아니라면 큰 희망이 없다.

물론 ③번 선택지가 '중도 수렴' 개념설계의 실행을 100% 보장하는 것은 아니다. 그러나 5장에서 자세히 설명했듯이 현재 한국의 정치 지형에서 타협적 중도 유권자는 국정의 전 영역에서 어젠다 설정과 논의에 영향을 미치지 못한다. 아니 그 어젠다 자체는 뒷전이고 각 대통령 시기마다 집권 세력과 반대 세력 지도자들 및 그 세력의 조직인 양대 정당과 검찰, 법원 등 국가 권력기관의 부차적인 '구속', '탄핵', '부정', '적폐', '보복', '사면' 문제가 최우선이었다. 그 결과 국회 안 여야 간, 국회 밖 광장에서 야당과 대통령 간 정쟁이 피크 코리아 정치 영역을 지배한다. 이 구조 자체를 제도적으로 전환해야 한다. 현재는 양당제보다 다당제, 독점형 권위주의적 대통령보다 권력분점형 민주주의적 대통령, 중앙집중보다 지방분권이 '중도 수렴' 개념설계를 실천하고 실현할 가능성이 높다. 또한 대통령제를 유지한다면 국회의원과 선거 주기를 맞추고 후자를 2년마다 실시하면 자연스럽게 중간평가가 가능하다.[149] 한마디로 '모 아니면 도'의 가능성, 모든 것을 걸고 죽기 살기로 싸우면서 적대적으로 공생할 여지를 줄이는 중도로의 수렴 비전이다.

지난 윤석열 대통령 탄핵으로 한국 민주주의 회복탄력성은 또다시 확인되었다. 현 집권 세력은 이를 위대한 성과로 국제사회에 자랑한다. 한국 민주주의의 퇴보를 가차 없이 지적한《이코노미스트》의 '세계민주주의지수'를 비롯한 여러 민주주의 지표는 어느 정도 회복될 것이고 한국의 10대 민주주의 주요국 지위는 계속 유지될 것이다. 그런데 피크 코리아의 민주주의 정치체제는 언제까지 회복탄력성만을 간절히 바라볼 것인가? 이대로라면 또 다른 계엄령, 쿠데타, 자살, 감옥수감, 그리고 이를 재생산하는 정치 양극화가 반복될 것이다. 현대 민주주의의 퇴보 현상 연구자들이 모두 지적하는 '패턴'이다. 현 87정치체제를 지속한다면 당연히 적대적 공생 구조를 유지하는 정도가 아니라 대폭 강화하면서 피크 코리아의 다수 중도 유권자를 억압할 것이다.

이 개헌을 통한 정치체제와 제도의 전환은 당연히 다수 국민이 정치 영역에서의 피크 코리아 현상이 국가, 사회, 시장, 국방, 외교 영역에 미치는 부정적 정도가 극에 달했음에 동의하고 각종 정치 참여 행위를 시작해야 함을 의미한다. 현재 한국의 대표 정치 지도자들과 집권 추구 세력은 자신들의 눈앞의 이익, 권력의 자리 때문에 중도 수렴으로의 정치체제와 제도 대개조를 이끌 역량이 부족하다. 그래서 피크 코리아 현상을 국민 스스로 절체절명의 위기로 인식하고 직간접적으로 ③번 선택지를 저들에게 강요해야 한다. 시작은 국민 자신의 행동부터다. 무엇보다 정말 어렵더라도 이미 포기할 수밖에 없는 정도로 가버린 소수의 극좌, 극우를 제외한 국민은 극단적인 자폐적 선악 이분법의 진영 논리를 뉴미디어로 선동하는 강성 정치군수업자를 한 번은, 가능하면 계속 의심스럽게 주시하고 걸러내는 '중도로의 수렴' 맥락에서 정치 참여를 시작해야 한다.

이러한 맥락에서 2024년과 2025년 계엄-탄핵 사태를 극복하는 과정에서 문지기gatekeeper 역할을 충실히 해낸 레거시미디어의 존재감을 다시 보게 된다. 특히 조선일보, 동아일보, 중앙일보 등으로 대표되는 보수 언론은 보수 정당 출신 대통령임에도, 그리고 새롭게 정치 세력화된 극우 블록 집단의 압박에도 쿠데타 계엄의 반헌법성과 탄핵의 정당성에 대한 논조를 끝까지 유지했다. 피크 코리아의 위기에 빠진 민주주의 정치체제 자체를 정파적 이익에 선명하게 우선시했다. 물론 한겨레, 경향신문, 오마이뉴스 등으로 대표되는 진보 언론도 민주주의 체제 수호자의 역할을 충실히 했다. 양 레거시 언론 집단도 지난 20년간 정치 양극화가 심화하는 데 큰 역할을 해왔음은 부인할 수 없다. 그러나 유튜브 극우 선동이 과대 대표 단계로 넘어가려는 절체절명의 순간이 왔을 때 선을 지켰고 바른말을 계속 해냈다. 보수 언론은 이 계엄-탄핵 사태를 기점으로 본격적으로 형성된 극우 블록과 분명히 선을 그었다. 진보 언론은 위기에 처한 민주주의를 끝까지 수호했다. 레거시미디어가 이와 같은 역할을 지속할 수 있도록 제도적 환경을 만들어야 한다.

하나 기억할 것은 극우 선동 유튜버들은 탄핵이 전원일치로 인용되고 윤석열 대통령이 파면되자 (일시적이긴 하겠지만) 신기루처럼 싹 사라져버렸다는 사실이다. 한국의 국가이익은 고사하고 보수 진영의 이익과도 별 상관 없는 만큼 돈벌이 먹잇감이 사라졌으니 그들도 사라졌다. 다음을 기약하겠지만 이들을 제거하는 최상의 방법은 한국의 정치제도를 중도 수렴으로 전면 수정하여 먹잇감 자체를 주지 않는 것이다. 정도는 조금 덜하지만 반대편의 극좌 선동 유튜버들도 마찬가지다. 극단주의는 한국의 정치 주체들이 일을, 생산을 할 수 없게 한다. 여러 국정 영역의 실체를 보지 못하게, 볼 시간도 없게 된 그들이 피크 코리아를 반등으로 이끌 국가의 새로운 개념설계를 할 수 있겠는가? 극단주의는 일차적으로는 정치 자체를 망가뜨리지만 궁극적으로 이 책에서 분석한 국가의 지속가능성을 떠받치는 4개 영역 모두를 마비시킨다. 그래서 이들이, 그리고 이들을 등에 업고 권력을 잡고 휘두르려는 정치인의 진입 시도를 막을 제도를 겹겹이 설치하면서 세부적인 제도적 장치를 중도로의 수렴 원칙에 따라 구축해야 한다.

중도 수렴을 위한 정말 중요한 다음 국민 과제는 지도자 개개인의 문제만을 피크 코리아 정치 어젠다의 중심에 놓으려는 양대 정당의 과대 대표된 팬덤 당원 집단의 정치효능감을 축소시키는 것이다. 이들도 양 극단 유튜브 정치군수업자와 유사하거나 많은 경우 연계되어 있다. 만약 소수의 특정 정치인 팬덤 당원이 한국이 당면한 성장, 산업, 지방, 인구, 사회, 문화, 군사 영역에서 분명한 가치와 비전을 찾는 데 몰두한다면 그들의 정치효능감은 대단히 생산적이고 긍정적이다. 그러나 이들은 권력놀이가 주목적이다. 자신이, 한국 국민 중에 몇천, 몇만 분의 일인 우리가 한국을 좌지우지한다는 권력 도취가 핵심 이익이다. 만약 이를 원하면 정치인으로 공직에 출마하면 되는데 이들은 주로 온라인 무대 뒤에서 때로는 광장에서 민주주의 정당의 의무인 '극단적 정치지도자'의 배제라는 문지기 기능을 무력화한다. 이런 정당에서는 훌륭한 자질을 지닌 멀쩡한 정치인도 몹쓸 바보가 된다. 이런 정당에서 한계에 다다른 국가를 개조할 비전과 액션플랜을 제시하는 국가지도자가 나오기란 낙타가 바늘구멍 통과하기보다 어렵다.

피크에 도달한 한국은 정말 구국의 지도자가 필요하다. 포퓰리스트 아웃사이더로 운 좋게 정치 양극화의 파도를 타고 선거에서 이겨 집권한 권위주의자 같은 지도자 말고 진짜 지도자 말이다. 그런데 그 전에 민주주의가 무너지지 않게 하는 필수불가결한 두 가지 원리인 상호관용적 인내mutual tolerance와 제도적 자제institutional forbearance가 무엇인지 아는 지도자가 필요하다.[150] 적이 아니라 경쟁자, 제도를 적대 행위로 쓸 수 있지만 쓰지 않는 지도자와 정치 세력이 중도 영역에 자리 잡아야 한다. 그런데 이런 지도자는 우연히 지독하게 운이 좋아야 나오기를 바랄 대상이 아니다. 이는 ③번 선택지에서 제시한 제도들 그리고 아주 꼼꼼한 설계도, 프로토타입에 근거한 국민의 균형 잡힌 정치 참여를 통해 생산해야 할 대상이다. 이를 통해 지도자, 지도자를 배출하는 정당을 강제하면서 다수의 중도 유권자가 공식적, 비공식적 정치 참여로 압박해야 가능하다. 2020년대 중후반, 한국은 카리스마 있는 강력한 지도자가 필요하지 않다. 중도로 수렴하는 타협을 가능하게 하며 국민이 피크 코리아를 타개할 수 있는 개념설계를 함께 해줄 지도자가 필요한 것이다.[151] 무엇보다도 화석화된, 첨단기술에 부적응한 정치체제와 제도의 구조 전환이 이루어져야 다른 세 영역의 구조 전환이 가능하다.

10장

개념설계 2
: 국가사회 구조

6장에서 다룬 한국의 도시국가화 현상은 피크 코리아 국가사회 구조 영역의 새로운 개념설계를 요구한다. 2020년대 들어 가속화되는 가파른 인구감소와 급속한 고령화의 근본적인 원인은 글로벌 탑10 코리아를 가능하게 한 국가 성장발전 모델의 핵심적인 서울-수도권 선택 집중과 이에 따른 교육, 일자리, 부동산을 망라하는 희소자원과 부가가치 집중의 효율성, 그리고 그로 인해 왜곡된 협소 지향적 경쟁 추구다.

  특히 서울의 강남 지역을 중심으로 아파트, 사교육, 의대를 궁극적인 목표로 동기화된 다수 한국인이 수도권-서울-강남 테크트리를 강화하여 이에 올라타지 못한 사람이 주변화된다. 지속적인 국가 성장발전과는 거리가 먼 축소지향적인 가치관 위주의 강남 신화가 한국 사회를 지배하고 있다. 강남-서울-수도권 외 지역은 모두 주변화된 배후지화되어 청년 인구와 경제자원을 박탈당하며 성장 잠재력을 잃고 소멸해간다. 무서운 피크 코리아의 도시국가로의 축소 현상은 급속도로 진행 중이다. 현재의 싱가포르, 홍콩과 유사하게 한국의 지리적 구조가 안으로 움츠러들고 축소하는 방향으로 바뀌면서 한국의 국가전략 자체가 선택의 기로에 서 있다.

한국은 외향적으로, 밖으로 뻗어나가고 팽창해야 번영이 가능하다. 현재도 미래에도 부가가치 높은 제조산업 제품을 생산하고 수출해서 먹고사는 산업구조 외에 통합적 30-50 레벨 '강대국의 최소'를 할 수 없는 영토, 인구 사이즈를 가진 실질적 섬나라다. 한국은 광대한 내수 시장에 기반하여 전 산업 품목의 생산과 소비의 성장이 가능한 미국이나 중국이 될 수 없다. 북한을 포함한 한반도 전체로 영토와 인구를 확장한다면 일본 정도는 가능할지도 모른다. 그러나 현재 피크 코리아의 '서울' 도시국가화가 가속되면 궁극적으로는 노령화된 4,000만 명대의 국가로서 통합적이 아니라 선별적 산업을 기반으로 한 소국의 생존번영 전략으로 국가의 방향을 틀어야 한다. 다시 말해 결국 '강대국의 최소'가 아니라 유럽의 '강소국'으로 기존과 상이한 한국 국가 경제산업 구조의 프로토타입을 선택해야 한다. 글로벌 탑10 신화는 소멸한다.

현재 한국에 국가사회 구조 영역에서 다음의 세 가지 선택지가 있다.

① 강소국 전략: '서울' 도시국가로의 축소
② 중견선진국 전략: 사회 개조, 분권 연방국가 시도
③ 강대국의 최소 전략: 한반도 국가 북한 협력 중장기적 행운 실험

이 세 가지 전략적 선택지가 국가사회 구조 영역의 개념설계의 기본이다. 그렇다, 강남류의 극단적 의대 선호, 과도한 아파트로의 자산 집중, 서울대 독점, 인구절벽, 노령화, 지방소멸, 인재유출 등의 분절적 사회현상의 구조적 패턴들을 하나로 모으면 한국이라는 국가를 구성하는 거시적 구조가 도출된다. 9장에서 제시한 7공화국의 정치체제 개념설계가 개헌을 통해 혹시라도 채택되고 실행된다면 그에 기반한 정치 리더십, 집권 세력이 가장 먼저 중도로 수렴하는 어젠다 세팅을 할 영역이 바로 이것이다. 당연히 앞으로의 2020년대 중후반, 2030년대의 집권 세력은 이 거시적인 국가 미래 구조의 비전을 개념설계하는 막중한 의무를 지게 된다.

한국이 현재 도달한 신화 '글로벌 탑10 코리아'의 위상은 의심할 것 없이 '강대국의 최소'다. 이 국가전략을 통해 한국은 국제정치, 경제, 군사, 문화 모든 부문에서 국가이익을 극대화할 수 있다. 국력의 크기는 국가이익을 확보하면서 국내 제 영역의 성장을 가능하게 하는 시너지 효과의 기본이다. 그러나 국력은 국가의 크기, 곧 영토와 인구에도 크게 달려 있다. 1인당 국민소득 3만 달러의 5,000만 인구 국가인 '30-50' 국가군에 포함되면서 앞으로 40-50, 50-50으로, 현재 섬나라 한국에는 가능성이 없지만 40-60, 50-70으로 성장해나가 결국 유럽의 최강대국인 프랑스, 영국, 독일과 완전히 같은 수준으로 올라서는 시나리오가 '강대국의 최소' 전략이다. 물론 인구와 영토뿐만 아니라 11장과 12장의 개념설계 3, 4에서 다루는 경제산업과 국방군사 영역의 국가역량도 계속 성장해야 가능하다. 이 두 영역의 개념설계의 근간이 되는 것도 이 국가사회 구조의 개념설계다.

먼저 현재의 피크 코리아 현상에 어떠한 충격도 가하지 않고 곱게 늙어가며 피크아웃 코리아 상태로 넘어간다면 한국의 국가사회 구조 프로토타입은 강소국 전략이 될 수밖에 없다. 사회성장과 경제성장의 근본인 양질의 청년 인구가 급감하며 사회는 노령층이 국가 어젠다를 주도하는 정치체제로 귀결되면서 국가의 활력은 약해진다. 반복해서 언급한 '이만하면 되었다'는 자족사회를 유지한다. 당연히 이 전략에서 강남류 중심의 테크트리는 구심점으로서 강고히 유지된다. 도시국가 서울과 배후지 수도권에 한국의 모든 인적, 교육적, 산업적, 문화적 자원을 집중하여 4,000만 명대로 감소하는 인구가 상대적으로 높은 삶의 질을 유지하는 데 가장 유리한 첨단기술 제조산업과 서비스 산업을 선별하여 집중적인 수출 기반 경제구조로 전환해야 한다. 현재 한국이 유지하고 있는 종합적, 통합적 제조산업 포트폴리오를 유지할 수는 없으며 선제적으로 네덜란드, 싱가포르, 스웨덴 같은 형태의 산업구조로 재편하는 것이 합리적이다. 국방군사 영역에서도 첨단무기와 핵무기 같은 절대무기의 보유를 전향적으로 고려한다. 현재의 북한 같은 형태의 군사전략을 도입하는 것도 고려할 수밖에 없다.

이러한 급속도의 축소지향 피크 코리아 개념설계가 현재의 국가사회 변화 패턴에 가장 어울린다. 그러나 우울하고 침통한 미래다. 이에 대한 반응으로 중견선진국 전략으로 칭할 수 있는 사회 구조 변화의 개념설계도 가능하다. 이 유형의 개념설계의 기본은 한국 총인구 5,000만 명 유지, 도시국가 서울로의 집중 감소를 위한 4대

지방의 연방제 수준의 자치, 강남을 포함한 아파트에 70% 이상 집중된 국민 자산 구조 타파, 의대가 아니라 R&D 엔지니어와 고숙련 생산직을 양산하기 위한 교육 인센티브 제도 전환에 대한 전폭적인 투자 등이다. 중견선진국 개념설계의 핵심적인 개념들의 세부적인 하위 영역은 너무도 많다.

이 개념설계의 구체적인 정책 실현은 인구정책에서 시작할 수밖에 없다. 6장에서 설명한 대로 현재 한국의 인구감소와 노령화는 한국이 압축적인 선택과 집중을 기반으로 극도의 경쟁을 하도록 한 성장발전 전략의 귀결이다. 이 전략을 폐기하는 것이 가능할지는 미지수지만 '어쨌든' 무슨 수를 써서라도 총인구 5,000만 명을 유지해야 한다. 출생률 반등 정책이 거듭 실패하더라도 포기하지 말아야 하고, 한국에 반영구적, 영구적으로 이주하는 외국인 인구를 현재 250만 명에서 500만 명 수준으로 증가시켜야 하며, 전 세계로 이주하여 타국에 살고 있는 재외동포 약 700만 명 중 재외국민 240만 명을 제외한 나머지 460만 명의 대부분에게도 이중국적을 허용하며 적극적으로 한국의 재외국민으로 받아들여야 한다.[152] 물론 이들이 한국 내 거주하고 경제 활동을 하도록 적극 장려한다. 이로 인한 다인종, 다문화 사회로의 적극적 전환, 그 결과 한국 사회에서 발생할 부작용도 감내해야 한다.

출생률 급감의 근본적 원인은 '강남아파트-서울 내 대학-서울 위주 일자리와 거주'로 규정된 한국 국가사회 구조하 청년의 생애주기 테크트리 패턴이다. 정말 어렵겠지만 굳어진 패턴을 파괴하는 하부 개념설계가 필요하다. 이를 위해 한국 국가사회 구조의 근본적인 전환의 시초가 되는 매우 도전적인 몇몇 사회적, 교육적, 경제적 실험을 실시해야 한다. 경제적으로 가장 먼저 필요한 것은 국민의 아파트와 다른 거주 부동산 자산 비율 감소다. 한국 국민 대다수의 경제적 자산은 70%가 부동산에 집중되어 있다. 인구감소로 강남류 지역을 제외한 모든 지역의 아파트 가격은 우하향하며 자산 축소가 일어나겠지만 그 비율은 변하지 않을 것이다. 투자와 다른 자산 비율을 확장하도록 국가 정책적으로 촉진해야 한다. 이의 성패는 한국 경제산업의 재개념 설계를 기반으로 한 고도성장과, 주식을 비롯한 자본시장의 선진화 확장에도 달려 있다. 부동산 시장에서 자본 투자 시장으로 대이동하는 개념설계다. 잠겨 있던 국내 자본은 경제산업 영역의 생산성을 올리는 근간 중 하나로 탈바꿈한다. 아파트에 대한 과몰입이 끝나면 '강남-서울'에 대한 과몰입도 줄어들게 된다. 한국 피크 코리아 현상에 대해 직접적인 분석과 대안을 제시해온 이창용 한국은행 총재는 "부동산 가격 상승이 경제 성장률이나 잠재 성장률을 갉아먹고 있다. 부동산 자산 가격이 올라 불평등도 높이고 있다. 고통이 따르더라도 구조 개혁을 계속해야 한다."[153]고 재차 경고했다.

   교육 영역의 병리적 현상인 의대 및 서울 주요 대학교 집중 현상은 반드시 해체해야 한다. 교육적으로는 한국은행에서 제기한 '대학입시에서 지역별 비례선발제' 등도 고려해볼 수 있다. 일부 상위권대가 자발적으로 대부분의 입학 정원을 지역별 학령인구 비율을 반영하여 선발하되, 선발기준과 전형방법 등은 자유롭게 선택하는 방식으로 정부는 필요에 따라 재정 지원을 강화한다.[154] 이에 더해 현재 한국의 경제산업 영역에서 가장 필요한 인력은 기존의 최강 제조산업들과 새로운 제조 및 서비스 산업을 창출하고 구축하고 운영할 수 있는 R&D 엔지니어와 고숙련 생산직임을 상기하자. 정말 창의적인 세계의 50대, 100대 부자가 되면서 한국의 첨단산업 동력의 한 축을 담당하는 인재가 필요하다. '양자컴퓨터' 분야 세계적 석학인 김정상 듀크대 교수도 "요즘 한국 젊은 수재들이 다 의대를 선택하는 게 좀 걱정이고… 세계 50대 갑부 중에 의사는 없고 한국도 이공계 인재들이 양자컴처럼 혁신기술을 만들어보겠다고 도전하는 분위기"가 조성되어야 한다고 주장한다.[155]

의사는 우리의 생명을 보호하는 절대적으로 중요한 존재이지만 이 직업군에만 국가의 최고 인재들이 몰려드는 연평균 3~5억 소득 의사 전문직 구조는 해체되어야 한다. 의대에 미친 한국에서 공대에 미친 한국으로의 전환은 실질적, 상징적으로 핵심 시작점이다. 자본주의 사회의 인간은 물질적 인센티브에 가장 강하게 반응한다. R&D 엔지니어와 고숙련 생산직, 그리고 이에 더해 국제 금융투자, 교육, 매니지먼트, 건설, 국제운송 등 부가가치가 높은 서비스업 수출을 가능하게 하는 사무직, 현장직 인력에게 최고의 금전적, 명예적, 자기성취적 보상을 해줘야 한다. 무조건 대학을 가야 하는, 70%의 청년이 대학교육을 받는, 강남 대치동 사교육 학원 교육에 사로잡힌 형태의 획일적 교육제도는 더 이상 지속하지 못하도록 해야 한다. 서울에 집중된 대학교육도 한국의 '서울' 도시국가화를 촉진함을 다시 한번 강조한다.

이와 연동된 국가구조의 재구성은 도시국가 서울화로 인해 자생적인 성장 동력을 상실했거나 상실해가는 비수도권 지방에 마지막 기회를 부여하는 하위 개념설계다. 중앙정부가 지방자치단체 수준이 아니라 지방정부에 세수세출권을 비롯한 자치권을 대폭 이양함으로써 지방들이 자체적으로 논의하여 광역권을 형성하고 중심도시 및 산업지역을 선정, 발전시킨다. 몇몇 정치 세력과 전문가는 이를 한국의 '4대 도시국가화'로 표현하기도 한다. 현재와 가까운 미래의 인구구조 변화와 도시국가 서울화하는 국가구조하에서 부산-울산, 충청-대전, 대구-경북, 전라-광주 등의 광역권으로 한국 지방구조를 재편한다.

전제 조건은 현재 중앙과 지방이 70:30 비율인 세수권을 최소 50:50으로 변경하고, 사회, 교육, 의료, 문화, 부동산 등 거의 모든 제반 정책 입안 및 집행권을 독점하는 중앙정부 부처를 폐지하거나 권한을 대폭 축소이양하는 것이다. 국회 및 대통령실의 행정수도를 세종-대전권으로 이전 완료하는 것은 이를 위한 최소 촉진제다. 국가구조 전반의 형태는 서울에 있는 중앙이 담당하지만 각개 지방의 재생과 성장은 자신의 지역을 가장 잘 알고 생존, 성장, 발전시키려는 지역 국민에게 한번 맡겨보는 것이다.

한국에서 가장 충격적인 국가사회 구조의 대개조 방법은 무엇일까? 부분적인 행정수도 정도가 아니라 완전한 행정수도 및 대다수 수도 기능을 모두 세종-대전권으로 옮기는 수도 천도다. 서울, 강남에 모든 것이 쏠려 있는 비정상적인 불균형을 감소시킬 수 있는 가장 효과적인 방법이다. 일단 세종-대전권으로 대통령실, 국회, 대법원, 외교부까지 포함한 모든 행정부처를 완전히 이동시킨다.

이들과 결합된 국영기업과 산하기관 등도 모두 이 권역 및 타 권역으로 체계적으로 이동시킨다. 인천공항에서 이 지역으로 가는 1시간 이내의 고속철도, 2시간 이내의 고속도로를 건설하거나 인근 청주공항을 활성화한다. 입법, 행정, 사법 공무원과 정치인이 옮겨 가면 자연스럽게 서울의 힘이 빠진다. 물론 서울 강남에서 출퇴근을 하려고 하겠지만, 이들도 대다수 국민의 시각과 논리도 궁극적으로는 권력을 따라 자원이 움직이는 패턴을 어느 정도 받아들인다.

이 천도 작업은 강고한 강남-서울 엘리트 지배 계층 카르텔의 저항을 받게 될 것이고 '수도권 정당화'를 가속화하며 대통령 집권 및 국회 의석 다수 획득을 추구하는 진보 정당이 보수 정당과 함께 저항할 것이다. 노무현 전 대통령의 행정수도 이전을 위헌으로 판결하며 실질적으로 좌절시킨 헌법재판소를 비롯해 대법원, 검찰청 등 서울에 집중된 사법기관의 법조인도 마찬가지로 도시국가 서울의 강남류로서 자신들의 기반을 훼손하는 구조적 변화에 저항할 것이다. 다시 이러한 강고한 기득권 구조는 한국 교육의 병리적 현상인 의·치·한·약·수 교육, 의료, 문화, 부동산 강남 집중을 심화하려는 강남류와 또 이들과 동기화된 상당수 국민의 저항으로 이어질 것이다. 서울에서 밀려나면 영원히 죽는다는 전근대적 인식과 세계관이 2020년대 중반 강남 신화로 재탄생되어 피크 코리아의 안으로의 축소지향성을 강화하고 있음을 다시 한번 강조한다.

이러한 '천도' 작업과 동시에 당연히 한국의 지방정부는 이제 지방자치단체가 아니라 정식 지방정부가 되어야 한다. 지방분권 개헌이 필수적이다. 헌법에서 국가사회 구조의 기본 원리로 중앙과 지방이 종속적·수직적 관계가 아니라 독자적·수평적 관계인 '지방분권 국가', 더 나아가 중앙집권제보다 연방제 성격을 띤 정치체제를 명확히 해야 한다.[156] 도시국가로 축소되는 패턴을 막기 위해 가장 근본적으로 필요한 조치다. 지방소멸의 상황에서 지역별로 부산을, 광주를, 대전을, 대구를, 춘천을 그리고 세종 등을 중심으로 삼아 최소한 자신들이 설계하는 피크 코리아 생존전략을 실천해보게는 해줘야 한다.[157] 유능한 인재일수록 지역에 붙잡아두고 지역 자체의 폐해를 청산하면서 스스로 자립할 길을 찾도록.[158] 후회를 남기면 안 된다. 거칠게 말하면 한국에 강남이 서너 개는 되어야 그나마 부동산 아파트 자산 치중, 인구급감, 사교육, 그리고 총체적 지역 소멸의 강력한 모멘텀을 막아설 수 있을 것이다.

이 하위 영역들의 대개조가 중견선진국 전략 개념설계의 근간인데 이와 보조를 맞춰야 할 경제산업 영역의 개념설계도 있다. 그와 연결되어 특별히 강조해야 할 하위 영역이 현재와 가까운 미래 102030 청년 인구의 가치관과 인센티브 구조다. 한국의 노령화와 더불어 현재의 정치제도는 이들이 과소 대표될 수밖에 없게 한다. 투표권이 없는 0010 미래세대뿐만 아니라 현재 2030세대도 강소국 전략 개념설계의 한국에서는 강소국 전략 개념설계의 한국에서는 국민 개개인의 성장발전을 위한 자기착취 수준의 노동도 부족할 것이다. 오히려 상대적 소수 청년세대에게 공정하지 못한 타인으로부터의 착취 구조가 도래할 수 있다. 가장 대표적인 정책 영역이 국민연금이다.[159] 현재와 미래의 청년세대는 자신들의 몇 배에 달하는 노령인구를 위한 연금 지급을 감당해야 한다. 이미 최소 과

반수 이상의 청년세대는 연금 탈퇴를 원하고 있다. 한국이라는 국가공동체의 핵심 사회계약이 깨지는 것이다. 이들이 중견선진국 한국의 궁극적 희망인데 이들과 노년세대의 세대 갈등 구조는 어떤 한국 국가 개조의 개념설계에도 주요 변수다. 궁극적으로 이러한 갈등의 악화는 국가사회 자체를 위협하며 국가 성장발전에서 일말의 가능성도 소멸시킬 것이다.

11장

개념설계 3
: 경제산업

7장에서 설명한 대로 결국 '성장'을 지속해야, 경쟁력을 '강화'해야 피크 코리아의 어떤 개념설계도 유효하다. 경제산업 영역의 '성장'이 피크 코리아 국가 개조의 궁극적인 목적 중 하나이자 다른 영역들, 특히 6장에서 설명했듯 국가사회 구조의 개념설계와 깊이 얽혀 운명을 같이한다. 경제산업의 지속적 성장은 한국이 어떤 경우라도 달성해야 할 과제다. '오르막 필리아'는 여전히 필수적이다. 안 그러면 '강대국의 최소' 지위는 고사하고 중견선진국의 위상도 소멸되며 궁극적으로 강소국도 아닌 한 번 크게 성공하고 사라져 버린 어정쩡한 사례로 글로벌 사회에서 무시당하게 된다. 최악의 경우 글로벌 중위권 국가역량 정도로는 대다수 국민의 삶의 질은 '내리막 포비아' 수준이 아니라 정말 감당하기 어려운 수준으로 퇴보하게 된다. 이런 유사한 문제의식은 유럽연합이 마리오 드라기Mario Draghi 전 이탈리아 총리를 중심으로 절박하게 지적한 유럽의 경쟁력 상실을 극복하기 위한 전략서의 그것과도 일치한다.[160] 어떤 국가구조 개념설계를 선택하든 정도의 문제일 뿐 경제산업 성장은 포기할 수 없다.

현재 한국은 경제성장을 절대적으로 수출에 의존하고 있으며 앞으로도 이 구조는 변하기 어렵다. 또한 제조산업은 많은 영역에서 사다리의 정점에 다다라 이 책에서 언급한 글로벌 탑10 안팎의 선진국을 더 이상 따라잡는 수준이 아니다. 글로벌 시장 점유를 지키는 수성하는 입장이다. 그리고 현재 한국의 기초과학 기술과 응용 제조 기술 역량으로 정말 하기 어렵거나 기존의 주력 산업들에 인적, 물적, 정책적 자원이 집중되어 성장 기회를 충분히 얻지 못한 몇몇 영역에 진입할 수밖에 없다. 더 나아가 각 주요 산업 영역에서 현재까지 없던 기술인 한국 자체의 인공지능을 개발, 결합하는 개념설계를 추구하여 새로운 시장을 창출하는 경제성장 접근법이 필요하다.

현재 한국에 경제산업 영역에서 다음의 세 가지 선택지가 있다.

① 현재 기술 중심 제조수출 10대 산업 유지
② 첨단기술 중심 제조수출 기존 10대 산업을 20대 산업으로(고부가 서비스업, AI) 확장
③ 제조서비스 AI-로보틱스 수출 협력 전략적 파트너 국가 선별, 포섭, 확장

경제산업 영역의 개념설계의 선택지 ①은 현상 유지 전략이다. 지금까지 해온 대로 반도체, 자동차, 석유화학, 자동차부품, 합성수

지, 조선, 철강, 디스플레이, 무선통신 등의 경쟁력을 유지하는 데 모든 국가 자원을 투입하고 타국의 경쟁자로부터 보호하는 것이다. 특히 현재 반도체와 자동차가 핵심이다. 인구감소와 노령화, 그리고 서울 도시국가화하는 한국에서 두뇌 유출 현상으로 갈수록 줄어드는 R&D 인력과 고숙련 생산 인력을 이 산업들에 몰아주는 지난 경제산업발전 모델을 유지하는 형태다. 다른 기존산업과 신산업의 성장은 포기한다. 대체로 강소국으로 가는 개념설계다. 현재 한국에 가장 가능성이 높은 시나리오다. 곱게 늙어가는.

선택지 ②는 버겁지만 더 밀어붙이는 강공 성장 드라이브다. 기존의 글로벌 탑10을 만든 경제산업 전략과 크게 다르지 않을 수 있다. 왜냐하면 선택지 ①의 모든 것인 기존의 10대 산업의 글로벌 시장 점유를 최대한 유지하는 데 더해 그다음 순위의 산업 10개를 더 성장시켜 연간 200억 달러 수출 가능한 산업품목을 10개에서 20개 수준으로 증가시키는 것이 골자이기 때문이다.[161] 그러나 근본적인 차이점은 한국의 경제산업이 갖고 있는 최고의 비교우위인 종합적, 통합적 산업구조, 곧 무엇이든 제조할 수 있는 구조를 유지하며 그 주력 산업 포트폴리오를 변화하는 첨단기술의 시공간에 따라 조정한다는 데 있다. 가장 산업품목이 겹치는 중국의 도전과 공격을 버텨내야 하지만 어느 정도 선에서는 가능할 것이다. 어떤 경우든 현재의 전략으로는 글로벌 시장 및 공급망 점유율은 지속적으로 떨어질 수밖에 없다. 그러면 다른 첨단기술 제조산업을 성장시키는 방법밖에 없다. 이미 주력인 2차전지에 더해 경쟁력을 급상승시키고 있는 원자력발전소, 방산무기, 식품음료, 화장품, 해외건설

플랜트 등의 제조산업이 대상이다.

그리고 무엇보다도 중요한 신산업은 인공지능 산업이다. 인공지능은 인간 세상의 모든 영역을 크게 변화시키고 성장시킬 패러다임을 바꾸는 과학기술이다.[162] 꽤 오랜 잠재기를 거쳐서 지난 10년, 5년, 3년간 이 과학기술의 성장 속도는 반도체의 '무어의 법칙Moore's Law'의 속도를 넘어설 정도로 빠르다. 선진국과 한국의 대다수 기업은 자신들의 상품에 AI 응용 기술을 탑재했다고 소리 높여 광고한다. 컴퓨터와 인터넷에 접근할 수 있는 전 세계의 개인들은 이미 거대언어모델LLM, Large Language Model 기반의 AI 툴을 활용해 생산성을 높인다. 이 기술을 활용하여 기존의 인력을 대체, 축소하는 기업의 경영전략도 예상대로 진행되고 있다. 도대체 이 최첨단기술이 경제산업뿐만 아니라 정치, 사회, 교육, 군사, 문화 영역을 어떻게 전환시킬지, 그 한계가 어디까지인지 가늠하기 어렵다.

한국은 이 신산업을 주력 산업에 포함해야 한다. 그것도 한국 자체의 생성형 인공지능generative AI 파운데이션 모델foundation model을 갖춘 주권적 인공지능sovereign AI을 어떠한 비용을 치르더라도 보유해야 한다. 응용 모델application model만으로는 부족하다.[163] 물론 미국과 중국 수준의 AI 파운데이션 모델을 확보하기 어려울 수도 있으며 이 경우 수직적vertical 산업 특화 AI 파운데이션 모델에 초점을 맞출 수도 있다. 향후 각종 첨단제조 및 고급서비스 산업의 진보와 성장은 인공지능 기술 수준과 정비례할 가능성이 높다. 이미 미국과 중국이 과점적 지위를 추구하는 상황에서 프랑스, 한국, 캐나다 정도가 파운데이션 모델을 보유할 역량이 있는 국가다. 해당 기술의 잠재력이 워낙 커서 경제산업 영역을 넘어 국가의 모든 영역의 문제를 새로운 시각과 접근으로 다룰 수 있는, 피크 코리아의 예정된 축소와 쇠락을 늦출 수 있는 가능성도 높다. 이 기술과 결합되는 로보틱스와 합성생물학은 한국 200억 달러 수출산업을 10대에서 20대로 확장하는 개념설계에서 핵심 역할을 하는 인프라 과학기술이자 산업이기에 반드시 국가적으로 온 힘을 쏟아부어야 한다. 인공지능-로보틱스-합성생물학의 삼두마차를 중심으로 산업 생태계를 재편하는 구조적 개조 작업을 의미한다. 인공지능에 모든 것을 쏟아붓는 All-In-AI 개념설계다.

2020년대 중반부터 2030년대 초반까지는 한국의 AI 생태계가 글로벌 파운데이션 모델 경쟁에서 전략적 위치를 재정립할지 여부를 결정짓는 중요한 전환점이 될 것이다. 특히 글로벌 AI 인력 시장이 개념설계를 이끌 최상위 프론티어랩 frontier lab (최고 수준의 AI 연구기관)급 인력 중심에서 융합형·실무형 고도 전문 인재로 그 범위가 급속히 확장되는 현재의 변화 흐름이 중요하다. 피크 코리아의 경제산업 영역이 가진 구조적 한계를 극복할 기회가 열렸다. 특히 파운데이션 모델 경쟁력이 정예 연구자 약 100명 내외에서 결정된다는 글로벌 트렌드를 고려할 때, 이들 핵심 인재가 한국에 정착하고 지속적으로 혁신을 만들어낼 수 있도록 연구 자율성을 보장하고, 파격적인 보상 체계를 마련하며, 다년 간 안정적인 연구 지원을 제공하는 국가 차원의 전폭적 지원이 필수적이다. 실제로 중국의 스타트업 딥시크 DeepSeek 는 미국의 반도체 규제를 받는 상황에서도 자체적으로 고성능 AI 반도체와 인프라를 확보하고, 약 150명의 우수 인력을 높은 보상으로 영입하여 혁신을 일으켰다.[164] 산업계와 정부의 협력 아래 빠른 AI 산업 구조 개편이 필수적이다. 현존하는 모든 인류의 1차, 2차, 3차 산업 분야가 인공지능-로보틱스-합성생물학을 중심으로 패러다임의 변화를 겪기 시작했다. 피크 코리아 현상을 넘어설 경제산업 영역의 개념설계도 해당 패턴을 벗어날 수 없다.

이미 많은 학자, 엔지니어, 기업인이 한국의 AI 파운데이션 모델 확보 가능성을 비관적으로 보고 미국 AI 생태계의 하부 구조로 편입하라고 주장한다. 미국도 이러한 입장을 한국과 일본에 강요하기 시작했다. 원칙적으로 해당 산업 생태계가 중국을 배제한 미국 중심으로 구성되어 있다. 소프트웨어 원천기술인 AI 파운데이션 모델은 미국이 독점하고, 한국과 일본 등은 AI 하드웨어인 반도체, 장비 등을 공급하며 AI 응용 모델에 치중하는 구조다. 그러나 이처럼 AI 기술 및 인프라 분야에서 한 진영에 편입될 경우, 다른 진영의 경제적 보복 대응 가능성을 배제할 수 없으며, 이는 AI 반도체, 저장장치, 전력설비, 냉각장치 등 한국의 핵심 전략산업 전반에 직접적인 영향을 미칠 수 있다.

물론 산업 영역을 가로지르는 형태의 경제적 압박이 중국뿐만 아니라 미국에서 강요될 수 있다. 경제안보-과학기술안보 위협이다. AI는 절대무기 핵무기와 비견된다. 핵무기를 가진 국제연합 상임이사국United Nations Security Council이 전 세계를 좌우했듯이 AI 파운데이션 모델 및 응용 모델 소프트웨어를 생태계 수준에서 보유한 국가는 핵무기 독점 국가들과 같은 행태를 보일 가능성이 크다. 핵무기가 없는 한국이 AI도 없는 한국이 되면 어떤 미래가 펼쳐질까? 반대로 만약 미·중과 극소수 몇몇 국가로 형성되는 AI 상임이사국의 지위를 한국이 확보한다면? 국가 주권 수호의 맥락과 경제산업 피크 코리아 구조를 타파하는 또 하나의 개념설계의 출발점이다.

따라서 한국은 다른 중견선진국 및 중국을 비롯한 상위 개발도상국과 마찬가지로 국가 정부가 주요 20대 수출산업 주체인 기업 및 R&D 연구교육 기관과 함께 전략을 수립하고 실행하는 새로운 형태의 개념설계를 해야 한다. 기존의 글로벌 경제 구조에서 중국과 함께 미국도 한국에 필수적인 존재이면서 동시에 경제안보 위협이 되었다. AI가 주도하는 글로벌 질서가 도래한다면 그 정도는 매우 심각할 것이다. 정말 새롭고 충격적인 사고의 변화가 필요하다. 어떤 국가와 경제 주체와 협력 및 경쟁 구조를 만들어갈지의 문제기도 하다. 또한 이 맥락에서 향후 과학기술안보의 핵심인 주권적 인공지능의 중요성은 모든 전략적 사고의 출발점이다.

그리고 한국의 200억 달러 수출 규모의 20대 산업에 이제 제조산업뿐만 아니라 고급 서비스 산업이 포함될 시기가 왔다. 피크 코리아는 이미 저성장기에 진입했으나 내수 중심 성장은커녕 비중 확대도 여의치 않으니 결국 고용근로자 대다수가 저부가가치 서비스 산업에 종사하며 작은 내수 시장에서만 점유율 싸움을 벌이는 제로섬 게임장이다. 고부가가치 국제금융산업 육성 및 투자 '수출'은 줄어드는 생산가능인구로 제조산업의 약화에 직면할 가능성이 높은 한국이 반드시 성장시켜야 할 영역이다. 정부에서도 20년간 총수출 비중 15%의 서비스 산업을 세계 10위권인 2,000억 달러 수준으로 성장시키자고 한다.[165] 충분치 않다. 목표를 3,000억 달러로 높여 잡아야 한다. 2024년 한국 수출 총액 6,838억 달러(약 1,000조 원)를 2035년 1조 달러(약 1,400조 원)까지 높이는 데 가장 크게 기여할 수 있는 잠재력이 고부가가치 서비스 산업이다.

국부펀드와 연기금 국외 투자를 대폭 확대하면서 일반 국민도 투자 영역의 자산 비중을 늘려야 한다. 이는 아파트 과몰입 자산 구조를 약화시키고 매우 개조하기 어려운 국민연금 등의 지속성을 조금 더 담보한다는 맥락도 있다. 연 200억 달러 수출 규모에 근접하고 있는 K-콘텐츠 산업 자체와 동시에 이 원천기술 산업의 후방 효과를 톡톡히 보는 다른 문화산업, 교육산업, 의료산업, 뷰티산업, 식품산업 등이 유사한 수출 주도 서비스 산업 후보군이다. 더 많은 외국인이 한국으로 와서 서비스를 받고 더 많은 한국인이 외국으로 나가 서비스를 팔아야 한다. 제조산업에 비해 터무니없이 약한 서비스업 수출 확대, 강화 없이는 어떤 경제산업 개념설계도 실현 불가능하다.

그리고 이 모든 개념설계와 구체적인 실행 전략을 떠받치는 근본적인 요소가 있다. 한국인의 경제노동 가치관이다. 한국은 글로벌 탑10 선진국이다. 이미 현 시대를 살아가는 80억 인구 중에 상위 몇 퍼센트에 드는 삶의 질을 누리고 있다. 그런데 피크 코리아 현상이 악화되는 이 시공간은 안타깝게도 정말 높은 집중도의 노동이 필요하다. 한국의 최대 경쟁국 중국의 화웨이는 미국의 첨단 기술을 따라잡는 괄목할 만한 성과를 수도 없이 양산한다. 이 회사의 수만 명의 20~30대 석·박사 R&D 인력에겐 '996(오전 9시 출근,

오후 9시 퇴근, 주 6일 근무)'이 일상이다. 이젠 대부분의 한국인, 특히 청년세대에게 적용되지 않는 노동 가치관이다. 그럼에도 경제산업 개념설계를 실행하기 위해서는 정말 모든 세대가 열심히 일해야 한다. 그리고 성장, 생산성, 효율의 개념이 다시 한국인의 가치관의 주류로 자리 잡지 않는 한 이러한 국가 개조 전략 목표를 달성할 가능성은 매우 낮다. 생산성에 비례하는 보상 시스템 없이는 불가능하다. 물론 안다, 이 정도로 편한 세상에서 더 일하자는 것이 무리한 요구라는 것을. 그러나 세상에 공짜는 없다, 글로벌 탑10 한국의 국민에게도, 특히 미래세대 국민에게는.

이러한 경제노동 보상 가치관과 이를 실행하는 경제산업 제도들은 국가사회 구조 영역에서 제시한 개념설계 요소들과 직결되어 있다. 총인구 5,000만 명을 유지하면서 좀 더 생산적인 R&D 인력, 고숙련 생산직 인력, 최고급 서비스 인력을 새로운 청년세대에서 생산해내고 외국에서 끌어들이는, 또한 기존 기성세대에서 재생산하고 총 노동기간을 연장하는 국가교육 시스템과 노동 보상 시스템은 필수적이다. 연봉 3~5억 의사 전문직이 한국 대학교육과 일자리의 정점이 되는 시스템은 3가지 경제산업 영역의 개념설계 어디에도 절대 부합하지 않는다. 더구나 피크 코리아가 여전히 '강대국(의 최소)'을 추구하여 국가 개조 개념설계의 근간으로 삼는다면 이 국가사회 구조 변화가 경제산업 개념설계와 맞물려 돌아가야 한다.

12장

개념설계 4
: 국방군사

세 영역의 국가 대개조 개념설계를 기적적으로 해내고 실행한다 할지라도 네 번째 영역인 국방군사가 무너지면 아무 의미가 없다. 주권국가로서 그 주권국가의 국민으로서 국가의 안보를 지켜내지 못하면 정치, 경제, 사회, 문화 모든 영역이 무너진다. 8장에서 자세히 설명한 대로 국가사회 구조와 경제산업의 제 요소들과 밀접하게 상호작용하는 맥락에서도 피크 코리아의 국방군사 개조 개념설계는 무엇보다 중요하다. 한국전쟁 이후 70년간 유지되어온 한국군의 제반 구조 자체가 2020년대 중후반의 글로벌 탑10 한국의 사회경제 환경, 주요 군사적 위협인 북한뿐만 아니라 중국과 미국의 경쟁에 따른 동아시아-글로벌 안보구조 변화, 인공지능과 로보틱스 기반 무기체계의 근본적 변화, 그리고 소멸된 줄 알았던 한국군 내 군사쿠데타 세력의 잔존 등으로 근본적인 대개조를 피할 수 없는 단계에 이르렀다.

현재 한국에 국방군사 영역에서 다음의 세 가지 선택지가 있다.

① 육군 경계병력 작전계획 중심 현상유지: 국방력, 전투력 현 육군 경계병력 작전계획 중심 유지
② 독자 군사전략을 갖춘 중규모 공격군 전환: 육군 경계병력 중심에서 벗어나 새로운 군사전략, 작전계획 수립, 육해공 8:1:1에서 5:3:2(또는 육해공해병 4:3:2:1)로 비중 변환, 중규모 공격군과 상비예비군 중심으로 변환
③ 한반도를 넘는 글로벌 지역군 수립: 해군력 서태평양 투사, 평화유지 파병과 방위산업의 글로벌 팽창과 군사 연계협력국 증대

이 국방군사 영역에서는 ①번 선택지는 선택할 수 없다. 8장에서 한국은 인구감소와 노령화로 기존 기준인 한국군 50만 명의 병력 유지는 불가능하며 이를 기반으로 한 휴전선 지역에 20만 명의 육군 경계병력을 배치하고 전면전 발발 시 해당 병력의 70% 이상을 희생시키는 무모하고 비합리적인 작전계획은 물리적으로 불가능함을 알았다. 기존에도 육군 내의 다수 지휘관과 참모가 이것을 명확히 인지하고 부분적으로 변경해보려 했지만 실패했다. 한편 이러한 작전계획을 근간으로 육군사관학교 출신 고급 장교들이 국방부와 합동참모본부 및 연관 안보기관을 장악하여 매우 기형적으로 불균형하게 유지해온 한국군의 구조를 그대로 두면 안 된다. 지나치게 많은 병력과 예산을 육군이 가져감으로써 현 시공간에 부합하는 합동군으로의 진화 선택지를 가로막았다. 총체적으로 대개조가 필요하다.

한국군 대개조의 개념설계는 선택지 ②를 기반으로 선택지 ③의

가능성을 타진하는 형태가 될 수밖에 없다. 가장 중요한 시작점은 독자적인 군사전략을 수립하는 것이다. 물론 2025년 개정된 동맹국 미군과의 합동작전계획OPLAN, Operation Plan이 이를 대신하지만 한국군은 한국의 국가 대전략 개념설계의 하위 개념설계로 군사전략이 필요하다. 피크 코리아는 아직 국가 대전략을 보유하지 못하고 있다. 최근 몇 차례 집권 세력들은 집권하면서 '국정과제'를 100여 개씩 발표했지만 각 영역의 개념설계보다 작전계획, 곧 액션플랜을 나열하는 형태다. 매우 모호한 형태의 구호성 비전을 맨 앞에 제시하지만 이것이 미국, 중국, 프랑스, 영국, 일본, 호주 등이 명확히 제시하는 형태의 국가전략 문서는 아니다. 국가전략을 이 책에서 제시하는 것은 무리지만 만약 국가사회 구조 영역에서 선택지 ②번 중견선진국 또는 ③번 강대국의 최소를 개념설계의 시작으로 한다면 한국의 독자적 군사전략 목표를 대략적으로 도출할 수 있다.

한반도 육상, 해상, 해저, 공중, 우주, 사이버 시공간에서 한국의 영토와 주권을 지키는 동시에 한반도를 넘어서 서태평양에까지 해군, 공군, 우주, 사이버 전력을 투사하는 것이다. 여기에 직간접적으로 적대 관계 국가들의 군사전략에 대응하는 동시에 현 군사동맹국인 미국을 비롯해 협력 관계의 한반도/서태평양 지역 내외 국가들의 군사전략에 상호운용성interoperability을 극대화하면 된다. 또한 한반도, 대만해협, 남중국해, 북극해 등에서 한국군의 위상, 역할, 관여 정도 등을 설정하고 글로벌 수준에서 형성되는 인공지능-로보틱스-합성생물학이 지배하는 새로운 시공간에서의 무기체계 진화 환경을 반영하는 전략 개념을 창출해야 한다. 물론 이 모든 요소는 한국이 피크 코리아 현상을 겪고 있는데도 전반적인 군사력, 전투력을 확대 강화해야 한다는 무거운 전제를 내포한다.

이러한 군사전략을 바탕으로 좀 더 구체적인 작전계획 수준의 개념설계 핵심은 한반도 안에서의 주요 군사적 위협인 북한에 대한 방어작전 개념의 개조다. 8장에서도 자세히 설명했듯이 휴전선을 중심으로 몇 킬로미터 안에 한국군의 육군 정예병력 대부분을 전방 경계로 배치하고, 전면전 발발 시 이들을 대부분 총알받이로 삼아 소모하면서 시간을 벌어 나머지 육군 병력과 증원 미군으로 북한 지역에 침투, 격퇴하는 형태의 작전계획을 바꿔야 한다. 북한과 전쟁할 경우 육군 중심으로 전개되는 것은 한국전쟁, 냉전, 탈냉전, 그리고 앞으로도 변함이 없지만, 현재 한국군이 자체 개발·생산하고 수입·획득하여 보유한 육해공 화력 및 미사일 무기체계와 감시자산은 20년, 50년, 70년 전과는 비교할 수 없다. 한국군은 공히 북한군의 병력 및 무기체계 배치, 이동, 사용 움직임을 실시간으로 파악하고 있다. 물론 미군의 도움이 현재까지 절대적이지만.

북한이 재래식 전력으로 휴전선을 육상으로 넘어 침공하는 작전 상황은 소총과 수류탄을 든 육군 병사가 몸으로 막아낼 것이 아니라 포방부라 불릴 정도로 강력한 자주포, 다연장로켓, 각종 중단거리미사일을 보유한 육군 화력과 F-15 4세대 전폭기, KF-21 4.5세대 전투기 등의 대규모 공중 화력을 동원해 무력화하는 것이 합리적이다. 상륙 침투 공격군이 기본 임무인 해병대의 성격에 맞춰 해병대 1사단은 서부 해안 전선 쪽의 경계 임무를 육군과 해양경찰청 등에 이관하고 평택선으로 부대를 이전하여 중규모 공격군으로의 전환을 가속화할 수도 있다. 그래야 포항에 주둔한 동해의 해병대 1사단과 평택선에 주둔한 서해의 해병대 2사단의 균형이 맞는다. 이들은 향후 변화하는 지역 내 안보 상황에 따라 파병 병력으로도 활용될 수 있다. 자연스럽게 서부 휴전선 경계병력의 감축 결과도 따라온다. 또한 전면전 발발 시 어느 정도의 휴전선 지역 영토를 일시 상실하더라도 단기 대규모 병력 소멸을 피하면서 전투 병력과 무기체계를 보존하여 실지를 회복하는 지역방어 형태의 유연한 사고도 시작해야 한다.[166]

한국군과 미군이 북한의 화석화된 한국 침공 작전계획에 대응하기 급급한 작전계획이 아니라, 북한이 한국군의 새로운 군사전략과 작전계획에 반응해서 자신들의 군사 침공 전면전 작전계획을 송두리째 바꿔야 하는 상황으로 만들어야 한다. 북한은 노후한 무기체계로 무장한 100만 명 이상의 육상 기계화 및 일반 전력을 평양-원산선 아래로 배치하고, 휴전선의 정해진 몇몇 루트를 따라 기습 침공하면서 다연장로켓과 자주포 등의 대규모 화력 지원과 결합하여 서울과 수도권을 점령하고 전쟁을 조기 종결하는 작전계획을 갖고 있다. 물론 핵무기와 그 운반체계는 이 모든 것을 바꾼다. 만약 이를 중심으로 작전계획을 수립한다면 더욱이 휴전선 육군 경계병력 중심의 작전계획은 적실성을 상실한다. 기존의 화석화된 사고틀을 깨는 방향으로 한국군의 시대착오적인 작전계획이 항상 북한 군사전략의 부분적 실행에 수동적으로 반응하지 말아야 한다. 당연히 한국군이 주도하는 개념설계가 필요하다.

만약 이 작전계획의 근본적인 변화가 시작된다면 한국군의 불균형한 육해공 3군의 구조 또한 급속도로 최적화할 수 있다. 한국군은 인구에 비해 비대한 군병력을 보유하고 있다. 급격한 인구감소로 자연스럽게 병력 감축은 일어날 수밖에 없다. 한국군은 이에 맞춰 또는 좀 더 적극적, 선제적으로 육군 징집 병사 병력 감축을 10만 명 수준까지 실시하면서 규모와 예산을 줄이고 현재의 해군, 공군, 해병대 전력을 현상 유지하거나 강화해 육·해·공 8:1:1 또는 7:2:1 비중을 육·해·공 5:3:2 또는 육·해·공·해병 비중이라면 4:3:2:1로 개편하는 것이 필수적이다. 중규모 공격군 개념의 한국형 군사혁신이다. 작전개념, 조직구조, 그리고 군사기술의 혁신적 결합을 통해 전쟁 수행 방식을 근본적으로 변화해야 한다. 개념설계상 강대국의 최소를 지향하는 한국이라면 한반도뿐만 아니라 서태평양 영역까지 군사전략 및 작전계획의 범위에 포함해야 하므로 더더욱 그렇다. 향후 여러 군사안보, 경제안보상의 국익을 위해 해군과 해병대 파병의 수요도 높아질 것이다. 현재 육군에 집중된 병력과 자원의 상당수를 해군, 해병대, 공군에 배분하여 한반도 내의 작전계획 변경과 한반도를 넘어선 군사력 투사를 위해 사용한다.

    이와 관련하여 경제산업 영역에서 강력하게 주장한 주권적 인공지능과 로보틱스 산업의 개발, 발전을 기반으로 한 차세대 유무인 복합 Manned-Unmanned Teaming 무기체계 개발, 전력화에 몰두해야 한다.[167] 이 분야 국방예산과 인력을 대폭 증원하여 신속히 한국의 무기체계를 통해 육군 경계병력 감축과 각 군 전력 비율 조정에서 핵심적인 역할을 하도록 한다. 주권적 인공지능 개발은 민간 기업을 중심으로 진행되지만 국방안보에서의 역할을 감안하면 정부는 국방비의 큰 부분을 이 개발에 투입하여 재원 문제를 민간과 군 모두에서 조달해야 한다. 인공지능은 기본적으로 군사와 민간 이중 용도 기술dual use technology이다.

전쟁의 최후 단계에 가장 중요한 실질적 승리와 패배를 확인하는 것은 육군이다. 기존에 과도하게 육군을 중심으로 구성된 작전계획을 전환하고 육군의 상대적 비율을 줄인다고 육군의 근본적인 기능과 역할이 변하는 것은 아니다. 한반도 내의 작전계획에서 공군과 해군 전력을 더 효과적, 효율적으로 활용하면서도 전면전 발발 시 혹시라도 부족할 수 있는 육군 병력은 유무인 복합체계를 활용하고 좀 더 전문적인 파트타임 직업의 요소가 강한 미군 형태의 상비예비군 병력 육성으로 보충하는 것이 합리적인 개념설계다.

또한 이러한 첨단 무기체계를 운용할 부사관 및 장교 병력은 질과 양을 꾸준히 향상시킬 수 있는 수준인 미군의 80% 수준으로 임금과 복지 여건을 올린다. 엘리트 직업군의 개념설계다. 현재 발생한 초급 간부 캐즘 현상은 한국군의 전반적인 전투력을 저하시키는 가장 위험한 변화다. 빠르면 2030년까지 동기화된 한국 사회경제 여건에 맞게 우수한 군인이 되고 싶어 하는 인력이 직업군인이 될 수 있도록 정책 시행이 시급하다. 병사의 절대 수는 줄더라도 장교와 부사관의 수는 오히려 더 증가해야 하며 전면전 발발 시 대규모 현역 병력 손실에 대응할 고숙련 상비예비군을 새롭게 창설해야 한다. 최근 장기화된 전면전에서 우크라이나는 30대부터 50대까지의 병력이 동원되었고, 이들이 장기전의 주력 병력이 된 경우도 있다. 노령화하는 피크 코리아의 군대에 적용해야 할 사례다. 이러한 일련의 대개조 작업은 '중규모 공격군'으로 한국군의 정체성이 전환됨을 의미한다.

이와 더불어 잊지 말아야 할 개념설계가 있다. 쿠데타가 가능한 한국군의 요소를 완전히 제거해야 한다. 정치체제 영역과 국방군사 영역에서 동시에 피크 코리아의 병리적 폭발을 야기한 군부 권위주의 독재체제의 유산을 완전히 소멸시켜야 하고, 그 중심에 육군사관학교 출신 고위 장교들의 폐쇄적 네트워크 해체와 국방부 및 합동참모본부 내에서의 비중 대폭 축소가 있다. 앞의 휴전선 경계병력 작전계획 폐기와 중규모 공격군으로의 전환을 통해 자연스럽게 육군, 특히 고위직을 독점하는 육사 출신 고위 장교들의 권력은 약화되겠지만 그것만으로는 부족하다. 그리고 한국군 전체 측면에서도 국방부 장관을 군 고위 장성 출신이 아니라 민간인 출신으로 지속적으로 임명하고 국방의 여러 면, 특히 군령권(군사작전상의 명령을 내리는, 곧 병력을 동원하여 전쟁을 수행하는 권한)이 아니라 군정권(군대의 인사, 군수, 재정 등을 관할하는 행정권)의 직위에 민간인 출신 관료를 대폭 확대 기용한다.[168] 미군의 육군장관, 해군장관, 공군장관 등의 민간인 직책 설치도 고려할 만하다. 기본 개념은 군령권은 참모총장 중심의 군 체제에, 군정권은 대통령과 국방부 장관 중심의 민 체계로 분리하는 것이다.

선택지 ②, ③의 개념설계는 국방비 대폭 증액을 전제로 한다. 병사 인원 감축에 따른 인건비를 생각할 수 있지만 이미 줄어든 병사의 수로 절약되는 예산보다 지난 몇 년간 증액된 병사 인건비의 비율이 훨씬 크다. 전면적 군사력 강화를 위한 추가 예산은 현재 국가 GDP 2.7% 수준에서 3.5% 수준까지 증액해야 할 것이다. 육군의 비중을 줄인다고 육군 전투력과 투입 자원을 현재 수준에서 대폭 줄인다는 것으로 오해하면 안 된다. 현재 수준에서 해군, 공군, 해병대 투입 자원을 증액된 예산 범위에서 대폭 확장한다는 방향성이다. 모든 한국 내부의 조건을 동일하게 해도 국방비 증액은 피할 수 없으며, 한반도를 넘어선 미국과 같은 광범위한 글로벌 제국군은 아니지만 세계 주요 지역들에서 보완적으로 기능할 수 있는 글로벌 지역군이란 개념설계에는 필수불가결하다. 더구나 2020년대 중후반 트럼프 대통령의 미국이 시니어 동맹 파트너의 기존 역할을 대폭 줄이고 주니어 파트너인 한국, 일본, 필리핀, 캐나다, 그리고 유럽 지역의 나토 국가들에 자국 및 지역 내 방어의 더 큰 부분을 책임지도록 강요하는 상황을 고려하면 그 필요성을 부정하기 어렵다. 주지하듯이 여러 형태의 주한미군 감축이 다가오고 있다.

이와 더불어 한국 방위산업의 발전과 글로벌 팽창도 한국군 군사전략 개념의 일부로 편입시켜 한국군이 한반도를 넘어선 글로벌 지역군으로 성장하는 과정에서 핵심 자원으로 활용하고 한국의 국방비 증액에서 일정 부분 분담하는 역할을 수행하도록 한다. 현재 글로벌 탑10을 넘어 5위권으로 도약을 추구하는 무기제조산업은 한국이 서태평양과 북극해, 중동, 유럽 지역 내의 군사협력 심화를 추구하는 동맹 및 파트너 국가와 상호운용성, 무기개발, 생산, 수출을 함께 할 수 있어야 한다. 또한 그 초기 운용을 위한 한국 현역 및 예비역 그리고 엔지니어의 파견 등으로 글로벌 확장 전략을 수립한다. 한국의 주요 20대 수출산업 주체 기업들이 경제안보, 과학기술안보 측면에서 국가와 함께 보조를 맞추면서 경제산업 성장을 꾀하고 군사안보를 강화하는 새로운 개념설계다. 미국, 러시아, 프랑스 등이 군산복합 모델을 이미 채택하고 있다. 인공지능 시대의 군산복합체는 전통적인 그리고 새롭게 형성되는 글로벌 군수산업의 기본 사업 구조가 된다.

마지막으로 고려할 한국군 대개조의 영역은 핵무기 개발 또는 구매를 통한 보유 및 실전 배치다. 실질적 핵무장 국가인 북한에 대응할 수 있는 군사력은 핵무기밖에 없다. 한국은 직접적인 핵무기 개발과 실전 배치를 할 충분한 이유가 있지만 이에 상응하는 국제사회의 경제제재와 외교 문제는 글로벌 탑10 코리아의 지위를 위협할 정도이고 무엇보다도 국제적인 핵도미노 현상을 야기한다는 점에서 실행할 수 없다. 그러나 기존의 경제안보, 과학기술안보 구조뿐만 아니라 군사안보 구조마저 해체하는 트럼프의 미국이 군사전략을 변경할 경우에 대비하여 한국은 핵무기 보유 옵션을 열어놓을 수밖에 없다. 현재 많이 거론되는 잠재적 핵무장 능력의 강화 개념설계다. 해당 옵션을 포기하는 것은 군사주권을 포기하는 것과 같다. 어떠한 과정을 거치든 한국이 핵무장 국가가 된다면 이 책에서 제안한 한국군 대개조 개념설계는 처음부터 다시 해야 할 것이다. 더 나아가 피크 코리아 국가 개조의 개념설계 또한 근본적인 수정을 생각해야 할 것이다. 여기서는 짧게 서술하지만 그 함의는 국가 존망을 다뤄야 할 정도로 크다.

13장

개념설계 5
: 북한과의 결합

앞의 네 영역에서 한국이 부분적인 성공이나마 달성할 가능성은 현재로는 낮아 보인다. 좀 더 포괄적인 개념설계인 '강대국의 최소'로 목표를 잡고 싶지만 현재 각 영역의 구조와 상호 뒤얽힌 통합 구조를 고려할 때 강력한 외부 충격이 오지 않는 한 목표 자체에 대한 국민적 합의조차 쉽지 않을 것이다. 피크 코리아 현상은 어떤 방향의 분석을 하더라도 한국의 성장 잠재력, 잠재적 가용 자원을 끝까지 끌어내어 사용한 데 크게 기인하기 때문이다. 이 책에서 비교대상으로 다루며 아직 더 따라가야 할 중견선진국인 일본, 프랑스, 독일, 영국 등도 크게 다르지 않다. 캐나다, 호주, 인도네시아처럼 잠재력을 절반도 사용하지 못하는 국가가 많지만 한국은 이 국가들 같은 영토, 자원, 지리적 위치를 갖고 있지 않다.

피크 코리아 세계관에서 단 하나의 돌파구는 북한과의 결합이다. '강대국(의 최소)' 국가 개념설계 구성이 현실성을 확보하고 다소간 성장, 확장이 가능한 유일한 길이다. 수십 년간 시도했고 결국 실패한 '통일', '연합', '협력'이 가능하겠냐는 질문이 바로 따라온다. '온 우주의 기운'이 한국과 한반도에 모여야 생각이라도 해볼 수 있는 환경임은 부인하지 않는다. 그럼에도 지난 80년간 한국을 글로벌 탑10 국가로 성장하게 해준 여러 번의 대단한 행운처럼 또 한 번의 행운이 올 수 있다는 희망을 갖고 생각해본다. 닥터 스트레인지가 절대 패권자 타노스를 물리칠 단 하나의 시나리오를 봤듯이 필자의 눈에는 아무리 봐도 이 시나리오 외엔 보이지 않는다. 일단 한국과 북한 결합의 가능성과 여러 시나리오를 배제하고 피크 코리아 현상을 근본적으로 타개할 국가 대개조 작업의 개념설계 차원에서 '가설적'으로 살펴본다.

한국과 북한이 결합하게 되면 하나의 거대한 국가 개조 실험을 하게 된다. 매우 리스크가 크지만 그만큼 기대할 수 있는 부가가치의 증가는 폭발적이다. 영토 차원에서 한국보다 큰 아직 미개발된 지역이 대거 등장한다. 도시국가 서울로 축소, 고착화되는 한국은 더 이상 산업적으로, 주거적으로 개발할 지역을 찾을 인센티브가 제한적이다. 곧 4,000만 명대로 떨어지는 한국의 인구는 2,700만 명에 달하는 새로운 인구와 마주치게 되며 양측의 인구는 서로의 지역으로 새로운 기회를 찾아 이주하게 될 것이다. 포화상태에 이른 한국 지역과는 달리 북한 지역은 산업적으로, 주거적으로 개발하고 성장할 잠재력이 무궁무진하다. 안타깝게도 전 세계 최극빈국으로 후진적인 1차, 2차, 3차 산업구조를 갖고 있기에 글로벌 탑10 국가의 가장 발달한 산업들이 북한 지역으로 진출, 확장하면서 최소한 20~30년간 새로운 성장 동력을 확보하게 된다.

북한 지역과 인구의 소득과 삶의 질을 폭발적으로 향상시킬 수 있는 2차 산업들, 한국에서 이미 제조 역량은 최고 수준이나 국제 경쟁력을 상실하여 포기하거나 국외로 이전한 노동집약적 산업들도 재생할 수 있다. 1차 산업의 농업 생산량도 폭증할 것이다. 중단 기간의 교육 확산으로 최첨단기술 산업인 반도체, 2차전지, 석유화학, 제철, 조선 산업의 새로운 생산기지와 고숙련 생산직 인력이 대거 충원된다. 점진적으로 북한 지역도 한국의 일반 임금 수준으로 상승하겠지만 최소한 10~20년의 시간적 여유를 대부분의 제조기업이 얻게 된다. 해당 기간 동안에 피크 코리아에 이르게 된 지난 20년간 하지 못한 기초과학 및 응용제조공학을 대폭 발전시킨다. 한국 인구의 절반 정도인 북한 인구에서는 최소한 한국에서 배출되는 뛰어난 인재의 숫자 절반 정도는 꾸준히 추가적으로 공급된다. 대부분 더 큰 동기부여를 가진 인력들이다. 현재 최고 수준의 정보통신 기술 인재들과 그 육성 시스템도 그대로 주권적 인공지능 개발, 고도화 전략의 촉진제로 작용한다.

　국가사회 구조도 근본적인 전환의 계기를 맞게 된다. 현재 도시국가 서울로의 축소 패턴이 더 이상 한국 국민의 강남류 테크트리를 통해 끊임없이 강화되기 어렵다. 서울, 수도권의 북쪽이 열리고, 서울과 비슷한 위상을 지닌 평양과 다른 북한 지역 주요 도시들이 한국인, 특히 청년세대의 시야에 들어오게 된다. 피크 코리아에서 더 이상 기회가 주어지지 않고 '일하기를 포기한' 청년과 새로운 인생 2막을 설계하는 장년은 최소한 새로운 구상을 할 신천지가 열리는 것이다. 전문직 의사를 정점으로 하는 교육과 일자리 시장의 한국 사회에서 거의 사라진 모험을, 위험을 감수하는 사람이 나올 수 있는 기회가 수도 없이 생긴다. 당연히 서울로 대전으로 부산으로 광주로 대구로 몰려드는 북한 인구가 있을 테고, 개성으로 남포로 평양으로 신의주로 원산으로 청진으로 나진선봉으로 용감하게 이주하는 한국 인구도 많을 것이다. 피크 코리아엔 없던 기회의 땅으로. 자연스럽게 도시국가 서울은 성립하지 않게 된다.

정치체제에서도 수명이 다한 6공화국의 87체제는 근본적인 영토, 인구, 정치체제의 변화에 부응하는 개헌을 피할 수 없게 된다. 또 한 번의 민주화 또는 민주주의의 확대와 실질적인 영토, 인구 통합에 부응하는 권력구조뿐만 아니라 한국이라는 국가의 정체성과 철학사상적 기반을 재검토하고 새로운 환경에 적합한 형태로 진화시키는 흥분되는 작업도 진행하게 된다. 전 세계의 민주주의 국가들이 10대 민주주의 주요국의 하나로 인정했지만 항상 민주주의 회복탄력성을 시험받아온 한국의 민주주의 정치체제가 또 한 번의 리트머스 시험을 받게 된다. 서독이 동독과 결합하며 궁극적으로 민주주의 정치체제의 확장을 이뤄낸 실험이 다시 한번 그것도 민주주의 퇴보의 시공간인 한반도에서 시도된다. 세계사적 의미를 지니게 된다.

한국은 실질적 섬나라다. 북한과 결합하여 중국 동북지방과 러시아 연해주, 시베리아, 북극, 알래스카 지방과 직접적으로 연결되면 생산력, 시장규모, 에너지 공급의 정체를 단번에 타개할 하나의 경제권으로 확장이 가능하다. 한국은 수출 없이 '강대국의 최소' 국가역량과 위상을 유지할 수 없고 북한과 결합된 이후에도 크게 다르지 않다. 그러나 그 확장된 영토, 인구, 연결은 지금은 아니지만 한참 성장가도를 구가하던 시공간의 프랑스와 독일 정도의 성장 잠재력을 피크 코리아에 부여한다.

한국이 냉전 시기의 북한 배당이 사라진 이후 지속적으로 겪어 온 전쟁 리스크가 급격히 감소한다. 북한의 재래식무기 및 핵무기, 그리고 수십 만에 이르는 병력과 관련된 여러 가능성을 상정하면서 중국, 미국과의 국방군사 관계를 리셋하는 과정을 통해 앞에서 제시한 한국의 국방군사 개념설계를 처음부터 다시 하게 된다. 당연히 이는 한국과 북한의 결합으로 탄생하는 국가의 국가전략의 하위 개념설계로서 군사전략이 된다. 한국군은 한반도와 서태평양 지역의 글로벌 지역군으로 탈바꿈하게 된다.

고개를 갸웃거리는 독자가 많을 것이다. 맞다, 이건 긍정적인 21세기 맥락에서 한 국가의 팽창 정책, 곧 유사 제국주의 개념설계가 필요하다는 주장이다. 현재의 한국을 포함하여 한반도에 존재한 국가들은 부정적, 긍정적 맥락에서 제국을 경험해본 적이 없다. 필자가 한국의 글로벌 탑10 지위를 이야기하면서도 항상 그 한계로 글로벌 '제국' 경험의 결여를 이야기하면 대부분의 전략가, 외교관, 그리고 평범한 일반 시민도 고개를 끄덕거린다. 제국의 경험이 없는 한국은 이미 중견선진국임에도 지역적, 세계적 팽창에 대해 매우 수동적이다. 대한민국 헌법상 우리와 영토, 국민을 공유하는 북한에 대해서도 마찬가지다. 부정적이든 긍정적이든 말이다.[169]

강대국? 제국? 물론 21세기의 제국은 군사적 '침략'과 '정복'을 기반으로 한 19세기와 20세기 중반에 횡행했던 제국과 성립 조건이 다르다. 2020년대 중반 아무리 '평화의 시대'가 가고 '전쟁의 시대'가 도래하고 있다지만 한 국가가 다른 한 국가를 침략, 정복해 자국의 정치적, 경제적, 군사적 영토와 인구를 단순하게 늘리면서 그 정복지를 착취하는 형태의 제국은 글로벌 사회에서 용납, 수용되지 않는다. 가장 최근 러시아의 우크라이나 침공을 하나의 구시대적 제국주의적 시도로 보는 시각도 있고, 러시아가 크림반도 및 우크라이나 동부 돈바스 외에도 도네츠크, 루한스크, 헤르손, 자포리자 등의 지역을 점령해도 러시아의 '제국적' 확장의 교두보가 되지 않는다. 글로벌 사회의 주요국들이 러시아의 침략 행위에 따른 권리를 공식적으로 인정하지 않는다. 트럼프 정부하의 미국이 덴마크령 자치지역인 그린란드를 합병하려고 시도할 때도, 캐나다를 미국의 51번째 주로 만들겠다는 제국주의적 시각을 보였을 때도 대부분의 국가는 전혀 수용할 의사를 보이지 않았다.

만약 한국이 북한을 군사적으로 침략, 정복한다면 아마도 앞의 러시아나 미국과 동일한 취급을 받을 것이다. 그러나 이를 제외한 어떠한 다른 시나리오상에서도 한국이 북한과 협업, 결합, 그리고 통일하는 것은 구제국주의로 받아들여지지 않는다. 지구상에 존재하는 유일한 분단국, 한반도의 두 국가가 하나로 되는 것의 정당성이 존재한다. 한국 입장에서는 21세기 맥락에서 '긍정적'인 형태의 확대, 팽창된다. 유사 제국주의적 사고임은 부인할 수 없지만 글로벌 사회에서 용납되는, 게다가 최빈국, 최악의 독재국, 초고위험의 핵무장국, '가난하지만 사나운'[170] 북한의 발전적 해체 및 한국과의 결합은 저 러시아나 미국과는 다른 카테고리의 상대적 강대국의 확장, 팽창으로 여겨질 가능성이 높다.

2020년대 글로벌 강대국 또는 제국은 '침략'을 기반으로 형성되지 않는다. 그러나 가장 기본적인 영토와 인구는 필요하다. 그리고 2050년 이후 먼 미래에 기술, 산업, 문화 등이 강대국을 결정하는 기준이 될 수도 있지만 이는 다소 앞서 나가는 것이다. 여전히 향후 20여 년간은 영토, 인구, 군사 등을 모두 갖춘 완전체total package가 되어야 강대국이 될 수 있다. 인구와 영토는 부족한 인간 대신 AI-휴머노이드가 채워줄 미래에 큰 의미가 없다고 주장할 수도 있다. 그러나 아직까지는 인구가 필요하다. 새로운 부가가치를 창출해낼 인적 자원의 풀이 커야 하고 생산과 소비의 크기를 적정선으로 확장할 절대적인 숫자도 필요하다. 이에 대한 그나마 가장 가능한 루트는 북한과의 결합이지 않은가? 극도로 위험하지만 그 위험을 감수할 만한 가치가 있는 세기의 도박이 될 것이다.

프롤로그에서 제시한 한국의 4대 국가 지속가능성 영역의 개념설계에 어떻게 북한과의 결합이 필요한지 간략히 서술했다. 그러나 2020년대 중후반 한국의 미래 국가전략 개념설계에 '한반도 통일'은 상정되지 않았다. 한국의 통합 국가역량을 더욱 강화할 수 있는 향후 10년, 20년의 생존 도구상자survival toolkit를 만드는 작업에 4대 영역의 새로운 개념설계가 '한반도 통일' 측면에서 어떻게 결합될 수 있는가? 한반도 통일이 이상적 지향점으로의 희망고문이 아니라, 최고 정책결정자들이 위에서 아래로 내려보내는 계몽적인 행동지침이 아니라, 2020년대 후반 한국의 엘리트와 시민이 그 현실과 당위 두 측면에서 모두 고개를 끄덕일 수 있는 형태의 도구상자의 한 수단이 될 수 있다. 다만 완전히 북한과의 결합에 대한 개념설계는 바닥부터, 처음부터 다시 시작해야 한다. 리셋reset해야 한다.

피크 코리아는 북한을 포기할 수 없다. 한국이 북한을 포기한다는 것은 기본적으로 '통일'에 깔려 있는 전제인 북한의 '영토', '인구', '자원'을 공식적으로 포기하는 것이다. 정점을 지나는 한국에 강대국(의 최소) 지위를 추구할 수 있게 해주는 존재다. 다시 말해 현재 한국에 거의 존재하지 않는 잠재가능성이 여전한 영토, 인구, 자원, 물류, 시각이 영구적으로 소멸한다. 글로벌 경쟁에서 한국이 갖고 있는 '잠재적' 국가역량 확장의 큰 가능성이 사라진다. 북한과의 통일이라는 '불확실성'이 안보전략적 고려사항에서 사라진다. 동시에 국가브랜드에서 '통일' 영역이 사라진다. 통일이라는 명분으로 할 수 있었던 많은 국제관계 외교가 어려워진다. 한국에 통일은 핵무기, 인공지능 정치 논리와 유사하다. 한국이 핵무기 개발, 실전 배치, 사용의 잠재력 자체를 포기하거나, 주권적 인공지능 개발, 보유 및 자체 협력 생태계를 포기하는 것과 유사한 논리다. 안타깝게도 한국이 북한과 결합할 잠재성은 글로벌 탑10 한국 지위를 유지하는 큰 요소임을 대부분의 사람은 모른다.

'통일을 포기하면 국가의 각 영역에서 어떤 결과들이 야기될까?'라는 사고 실험이 한국 국민에게 필요하다. 통일이 공기처럼 평소에 그 필수불가결성이 부각되지 않고 화석화된 이데올로기로 존재하는 것이 팩트다. 그럼에도 국가 지속가능성 4대 영역과 그 하부 영역들에서 북한과의 통일 잠재성이 어떤 중요한 역할을 수행하는

지 그리고 수행할 수 있는지 확인한다면 한국 국민은 이러한 개념설계를 다시 바라보게 될 것이다. 향후 20년간 피크 코리아를 극복할 수 있는 북한과의 결합 개념설계를 꼭 붙들고 가야 한다.

물론 혹시나 하는 마음이다. 그러나 역사의 흐름이 어떻게 전개될지는 모르기에 기존 피크 코리아를 정의하는 근본적인 국가의 제 영역들이 완전히 새롭게 재정의, 재배열, 재구조화될 수 있는 하나의 시나리오로 제시한다. 이 3부에서 열심히 선택지들을 제시했지만 북한과 결합해 아시아-서태평양으로 확장하는 이 강력한 외부 충격 시나리오는 충분히 매력적이다.

14장

개념설계 6
: 피크 코리아의 글로벌 전략

특정 시공간에서 국력은 절대적이 아니라 상대적이다. 한국이 전 세계 글로벌 탑10 국가의, 강대국의 최소 지위를 유지한다는 것은 한국과 타 국가들의 종합적 국력을 기준으로 상대적인 10위권을 유지한다는 의미다. 그러므로 한국과 유사한 수준에서 경쟁하는 국가의 국력이 피크를 찍고 하락한다면 피크 코리아라 할지라도 글로벌 탑10의 국제적 지위를 유지할 수 있다. 한국이 하강하는 만큼 일본, 프랑스, 독일, 영국, 캐나다, 호주 등이 하락하면 되는 것이다. 마찬가지로 한국과 이들 국가의 글로벌 탑10 지위를 위협하는 유망한 개발도상국들이 그 성장·발전 속도가 빠르지 않고 여러 국내적, 국제적 한계에 제약을 받아 이 정도 지위에 다다르지 못한다면 피크 코리아는 글로벌 탑10을 유지할 수 있다.

한국의 절대적인 국력이 국내의 정치체제, 국가사회 구조, 경제산업, 국방군사 등 4대 국가 지속가능성 영역에서 10년, 20년 하락하더라도 이런 시나리오상에서는 국제적인 지위는 지탱되는 것이다. 현재 다면적 통합 국력을 기준으로 한 글로벌 탑10인 미국, 중국, 러시아, 일본, 독일, 프랑스, 영국, 이탈리아, 캐나다, 한국의 구성이 급격하게 변하지는 않는다는 이야기다. 정치체제를 비롯한 국가체제의 여러 요소에서 이질성을 보이는 중국과 러시아를 제외한 8개국이 소위 G7+1, 한국이 열망해온 G8이다. 이 시나리오라면 한국이 종합적 국력이 약화되더라도 부정적인 국제적 외부 충격이 국내 4개 영역의 상황을 악화시킬 가능성은 비교적 낮다.

향후 2030년, 2040년까지의 가까운 미래에 미국과 중국, 양국이 글로벌 탑2의 지위를 잃을 가능성은 없다. 만약 대규모 핵무기와 인공지능 기반 유무인 복합 무기체계를 동원한 제3차 세계대전이 발발한다면 이야기가 달라질 수 있다. 그렇다 해도 그 아마겟돈을 피할 수 있는 국가는 아마도 아프리카와 남아메리카 국가들 정도일 것이다. 글로벌 탑10 주요국 중에서 미·중의 핵전쟁에 빨려 들어가지 않을 수 있는 국가는 없다. 다 같이 망하는 것이다. 제3차 세계대전 후에도 살아남은 사람과 국가는 또 마찬가지로 글로벌 탑10을 위해 열심히 재건하고 성장할 것이다. 조금 단순한 논리지만 함께 성장하거나 함께 추락한다면 괜찮다. 글로벌 수준의 국가 경쟁에서, 그리고 그 국제적인 요인으로 인한 국내적인 긍정적, 부정적 영향과 결과 측면에서.

예를 들어 한국의 글로벌 탑10 지위를 위협할 만한 국가는 매우 한정적이다. 주요 선진국 중에서는 호주 정도이고 개발도상국 중에서는 인도, 인도네시아, 베트남, 튀르키예, 이란, 브라질, 폴란드 정도다. 대만, 싱가포르, 이스라엘, 네덜란드 등의 강소국형 국가는 그 정도의 역량을 갖출 가능성이 낮다. 한국은 그만큼 어려운 우상향의 길을 걸어 그 기준점 임계치를 넘었다. 한국처럼 소년소녀 성장만화 같은 스토리, 서사, 신화를 쓸 수 있는 국가는 향후 20년 안에 그리 눈에 띄지 않는다.

그중에서 이미 그 사이즈 측면에서 개발도상국임에도 글로벌 탑 10 수준이며 향후 10~20년 안에 글로벌 탑3 국가로 발돋움할 것이란 기대를 여전히 모으는 국가 인도를 보자. 인도는 여러 측면에서 특이한 지역 강대국이다. 인종적, 종교적, 지역적, 역사적으로 극단적인 다양성 또는 혼합성을 지닌 14억 인구와 광대한 영토를 가진 자유민주주의 정치체제를 유지하는 국가로서 2000년대 이후 그 국가역량의 잠재성을 점진적으로 강화하여 글로벌 구조에서 핵심 행위자로 자리매김했다. 특히 미국에 도전하는 중국을 견제 또는 대체할 수 있는 거의 유일한 후보 국가로서 전 세계 지도자와 전문가의 주목을 받아왔다. 인도는 2030~40년대 미국, 중국과 어깨를 나란히 하며 세계의 안보 및 경제 구조를 규정하는 글로벌 탑3 국가로 부상할 수 있을지에 대해 끊임없이 질문을 받아왔다.

그러나 인도는 2030년대, 그리고 그 이후에도 남아시아 지역 패권국 지위를 넘어선 글로벌 강대국 지위를 획득하겠다는 목표는 달성하기 어려울 것으로 보인다. 다시 말해 현재 글로벌 위계질서에서 여전히 패권국 미국과 도전국 중국 (그리고 러시아) 사이에서 균형 전략을 취해야 하는 정도의 국가역량을 보유한 인도가 향후 10~20년 안에 이를 넘어서 타국들이 미국, 중국, 인도의 삼각 구도에서 균형/헤징 전략을 구사해야 하는 정도로 강력한 글로벌 초강대국이 될 수 없다. 우리가 현재 목도하는 미국 도널드 트럼프 2기 정부의 관세, 이민, 군사, 외교 전략에 수동적으로 반응하며, 중국의 시진핑 공산당 체제의 점증하는 경제, 산업, 군사적 압박에 버겁게 대응하는 인도, 소위 '전략적 자율성strategic autonomy'에 집착하는 인도로 존재할 것이다. 당연히 기존의 미국 중심 단극체제에서 현재 미국과 중국 경쟁의 양극체제로 재편되는 글로벌 질서를 삼극체제로 변화시키지 못한다.

가장 높은 잠재성을 가진 인도가 이 정도라면 인도네시아, 베트남, 튀르키예, 이란, 브라질, 폴란드는 각각의 장점이 있지만 국내적, 국제적 한계로 기존의 글로벌 탑5, 탑10 국가의 통합 국가역량을 뛰어넘기는 어려울 것이다. 앞에서 언급한 제3차 세계대전 같은 극단적인 대사변으로 글로벌 질서의 근본적인 변화 또는 인류 자체의 소멸 같은 결과가 나타나지 않는 한. 다른 개발도상대국이 기존의 서구 선진국을 종합 국력에서 그 격차를 줄이긴 하겠지만 신속하게 앞서 나갈 가능성은 희박하다. 후자의 인구가 줄고 늙고 이로 인해 경제성장이 더디어지고 군사력이 약해지며 민주주의 정치체제가 퇴보해도 말이다. 최소한 2040년까지, 대략적으로 2050년까지는.

글로벌 탑10 신화를 성취한 한국은 다른 국가를 글로벌 위계질서에서 끌어내리고 그 자리를 차지하지 않으면 오히려 끌어내려지는 국제정치의 무한 경쟁에 노출되어 있다. 돈으로든, 무기로든, 기술로든, 문화로든, 어떠한 수단을 동원해서라도 경쟁국보다 앞서지 않으면 처절하게 당하게 된다. 한반도 국가 5,000년의 역사를 기억해야 한다. 향후 5~20년간 한국이 기존의 국내 4대 영역 구조 하에서 끝까지 밀어붙인다면 현 수준의 글로벌 탑10 지위는 간신히 유지할 수 있다. 그러나 그 안에 어떤 돌파구가 나오지 않으면 이미 시작된 운명, 피크아웃 코리아의 '나락'으로 떨어지게 됨을 이 책에서 우리는 충분히 이해했다. 이를 국내적 대책, 새로운 '강대국(의 최소)', '수도 천도', '중도로의 수렴', '주권적 인공지능-로보틱스', '중규모 공격군' 등 일련의 국내적 개념설계만으로 극복할 수 없다는 사실도 명확히 인지해야 한다.

이 책 『피크 코리아』는 2020년대 중후반 한국 국력 성장의 한계, 정체, 하락 현상을 국내 4개 영역 중심으로 분석, 평가하고 이를 타개할 대책과 대안, 다시 말해 새로운 개념설계 방향성을 주로 국내 시공간에 한정하여 제시했다. 그러나 한국의 글로벌 탑10 서사, 신화는 국내에서 자체적으로 생성된 것이 아니며 지구상에 존재하는 여러 지역과 국가가 바라보고, 인정하고, 부여한 것이다. 곧 피크 코리아 현상의 타개는 국내 4개 영역의 새로운 개념설계와 스토리 신화를 구축하는 것으로는 충분치 않고 완결성을 지닐 수 없다. 동전의 한 면일 뿐이다. 결국 국제적 수준에서 피크 코리아의 글로벌 전략 Global Strategy of Peak Korea을 통해 국내와 국제 영역의 상호작용을 십분 활용할 수 있는 개념설계가 동전의 다른 면에 새겨져야 한다. 필자는 이 책의 이 반쪽을 곧 출간될 다음 책에서 다루려 한다.

정점에 다다른 한국은 향후 10~20년간 어떠한 글로벌 전략을 통해 국내적으로는 충족되지 못할 국가 대개조의 개념설계를 완성할 수 있을 것인가? 글로벌, 지역 수준의 다양한 영역, 곧 경제안보,

군사안보, 과학기술안보, 정치체제안보 등의 영역에서 어떠한 전략을 개념설계하고 실행해야 하는가? 또한 피크 코리아 현상을 극복하고 강대국(의 최소)으로 성장하고 팽창하기 위해 한국에 정말 필요한 국가는 각 지역의 어느 국가이며, 반대로 자국의 성장과 번영을 위해 한국이 필요한 국가는 어디인가? 글로벌 탑10 지위를 유지하기 위해 한국이 양자bilateral, 소다자minilateral, 다자multilateral 국제 관계에서 반드시 경쟁, 제어, 억제, 공격해야 할 수도 있는 대상은 어느 지역의 어느 국가인가? 한국이 보지 못한 새로운 가능성과 잠재력을 지닌 국가는 어디에 존재하는가?

피크 코리아 현상을 극복하기 위해 한국의 국가지도자, 정책결정 엘리트, 그리고 일반 시민을 불문하고 한국의 동북아시아 지역적 수준에서의 상대적 국가역량 부족deficit과 글로벌 수준에서의 상대적 국가역량 잉여surplus의 괴리와 차이를 인지해야 한다. 우리가 평생 귀가 따갑도록 들어온 '한반도를 둘러싼 4강'인 미국, 중국, 일본, 러시아 중 현재 패권 경쟁을 본격화한 미국과 중국은 세계 1, 2위 국가역량을 지녔고, 상당히 쇠락하고 있지만 일본도 충분히 세계 5~7위권, 그리고 현재 우크라이나 침공으로 핵 군사력과 에너지 자원에 기반하여 미국에 도전하는 광대한 러시아도 무시할 수 없다. 이들과 비교할 때 한국은 엄청난 진보와 성장으로 글로벌 탑 10 위상을 성취했지만 상대적으로 국가역량이 부족하여 동북아시아의 참호 속에 웅크리고 있을 수밖에 없었다. 이 책에서 제시한 국내 4대 영역의 정점 현상에 숨겨진 변수 중 하나다. 이러한 사고를 하는 이들에게 글로벌 강대국(의 최소) 한국은 수사에 불과하다. 언감생심이다.

그러나 동북아 지역을 넘어 글로벌 수준에서는 한국은 상대적 국가역량의 잉여라는 인식 위에 탄탄히 기초한 완전히 다른 레벨의 국가다. 여러 번 강조했듯이 한국은 중견선진국이다. 유럽에 있다면 프랑스, 영국급이다. 북미와 동북아를 제외한 지역에 있다면 최소 지역 강국, 최대 지역 패권국 수준이다. 강대국(의 최소)의 임계치를 넘어선 국가다. 현재까지 민주주의 가치·규범 주도의 과학기술, 경제, 정치, 군사, 문화 영역을 망라하는 통합 기준에서의 글로벌 탑10 국가다.

필자는 몇 년 전에 쓴 칼럼에서도 이를 강조했다.

> 한국은 세계의 미래를 제시하고 이끌어 갈 한 축으로 기능해야 하는 국가로 이미 주요국에 인식되고 있다. 한국의 주춤거리는 국가 외교전략 리더들은 긴가민가할 뿐이고 한국민 대다수는 여전히 '한반도를 둘러싼 4강'의 프레임frame 세뇌의 족쇄에 얽혀 있어 꼼짝달싹 못 한다. 한국의 글로벌 전략, 곧 한국만의 글로벌 세계관 구축을 가로막는 가장 큰 원인은 자신에 대한 과소평가다. 물론 국뽕 수준을 넘어 이를 냉정히 합리적으로 극복하고자 하는 목소리가 터져 나오기 시작했지만, 여전히 한국의 외교전략은 축소지향적이다.[171]

현재까지 한국의 글로벌 전략의 스토리라인과 개념설계는 피크 코리아 현상의 극복 맥락에서 크게 다뤄지지 않았다. 지난 몇 년간 한국의 '신남방정책', '인도태평양전략', '글로벌중추국가전략' 등의 새로운 국가 외교전략 개념설계가 제시되었는데도 오히려 피크 코리아 현상이 본격화하면서 자꾸 안으로 움츠러드는 축소지향의 방향성이 감지된다. 도시국가화되는 한국에서 강남 테크트리 신화에만 파고들어 매몰되는 한국인이 성장과 팽창을 추구하는 글로벌 전략을 세울 수 있겠는가? 국내에서 갈수록 축소되면 국제에서도 축소된다.

  앞 장에서 제시한 대북한 결합 전략은 이 피크 코리아의 글로벌 전략의 하위 개념설계다. 한반도 안에서의 두 국가의 관계는 한 민족 국가로서 단일한 국가로도, 국제사회에서 인정하고 인지하는 두 주권 국가로서도 취급될 수 있다. 2023년 '적대적 두 국가론'을 선언한 북한은 명확하게 후자의 입장을 선택했지만 여전히 이 모호한 이중성을 십분 활용한 적극적이고 때로는 공격적인 글로벌 외교전략은 한국의 향후 10~20년을 좌우할 스토리고, 대다수 국민이 분기탱천하여 함께 전진할 수 있는 강대국(의 최소)의 개념설계의 구체적인 논리이자 신화 중 하나다.

에필로그

나, 나는
어떻게 살아남을
것인가?

이 책을 마치면서 가장 중요한 그리고 가장 곤혹스러운 질문에 답해야 한다. 피크 코리아가 본격화되면 나, 나는 어떻게 살아남을 것인가? 마지막 3부에서 피크 코리아에 대응하는 국가 대개조 개념설계의 기초를 제시했지만 그건 국가 이야기고 그 안에서 열심히 살아남아 여유있게 행복하게 살고 싶은 국민 개개인은 또 다른 차원의 이야기다. 향후 2030년, 2040년대에 피크 코리아 흐름을 우상향으로 되돌릴 가능성은 대체로 낮다. 새로운 개념설계를 통해 강대국(의 최소) 신화를 쓰면서 다수 국민이 자신의 삶의 질이 매년 나아지고, 자신의 아이의 삶이 자신들보다 나아지기를 기대하는 것은 현재로서는 무리다.

나라면
어떻게 할 것인가?

프롤로그에서 이 책을 읽으면 피크 코리아 환경에서 자신의 '생존가능성' 및 그 안에서의 서열 상승에 도움이 될 것임을 감지한 사람이 있으리라 했다. 또는 정점을 지나고 있는 한국에서 내가 어떻게 잘 먹고 잘살 수 있을지 '생존전략'을 세우고자 하는 사람도 있을 것이라 했다. 이런 어둡고 비관적인 전망의 이야기를 읽으면서 왜 좌절하며 동기를 박탈당해야 하는가 한탄하는 사람도 있을 것이다. 이렇게 한국에 남으려는 사람과 달리 어서 능력을 키워 한국을 탈출하려는 계획을 세우거나 또는 이미 실행한 수만 명을 우리는 이미 인력 유출 현상에서 확인했다. 이들이 수십만 명이 될 가능성도 있다. 드물기는 하지만 이 정점을 그래도 10년, 20년은 유지해볼 수 있는 새로운 국가 개념설계를 내놓기 위해 몰두할 사람도 있을 것이다.

이 책을 훑어본 독자들은 이제 왜 이 피크 코리아 현상이 한국에서 살아가는 '나'에게 중요한지는 받아들였으리라 생각한다. 이 책을 들고 불안하거나 못마땅하거나 흥분하는 당신이 강남류의 기준을 충족하는 부모가 있다면 또는 자신이 그렇다면 당분간 큰 걱정은 없다. 이 책을 내려놓고 강소국으로 축소하는 도시국가 서울의 수준 높은 삶을 즐기면서 자신의 아이들에게 그 지위를 물려줄 계획을 실행하면 된다. 그러나 한국인의 대다수에 속한 당신은 피크 코리아 현상이 가속화할수록 자신의 일상, 삶의 질이 급격히 떨어지면서 크게 어려워지는 상황을 감내해야 한다. 우리 대부분은 한국을 탈출할 수 있는 부류가 아니다.

그렇다면 당신은, 나는 어떻게 해야 하는가? 우선 열심히 살아야 한다. 그렇다고 막무가내로 열심히 산다고 생존할 수 있는 것은 아니다. 전략적으로 삶을 설계해야 한다. 피크 코리아의 주어진 환경에서 그 국민 개개인의 개념설계가 우연히 국가 4대 영역의 재도약 개념설계와 일치한다면 다행이지만 꼭 그러리라는 법은 없다. 필자의 입장에서 가장 중요한 논리적 과제는 국가와 대다수 국민의 성장, 발전의 개념설계 방향성을 어떻게 대체로라도 일치시킬 것인가다. 한국 국가 대개조의 기본 개념설계 방향인 수도 천도, 강대국(의 최소) 국가사회 구조, 중도 수렴 정치체제, 200억 달러 수출의 20대 제조·서비스 산업 확장, 인공지능·로보틱스·합성생물학 기반 전 산업구조 개편, 중규모 공격군 기반 글로벌 지역군, 그리고 소프트파워와 하드파워를 함께 갖춘 완전체 국가라는 개념설계와 대다수 국민 개개인 생존 방법의 방향성이 일치할 수 있는가다.

인지부조화가 일어난다. 글로벌 탑10 코리아 신화와 피크 코리아 스토리 자체가 모순적이다. 이 상황을 타개하기 위해 온 국민이 단합하여 한 방향으로 따로 또 같이 가야 하는데, 실제 삶의 패턴은 그렇지 않다. 현 상태의 한국은 더 이상 성장할 수 없다는 오싹함은 커져가고 개별 영역별로 한계가 현실화, 시각화되는 상황이지만, 그 위기감은 여전히 전 세계 상위 5%에 들어가는 국가의 국민으로 '이만하면 된 것 아닌가'라는 자족감으로 상쇄된다. 나락이더라도 상위 10~15% 수준은 내가 살아가는 동안은 유지되지 않을까 하는 막연한 기대도 있을 것이다. 이런 모순적 상황에서 단순히 국가공동체의 위기 극복을 위해 '가즈아'를 외칠 수 없다. 듣자마자 '뭐래'라며 고개를 획 돌려버릴 사람이 많을 것이다.

피비린내 나는 전쟁을 겪고, 내 식구 굶기지 않기 위해 내 자식은 나처럼 고생 안 시키겠다는 의지로 극단적 노동을 해내고, 1997년 IMF 국가부도 위기 극복을 위해 대다수 국민이 하나의 방향성에 동의하는 국가가 아니다. 한국은 더 이상 그런 국가가 아니다. 그러지 않아도 되어서 글로벌 탑10 국민으로 다들 잠시나마 한숨을 몰아쉬고 이제 좀 삶을 즐길 수 있어서 다행이라며 안도하는 경험을 했고, 여기에 삶이 세팅되어 있다. 현대 글로벌 사회에서 국가가 약해지면 대다수 국민도 고통받는 원리는 변함없지만, 그리고 점점 일자리가 줄어들고, 세금은 늘어가고, 빈부격차는 커지고, 정치는 불안정해지고, 국제정세는 요동치지만 국민 개개인이 '국가가 살아야 우리도 산다'는 의식을 계몽하고 강요할 시공간이 아니다, 2020년대는.

국가전략과 개인전략의 불일치

그래도 '그럼에도 불구하고'를 시전해야 하는 필자의 입장은 당혹스럽다.

일단 피크 코리아의 추락이 심화하는 시나리오상에서 매우 현실적인 개인 차원의 생존전략을 생각해보자. 가장 우선은 강남 테크트리에 올라타는 것이다. 한국이 축소지향으로 파고들수록 모든 자원은 강남으로 강남 아파트로 몰리게 될 것이다. 그러면 무슨 수를 써서라도 입성해야 한다, 강남에. 부동산 자산비율이 내려갈 수 밖에 없겠지만 지난 30년간 한국 국민은 아파트 동기화로 자산을 늘려왔고 그 최후의 보루는 강남이다. 검증된 루트는 이것이고 당연히 이 대열에 동참해 승자가 되어야 한다. 102030 청년세대는 무조건 이 확실한 강남 신화 개념설계에 기반해 한국에서의 인생을 설계해야 한다. 그러나 이 루트가 얼마나 터무니없이 어려운지, 이미 자리가 다 차서 진입 자체가 어려운지도 우리는 다 안다. 강남류 부모 없이 도대체 어디서 20억, 30억을 마련한다는 말인가?

그러면 일확천금을 노려야 한다. 이미 많은 청년세대가 이 루트로 들어가 있다. 주식 투자자들이 왜 국장을 떠나 미장으로 진입하는가? 국장에서는 더 이상 연 20~30%의 수익률을 기대할 수 없기 때문이다. 오로지 미국 주식, 매그니피센트7 Magnificent 7 같은 AI 기반 고성장 주식만이 이 수익률을 가능하게 한다. 주식과 코인을 하기 위해 실제 세상에서 돈을 벌어야 한다. '원화 채굴'이다. 필자가 아마도 한국에서 최초로 개설한 'AI 정치와 정책'이란 과목에서 이런 토론을 했다. 전공은 정치학이지만 투자를 업으로 삼으려 열심히 스펙을 쌓는 학생이 AI 머신 기반 투자회사와 개인 기반 투자자를 비교하는 연구로 발표했다. 전자가 후자보다 훨씬 투자를 잘하며 연수익 8~10%를 내주므로 결국은 이러한 AI 기반 투자가 대세가 될 것으로 예상하는 결론을 냈다. 그 수업의 학생 전원이 주식과 코인 투자를 하고 있었기에 모두 귀를 쫑긋 세우고 긴장했다.

"B야, 그러면 AI 기반 투자를 하는 것이 맞겠네. 너도 그렇게 하고 있니?"

"아유, 교수님, 절대 아니죠."

"응, 왜?"

"연 10% 수익률로 뭘 하겠어요? 대다수 한국 투자자, 저희 같은 청년 투자자는 절대 그렇게 못 해요. 연 30%, 50% 보고 하는 투자인데 AI는 그렇게 되지 않아요. 당연히 개별 판단으로 투자합니다."

"그러냐? 그래도 좀 비합리적인 듯한데. 버는 사람보다 잃는 사람이 더 많은 주식판이잖니?"

"네, 그렇죠. 그래도 그렇게 하지 않으면 가망이 없어요."

"그래? 그럼, 우리가 한 학기 동안 자주 이야기한 강남 24평 아파트 입성이 그 길로만 가능한가?"

"교수님, 좀 통 크게 24평, 32평 말고 40평대, 50평대 아파트로 가야죠. 강남 입성 가즈아!"

대략 이런 다소 장난기 섞인 대화였고 학생, 조교, 교수 모두 크게 웃었지만 수업을 마치고 연구실로 돌아오는데 입맛이 아주 썼다. 그리고 이 토론이 여전히 자꾸 떠올라 곱씹게 된다.

그렇다. 이 책에서 다룬 도시국가 서울 안에서 가장 좋은 대학 중 하나의 학생들도 숨겨진 '내리막 포비아'를 이렇게 표출한다. 그들의 조부모 세대는 말할 것도 없고, 부모 세대도 우상향의 '오르막 필리아'에 따라 나름 '내일의 내가 더 나을 수 있는' 직장과 사업장이 있었다. 그들의 자식인 이 대학생들은 더 좁은 문의 훨씬 더 불안정한 조건의 직장과 사업장으로 가야 한다. 게다가 다수는 문과여서 죄송한 상태다. 그러니 절대 다수의 대학생은 또 대부분의 청년은 투자를 한다. 몇 억은 되어야 하는 종잣돈도 없어 아파트 갭투자도 못한다. 그러니 나의 작고 소중한 자본을 주식과 코인에 올인하는 것이 하등 이상하지 않다. 요 근래 새로 강남에 입성한 소수의 청년은 코인에 투자한 벼락부자들이란 사실은 비밀 아닌 비밀이다. 도박이라면 도박이지만 이 방법 말고는 빠져나갈 구멍이 없다. 그래서 원화 채굴을 한다. 중견선진국 한국의 산업구조상 노동 기반 소득과 동시에 자본시장에서의 소득을 추구하는 경제활동 방식은 매우 바람직하지만, 이 정도까지는 아닌데 싶다.

청년세대의 목표의식에는 도시국가 서울의 강남류라는 신화가 이미 깊숙이 자리 잡고 있다. 이를 벗어나려면 개인적 역량이 정말 뛰어나고, 동기화된 또래의 동조압력 peer pressure 에 굴하지 않으며, 한국에서 못 벌면 다른 나라에 가서 돈 벌어오면 된다는 무한정의 용기와 동기부여가 있어야 한다. 아니면 10년 후 즈음 AI 의료툴 tool 로 그 직업 안정성과 평균 연봉이 추락할 가능성이 큰 강남 대치동과 반포의 유일한 강남류 대물림 루트인 의·치·한·약·수 연봉 3~5억 자리에, 아니면 이와 비슷한 극소수 전문직에 올인해야 한다. 그냥 가능하지 않다. 지속가능하지 않은 인생 프로토타입이다.

강남 테크트리를 타지는 못하겠지만 그나마 현재의 삶을 유지할 수 있는 직업은 첨단제조·서비스 산업의 R&D 엔지니어군과 고숙련 제조생산직이다. 한국이 향후 10~20년간 대규모로 필요한 직업군이기에 당분간 의·치·한·약·수보다는 못하겠지만 직업 안정성과 수입 측면에서 그리고 지속가능성 측면에서 주어진 선택지다. 여기에 수출이 가능한 고급 서비스 산업 사무직, 대규모 기업화하는 농업·어업 종사자, 그리고 캐즘 현상을 극복한 장교·부사관 군인, 경찰, 소방관, 사회복지사 등이 추가될 수 있다.

AI, AI, AI

그리고 한국의 (그리고 전 세계의) 청년세대는 최고 직업군의 생태계를 파악할 때 AI를 절대 가벼이 보면 안 된다. 두려워해야 한다. 교수인 필자는 나름 오래되고 안정적인 교수라는 직업군조차 극소수 비율의 종사자만 생존하고 극도로 번영할 것이라 생각한다. 나머지 대부분은 주변화될 것이다. 도태된다는 뜻이다. 다음은 AI 기술의 정치를 연구하다 만난 글로벌 테크기업 중 하나의 AI 기술책임자와 나눈 대화다.

"한국의 AI 브레인 드레인 문제도 심각하지만 AI 기반 인력 대체도 정말 빠르게 진행되는 듯합니다."
"네, 맞습니다. 저희 회사도 더 이상 프론트엔드 개발자는 뽑지 않아요. AI 코파일럿으로 충분히 대체되었습니다. 백엔드 개발자, 특히 AI 아키텍처를 구축할 수 있는 소수의 인재이면 충분합니다. 프론티어랩 수준의 최고 개발자는 찾기가 어렵지만 꼭 잡아야 해요. 소버린 AI는 고사하고 AI 생태계에서 살아남으려면. 지난 몇 년 가장 각광받았던 보급형 개발자도 대규모로 대체되고 있어요. 어시스턴트, 교수님께는 조교라고 해야 하나 이런 인력이 이제는 필요 없어요."

"음… 그러면 교수는 언제쯤 대체될 것이라고 보세요? 프론티어랩 수준의 교수만 살아남아서 최고의 번영을 누리겠지만 대다수는…."

"교수님은 몇 년 보세요?"

"저는 빠르면 5년, 늦어도 10년이면 본격화될 거라고 봐요."

"전 지금 AI 기술 발전이면 2~3년 보는데, 꽤 길게 보시네요."

그렇다. 필자도 결국 대체될 것이다. 가장 앞서 나가는 글로벌 대학과 한국 대학은 이미 교수라는 인력을 어떻게 운용해야 할지 깊은 고민에 빠져 있다. 소수의 교수, 많아 봐야 10% 정도만 의미 있는 인력으로 취급받게 될 가능성이 높다. 이젠 AI로 무장한 1인 스타트업 유니콘이 탄생한 세상이다.[172] 앞의 3부에서 핵무기급 위력을 가진 AI 기반 제조 및 서비스 산업 재구조화를 강력하게 주장했지만 솔직히 이러한 전략이 국가 차원에서 어떤 결과를 통합적으로 가져올지는 확신하지 못한다. 국민 개개인에겐 더욱 더.

AI가 가장 적합한 시장이 법조 시장이다.[173] 로스쿨의 인기는 갈수록 식어갈 것이다. 또한 얼마 가지 않아 의대 입학정원은 증원이 아니라 감원해야 한다는 주장이 강남을 중심으로 터져 나올 가능성도 다분하다. 국민 형평성을 우선시하는 한국의 정치체제 패턴상 정원은 결국 늘어날 것이고 AI 기반 의료툴과 원격진료의 본격적 도입 맥락에서 강남류 부의 대물림 모델은 그다지 오래가지 못할 가능성이 크다. 남는 건 '건물주'밖에 없는 건가?[174] 그렇다면 이 직군들 안에서의 경쟁은 극단적으로 치열해지면서 대다수가 패자로서 중산층의 생활 수준을 유지하기도 어려워진다. 그렇다면 특권적 지위를 점유했던 전문 직종들도 지속가능성이 낮다. 철밥통 공무원은 다를까? AI 기반 업무 체제 '효율화'에 가장 강하게 저항하는 조직이 공무원 조직이다. 그러나 동시에 AI로 가장 대체 가능한 기계적인 업무 체계를 사용하는 직업군이다. 시간 문제다. 이러한 맥락에서도 한국은 국가와 개인의 피크 코리아 맞춤형 개념설계의 정합성을 만들어내기가 쉽지 않다.

물론 개인의 직업적 생존 맥락에서 새로운 직종이 많이 나올 것이다. 그러나 일단 새로운 직업군이 소멸할 직업군을 바로바로 대체하는 것이 아니고 상당히 긴 시간, 몇 년에서 몇십 년이 걸리는 고통스러운 과정으로 예상된다. 몇몇 특수한 직업군을 제외하면 피크 코리아의 102030 청년세대는 AI와 로보틱스와 결합된 형태의 새로운 인간 프로토타입으로 진화해야 하는 어려운 과정을 겪어내야 한다. 그리고 무조건 열심히 일해야 한다. 전략적으로 앞에서 제시한 방향을 따라 그리고 이 책의 개념설계들의 실패를 염두에 두고, 무조건 열심히 일해야 한다. 아무리 피크 코리아가 심화되어도 열심히 일하는 사람에게는 기회가 있다. 고소득 직업 하나로 안 되니 복수의 직업을 가져야 할 수도 있고, 한 직업을 평생 동안 유지하고 편안히 은퇴할 수 있는 가능성도 낮아 불안정하지만 그래도 최선을 다해 긴 시간을 일해야 한다.

이생망 확산, 워라밸 소멸, 세대 간 충돌의 미래

국민 개인이 성장·발전을 원하는 인센티브 구조를 내포한 경제 산업 환경과 국가사회 구조를 국가가 제공하지 못하면 국민 자신이 알아서 찾아내야 한다. 아니면 냉정하게 도태될 것이다. 우스갯소리로 치부하는 '이생망'이 진짜 삶과 죽음을 가르는 형태로 다가오게 된다. 일과 여가의 균형 '워라밸'은 아마도 21세기 초반에 잠시 유행했던 좋은 시절로 기억될 것이다. 현 부모 세대가 쟁취했던, 30대는 조금이나마 누릴 수 있었던 낮은 강도의 노동으로는 삶의 질을 유지하기가 어렵다. 아니, 일에 치이는 삶의 질은 이미 나락으로 취급될 것이다. 오히려 AI와 결합한 고숙련 생산직의 노동 시간이 줄어들며 고소득을 유지할 가능성이 높다.[175] 물론 외국인 이민자들이 이 고숙련 생산직으로 한국 사회에 정착할 것이다. 그래야 한국 영토 안의 개인도 살고, 국가도 나름 산다. 정말 현기증 나는 변화들이다.

지금의 내리막 피크 코리아 상황이 지속되면 청년세대는 장년세대를 떠받쳐야 한다. 간단히 '30-50'의 후자인 5,000만 인구가 무너지고 급속히 노령화하는 피크 코리아 현상이 지속된다는 가정하에 연금 제도를 유지하기 위해서는 청년세대가 막대한 희생을 해야 한다. 당연히 청년세대의 대다수는 이를 거부할 것이다. 이미 20대의 대다수는 연금 탈퇴, 세대 간 분리 또는 폐지를 생각한다. 필자가 만난 10대 후반 고등학생들도 이미 국민연금에는 아무런 기대가 없다. 한국 국가의 입장에서는 재앙이지만 청년세대에겐 당연한 세대 수준, 국민 개인 수준의 합리적 주장이다. 안 그래도 글로벌 탑10 국민의 삶의 질을 나의 노동으로 직업으로 투자로 유지할 가능성이 희박해지는 '내리막 포비아'에 시달리는데 국민연금이 웬 말인가? 차라리 안 내고 안 받겠다는 것이다. 어차피 적자생존의 길로 가는 한국에서 청년세대는 공동체의 기반이고 뭐고 배려할 여유가 없다. 이러한 공유된 이익과 세계관으로 강력한 정치 조직화, 집단화하려 한다.

이러한 상황 전개에 끼어 있는 4050 중년세대는 갈팡질팡하고, 이미 수혜자 세대인 607080 노년 세대는 이게 무슨 망발이냐며 이미 강력한 정치집단으로의 존재감을 더욱 강화해가려 한다. 민주주의 정치체제에서 피크 코리아의 연령별 인구 분포를 감안하면 현 청년세대가 노년세대와 장년세대를 표로 이길 가능성은 제로다.[176] 노년세대와 장년세대 입장에서는 당연히 연금 그리고 '지공거사(65세 이상 노인 지하철 무료 탑승 제도)'로 상징되는 노인 복지 제도는 무조건 지켜내려 한다. 여유 있는 노년층, 장년층은 다소 유연하겠지만 '빈곤노인' 비율이 40%로 OECD 평균의 3배인 한국에서 중산층을 포함한 대다수 노인은 청년세대를 가여이 여기면서도 어쩔 수 없이 이들에게서 돌려받을 기약이 없는 고혈의 자원을 뽑아내려 할 것이다. 한국의 민주주의 정치체제는 이런 경로로 위협받는 상황도 상정해야 한다. 어쨌든 생존을 위해서 그렇다.

이 책을 읽는 당신이 노년세대 또는 노년세대 진입을 앞둔 장년세대라면 피크 코리아 현상의 심화 속에서 어떻게 자신이 가진 것을 지키고, 가능하다면 늘리고, 지금의 높은 생활 수준을 유지하면서 자식들도 건사할 수 있을까? 일단 가진 것을 지키는 데 최선을 다해야 한다. 미래세대를 돌아볼 겨를이 없다. 청년세대가 국민연금을 탈퇴하려 한다면 표로 막으려 할 것이다. 그 젊은이들이 20년, 30년을 성장하면서 누린 경제적 풍요와 글로벌 탑10 국가의 다양한 혜택을 만들어낸 것이 누구인가? 자기착취를 해낸 50607080세대다. 그건 생각하지도 않고 이제 청년세대가 좀 힘들어진다고 해서 자랑스런 한국 국가공동체의 근간을 뒤흔들어서는 안 된다. 장년세대와 노년세대가 어느 정도 양보하겠지만 그들이 자기착취로 이뤄낸 성과가 그들 대에서 소진된다면 그것도 어쩔 수 없는 운명으로 받아들인다.

장년세대와 노년세대는 가장 자산이 많다. 다시 말해 아파트 한 채씩 갖고 있는 세대 구성원이 많다는 뜻이다. 수도권이면 좋고, 서울이면 더 좋고, 강남이면 최고다. 이들은 아파트 부동산을 끝까지 쥐고 있으려 한다. 그러나 이러한 부의 축적을 하지 못한 사람도 많다. 부의 축적의 양극화가 이 세대의 또 하나의 특징이다. 이렇다면 더 일해야 한다, 최소한 몇 년 더, 가능하면 건강이 허락할 때까지. 보통 60세에 정년퇴직하는데 이제 이보다 10년은 더 일하고 싶어 하는 사람도 매우 많아졌다. 그리고 일해야만 하는 사람도 더 많아지고 있다. AI를 장착하기는 쉽지 않은 나이라 식당과 커피숍에서 키오스크 주문 방식에 당황하는 경우도 많지만 니치 마켓을 찾아, 아니면 운 좋게 자신만의 일을 계속 유지할 수 있다면 그대로 일을 더해야 한다.

이 긴 책을 다 읽게 해놓고 결국 한다는 소리가 '제시한 몇몇 분야에서 열심히 길게 오래 (가능하면 AI와 결합해서) 일하면서, 투기가 아니라 투자를 병행하며, 자신이 속한 세대의 집단 이익을 철저히 챙겨라, 가능하다면 한국을 넘어 글로벌 수준에서(타국에서, 타국과) 기회를 찾는 용기와 시야와 행동력을 갖추라'는 정도냐고 힐난하신다면 그 비난은 달게 받겠다. 그러나 그게 바로 피크 코리아의 쇠락이 가속화하는 한국에서 개인이 장착해야 할 개념설계의 시작점임을 부인하지는 못하겠다.

그럼에도, 여전히 필요한 한국 성장의 신화 설계

물론 이러한 각 세대의 고민, 고충, 고통이 그리고 각 세대 간의, 또 각 계급 간의, 각 이익집단 간의, 각 지역 간의 갈등, 대결, 충돌이 극단적으로 비화하지 못하도록 국가 수준에서 움직여야 한다. 필자가 제시한 국가 대개조의 개념설계들이 기초로, 자극제로, '신화' 서사 수립의 디딤돌로 작용하면 좋겠다. 그러나 그게 아니더라도 어떠한 경로로든 피크 코리아 현상을 이겨낼 수 있다면 이 에필로그에서 우울하게 써내려간 향후 2030년대, 2040년대 한국의 모습은 크게 밝아질 수 있다.

바로 앞에서 제시한 세대별, 지역별 자기생존, 적자생존형 '대책'을 넘어서는 대다수 국민적 합의가 도출되기를 진심으로 바란다. 그리고 혹시라도 '1,400만 605개의 시나리오 중 하나인 북한과의 결합이 온 우주의 기운을 받아 한국에 부여된다면'이란 매우 야심 찬 긍정회로를 돌려보는 나 자신을 자각하면서 끝까지 읽어주신 독자 여러분과 함께 필자도 긴 한숨을 몰아쉰다. 그럼에도, 물론 포기란 없다. 포기하는 순간 모든 것이 끝난다.

과연 2030년대에 진입하기 전에 온 국민이 피크 코리아의 논리, 작동원리, 그리고 미래의 예상되는 결과를 명확하게 인지하여 대국민 합의에 다다르고, 나아가 한 방향으로 따로 또 같이 고개를 끄떡이며 신발끈을 다시 조여 매고, AI 스마트폰을 다시 한번 그러쥐며, 고개를 바짝 들고, 눈에 독기를 품을 수 있는 대오각성의 시공간이 올 수 있을까?

감사의 말

첫 책이다.

정치학자로, 정책 분석가로, 그리고 글로벌 전략가로 지난 25년 간 한국, 홍콩, 미국, 동아시아, 동남아시아, 중앙아시아, 남아시아, 유럽으로 그리고 정치와 체제, 경제, 과학기술, 국방군사로 연구와 활동 영역을 차례차례 확대하며 지구 한 바퀴를 돌았다. 그리고 여러 의미에서 다시 한국으로 돌아오면서 이 책 『피크 코리아』를 쓸 수밖에 없었다.

내가 태어나고 자라고 지금도 살아가는, 내 삶을 구성하는 대부분의 시공간은 2025년의 한국이다. 이 책을 구상하고 준비하기 시작한 것은 2020년 즈음이었다. 한국이 글로벌 코리아, 글로벌 탑10 코리아라고 불리기 시작했다. 전 세계의 정치, 경제, 문화, 군사, 기술 분야의 주요 인사들이 그리고 무엇보다도 MZ세대 젊은이들이 한국으로, 서울로 거대한 파도처럼 몰려드는 상황에 '이게 도대체 무슨 일인가' 어리둥절하던 나를 발견했다.

동시에 세계의 다른 지역들로 향해 있던 나의 시선을 한국으로 자꾸 쏠리게 하는 한국의 여러 병리적 현상이 꾸준히 표면 위로 드러났다. 글로벌 탑10 코리아인데 뭔가 잘못되어간다는 직감이 갈수록 강해졌다. 2022년 코로나 국면을 지나고 2023, 2024년에 접어들면서 '피크 코리아'라는 개념과 논리가 머릿속을 채워갔다. 기존 정치학을 넘어서 소위 융복합적으로 다른 학술, 정책, 전략 분야들과의 교차점을 찾아가던 나에겐 이 책에 담긴 각각의 현상들이 차차 어떻게 연결되는지 보이기 시작했다.

그리고 2024년 12월 3일 친위쿠데타가 터졌다. '피크 코리아'가 정말 '피크아웃 코리아'로 넘어가려는 강력한 신호였고 다른 일들을 제쳐놓고 무조건 집필을 서둘렀다. 시행착오와 난관이 생각보다 많이 앞을 가로막았다. 무엇보다도 사람들이 가로막기도 길을 터주기도 했다. 그래도 후자가 더 많았기에 뜬눈으로 밤을 새운 그날 이후 1년 만에 이 책 『피크 코리아』가 세상에 나왔다.

이런 책이 나온 순간 고맙다는 말을 크게 하고 싶다.

지금의 나를 만들어준 세상의 사람들, 사물들, 시공간들에 감사한다. 이 책도 이들과 함께 만들어온 나의 일부다.

한국, 홍콩, 미국, 그리고 전 세계 내 발과 숨결이 닿았던 그 땅과 바다와 하늘, 그리고 그 시간에 감사한다. 그리고 그 시공간에 나의 일부로 환경으로 함께 해준 소중한 사물들에게도 감사한다. 특히 세상사에 휘둘려 홀라당 타버린 나를 감싸준 제주와 서울, 그리고 프랑스, 이탈리아, 노르웨이, 캐나다의 숲들, 그리고 그 안에서 나와 이야기를 나눠준 나무들, 풀들, 벌들, 바람들, 물들에게.

무엇보다도 이 책을 쓰는 동안 그리고 그 이전부터 앞으로 이후에도 함께 하는 사람들에게 감사한다. 사랑하는 가족 언빈님, 재현님, 민화, 재열, 태준, 수련, 세혁, 의균, 현균 그리고 진석님, 미연님, 재영에게. 소중한 유사가족 친구 신권, 범규, 정우, 승혁, 상봉에게. 연세대에서 함께 아웅다웅 살아내고 있는 동료 교수, 학생에게. 이 책을 함께 만들어준 현암사 미현님, 이랑님, 효선님, 보글님, 그리고 추천해주신 대니얼님, 원택님, 상기님에게. 한국과 전 세계에 펼쳐져 살아가는 나의 사람들에게. 무엇보다도 내 인생의 사랑 은실에게 이 세상에서 가능한 최고의 고마움을 전하고 싶다.

첫 책이다.

곧 이 책의 다른 반쪽 국제편인 『피크 코리아의 글로벌 전략』을 비롯해 두 번째, 세 번째, 네 번째 책이 내년, 후년에 나올 예정이다. 그 안의 감사의 말에는 좀 더 깊은 마음을 담아낼 작정이다.

주석

1. 조선일보. "망한민국-헬(hell,지옥)조선… 우리 청년들은 왜, 대한민국을 지옥으로 부르게 됐나"(2015.8.22)
2. 피터 자이한.『붕괴하는 세계와 인구학(The End of The World Is Just The Beginning)』(서울: 김앤김북스, 2023) 9-12.
3. 한겨레신문. "한국 완전 망했네" 그 교수 "돈 준다고 아이 낳지 않는다"(2024.6.13)
4. 유튜브. "South Korea Is Over"(https://www.youtube.com/watch?v=Ufmu1WD2TSk)
5. 대표적인 예로 이근.『2030 대한민국 강대국 시나리오』(서울: 21세기북스, 2025); 한국경제신문. "한경제 내리막 '피크 코리아' 논란, 구조개혁-기업가정신으로 재도약해야"(2023.12.25); 중앙일보. "한국은 여기까지인가… '피크 코리아' 탄식"(2025.2.4); 오마이뉴스. "김동연 '오불관언' 윤석열… '피크 코리아' 대책 마련해야"(2024.8.14); "피크 코리아 아닌 두번째 한국으로"(2023.12.20); "3분기 연속 제로성장… 현실이 된 '피크 코리아'"(2025.1.24); FT. "Martial Law and Trump: Political Shocks Add to South Korea's Economic Woes"; 중앙일보. "대한민국은 '필사적 결단'이 절실하다"(2025.1.24); 채상욱, 김정훈.『피크아웃 코리아: 미래 없는 사회에서 살아남기』(서울: 커넥티드그라운드, 2024); 경향신문. "안보국가 함정과 피크 코리아론"(2023.12.11); 중앙일보. "건강한 민주주의가 외교를 살린다"(2024.9.20); 한국일보. "우려했던 '코리아 피크'가 시작된 걸까?"(2024.12.27); 한국경제인협회. "한국경제 중장기 전망 및 주요 리스크 조사"(2025.1.23). 심화 분석으로는 Chung Min Lee, "The Future of K-Power: What South Korea Must Do After Peaking" Carnegie Endowment for International Peace Paper(2024.8) 참조.
6. 중앙일보. "내리막 포비아"(2025.1.2)
7. 중앙일보. "2025년은 한국 산업 대전환의 해가 돼야"(2024.12.29)
8. 매일경제. "하루 8시간 일해서 '딥시크' 못 만들어… 보수권 대표 '경제통'의 쓴소리"(2025.2.11)
9. 매일경제. "돈도 사람도 탈 대한민국"(2024.11.10)

10 이 책의 다음 작업인 『피크 코리아의 글로벌 전략』에서 글로벌 구조들의 기본 및 작동 논리들과 연결하려 한다.

11 Malcome Gladwell. 『Outlier』 (New York : Penguin Books, 2009)

12 Joseph Nye. 『Soft Power』 (New York : Public Affairs, 2005)

13 동아일보. "'한국식 육성 시스템+디지털' K 콘텐츠 18년만에 수출 10배로" (2025.6.16)

14 박종대. 『화장품은 한국이 1등입니다』 (서울 : 경향BP, 202); 조선일보. "라면 연매출 1조… 절박해서 바닥부터 뛰면서 일했다" (2024.2.19)

15 김윤지. 『한류외전』 (서울 : 어크로스, 2023)

16 김영대. 『BTS The Review』 (서울 : 알에이치코리아, 2019)

17 김영대. 『BTS The Review』 (서울 : 알에이치코리아, 2019)

18 김윤지. 『한류외전』 (서울 : 어크로스, 2023)

19 Raisa Bruner. "The Mastermind Behind BTS Opens Up About Making a K-Pop Juggernaut" Time (2019.10.8)

20 원문은 다음과 같다. "So I took my daughter Sophie to see a sing-a-long version of K-Pop Demon Hunters today. She has seen the thing on Netflix maybe a dozen times, and she and all her friends are obsessed. I wondered if the movie was as much of a smash in Korea at is seems to have been in the west?"

21 김윤지. 『한류외전』 (서울 : 어크로스, 2023)

22 그 외에 〈지금 우리 학교는〉 시즌 1은 6억 5,951만 시간, 〈더글로리〉 시즌 1은 6억 2,280만 시간, 〈지옥〉 시즌 1은 1억 4,285만 시간, 〈수리남〉 1억 시간, 지난 2025년 1월에 공개된 〈중증외상센터〉는 1개월 만에 1억 8,450시간을 기록했다.

23 넷플릭스 스트리밍 생태계 안에서 K-콘텐츠는 영미권의 압도적인 위상에는 많이 미치지 못하지만 그 외 다른 국가는 접근조차 하지 못한 보편적 위상을 지닌다. 2023년 넷플릭스가 발간한 보고서는 이 스트리밍 회사가 공급하는 18,214개의 콘텐츠와 콘텐츠별 시청시간 통계자료를 담고 있다. 한국 국적의 제작사가 만든 콘텐츠는 영어 제목 다음에 한국어 제목이 추가되어 표시되는데 총 1,072개로 총수의 5.9%를 차지한다. 총 시청시간은 2023년 상반기에만 934억 5,520만 소비시간 중 한국 드라마-영화 콘텐츠에 76억 2,540만 시간을 사용해 총 시청 시간 중 8.2%였다. 작품 수 대비 시청시간이 많다는 건 그만큼 K-콘텐츠가 인기를 끌었다는 방증이다. 이 기간 넷플릭스에서 가장 히트한 K-콘텐츠는 〈더글로리〉 시즌 1으로 6억 2,280만 시간을 글로벌 시청자들이 사용했다. 이 기간 전 세계 3위다. 2024년은 〈눈물의 여왕〉으로 〈브리저튼〉 시즌 3의 7억 3,380만 시간, 〈비밀의 비밀〉 시즌 1의 6억 8,950시간에 이어 6억 8,260시간으로 전체 3위다. 100위 안에 한국 콘텐츠가 15개 자리했다.

24 이 장의 기본 논리는 다음을 참고. Wooyeal Paik, "South Korean Defense Industry Goes Global, and Local Too : An Econo-Tech Approach" ISPI Dossier (2024.4); Wooyeal Paik, "The Korean Defense Industry Enters the European Security Theater : An Analysis of Korea-Poland Arms Deals" IRSEM (Ecole Militaire) Research Paper 140 (2024.2); Wooyeal Paik, "South Korea's Emergence as a Defense Industrial Powerhouse", Asie.Visions, Ifri, 139, (2024.1); "Wooyeal Paik, Korea's Defense Industrial Expansion (Routledge, 2026, Forthcoming)

25 Evan A. Lakasmana et al, "Special Topic : Concerted Autonomy : Defence-industrial Partnership in the Asia-Pacific" (Chapter1), in IISS Asia-Pacific Regional Security Assessment 2025 (London : IISS, 28 May 2025), 19.

26 자세한 분석 자료로 다음을 참조. 안승범, 오동룡. 『2024-2025 한국군 무기연감』(서울 : 디펜스타임즈, 2024)

27 세부 자료는 Global Fire Power Index (https://www.globalfirepower.com/countries-listing.php) 참조.

28 글로벌 안보의 신질서가 형성되고 있다. 신냉전은 새롭게 형성되는 진영 간의 정치와 경제의 분리구조 형성이다. 이는 탈냉전 시기 국제 자본주의 체제에 기반한 최고의 효율성을 생산했던 글로벌 가치사슬과 공급망의 교란을 넘어선 부분적 붕괴를 전제로 한 재구성이다. 또한 미국 및 유럽 중심 군사안보연합과 냉전하 공산진영의 주요국인 중국과 러시아 그리고 이와 연계된 이란 같은 소위 권위주의 국가들 간의 정치군사적 갈등 요소의 억제 구조, 곧 정치와 경제의 분리 합의가 붕괴된 것이다.

29 컨버전스는 둘 또는 그 이상의 사물, 아이디어 등이 유사해지거나 하나로 묶이는 또는 한 곳으로 집중되거나 수렴하는 현상을 의미한다. 물론 우리가 살아가는 세계의 모든 것은 연결되어 있고 어떤 사물, 아이디어, 사건은 다른 것들과 연쇄작용으로 또는 파급효과를 통해서 상호작용하고 있다. 그러나 그 정도는 매우 다르며 정치와 경제의 컨버전스, 더 구체적으로 안보 제 영역-군사, 경제, 과학기술-의 컨버전스도 예외는 아니다

30 제조업(manufacturing)은 장비, 노동력, 기계, 도구, 화학적 또는 생물학적 가공이나 제형을 통해 상품을 창조하거나 생산하는 활동으로 대개 2차 산업이라고 지칭된다. 대체로 1차 산업에서 생성된 원자재를 다양한 가공 과정을 거쳐 결합하여 완제품으로 만드는 산업 설계의 구현이며 이 완제품(흔히 '소재, 부품, 장비'라 부르는)이 다시 결합하여 더 복잡한 제품화되어 서비스 산업을 통해 소비자에게 전달된다.

31 한국의 주요 서비스 수출 분야로는 운송 서비스, 여행 서비스, 건설 서비스, 금융 및 보험 서비스, 지식 재산권 사용료, 정보통신 서비스 등이 있다. 참고로 미국의 서비스업 수출은 1조 265억 달러(2023년) 정도로 여러 비즈니스 서비스(2,438억 달러), 금융

서비스(1,662억 달러), 지식재산권 사용료(1,268억 달러), 여행 서비스(1,339억 달러), 운송 서비스(900억 달러), 통신, 컴퓨터, 정보 서비스(694억 달러) 등으로 구성된다.

32 백우열. "플라스틱 없이는 밥도 먹을 수 없는데" 태재미래전략연구원 인사이트 (2019.8.13)

33 물론 역설적으로 2020년대 중반 한국의 주요 제조 산업 중 가장 큰 위기에 처한 것이 석유화학 산업이다. 이는 7장에서 자세히 다룬다.

34 한국은행 조사국 지역경제부. 『우리나라 주요 제조업 생산 및 공급망 지도』(2023.8) (서울: 한국은행, 2023)

35 이하 기술 수준에 대한 측정과 평가 수치 및 세부 사항은 여러 자료와 더불어 다음의 자료에 주로 근거함. 과학기술정보통신부, 한국과학기술기획평가원. "2022년 기술수준평가 2022" (2023); 한국과학기술기획평가원. "2023년 산업기술수준조사 결과" (2024.5)

36 한국 국가 기술 글로벌 최고 수준 목록은 위의 자료 25-27 참조.

37 이와 유사한 맥락에서 다음의 지표도 함께 참조. 세계지식재산권기구(World Intellectual Property Organization)와 미국 코넬대학교에서 집계하는 글로벌혁신지수(Global Innovation Index)에서도 한국은 마찬가지로 최상위권이다. 이 지수는 각 국가의 투입(input) 및 산출(output) 혁신 능력과 성취 정도에 따라 측정되며 과학기술 중심 산업 경쟁력 측면에서 기업, 정부, 대학, 투자, 연구인력, 국가브랜드, ICT 인프라 등의 다양한 하위 지표를 합산한다. 먼저 투입 측면에서는 제도, 인적 자본 및 연구 역량, 인프라, 시장 복합성, 비즈니스 복합성으로, 산출 측면에서는 지식과 기술 산출 및 창조적 산출 역량이 그 기준이다. 총 133개국 중 한국은 2020년에 10위를 기록한 이래 2021년 5위, 2022년에 6위, 2023년 10위, 2024년 6위(60.9/100)를 기록하고 있다. (https://www.wipo.int/gii-ranking/en/)

38 주요 국가 명목 GDP(2020~2024)

(단위: 달러)

국가	2020	2021	2022	2023	2024
미국	21조 3,500억	23조 6,800억	26조 100억	27조 7,200억	29조 1,800억
중국	15조 1,000억	18조 1,900억	18조 3,100억	18조 2,700억	18조 7,500억
일본	5조 500억	5조 400억	4조 2,600억	4조 2,100억	4조 300억
독일	3조 9,400억	4조 3,500억	4조 1,700억	4조 5,300억	4조 6,600억
인도	2조 6,700억	3조 1,700억	3조 3,500억	3조 6,400억	3조 9,100억
영국	2조 7,000억	3조 1,400억	3조 1,300억	3조 3,700억	3조 6,400억
프랑스	2조 6,500억	2조 9,700억	2조 8,000억	3조 600억	3조 1,600억
이탈리아	1조 9,100억	2조 1,800억	2조 1,100억	2조 3,100억	2조 3,700억

캐나다	1조 6,600억	2조 200억	2조 1,900억	2조 1,700억	2조 2,400억
한국	1조 7,400억	1조 9,400억	1조 8,000억	1조 8,400억	1조 8,700억

(출처 : International Monetary Fund, World Economic Outlook Database, April 2025)

39 주요 국가 1인당 명목 GDP(2020~2024)

(단위 : 달러)

국가	2020	2021	2022	2023	2024
룩셈부르크	117,570	136,190	125,296	132,564	138,634
미국	64,454	71,232	77,801	82,254	85,812
호주	53,163	64,251	65,574	64,652	66,248
독일	47,342	52,301	49,725	53,565	54,990
캐나다	43,573	52,912	56,358	54,376	54,473
영국	40,231	46,731	46,234	49,213	52,648
프랑스	39,231	43,848	41,097	44,792	46,204
이탈리아	31,957	36,813	35,672	39,074	40,224
한국	33,653	37,518	34,822	35,563	36,129
일본	40,160	40,155	34,080	33,845	32,498
중국	10,696	12,878	12,968	12,961	13,313

(출처 : International Monetary Fund, World Economic Outlook Database, April 2025)

40 The Economist Intelligence Unit. "Democracy Index"; https://www.eiu.com/n/campaigns/democracy-index-2023/ https://www.eiu.com/n/campaigns/democracy-index-2024/

41 유사한 측정치로 Variety of Democracy Index에서는 0.826/1점으로 36위를, Freedom House Index에서는 93/100점으로 34위를 차지했다. 측정하는 기준이 다소 차이가 있기 때문에 순위가 차이 나지만 한국과 비슷한 그룹의 주요국은 미국, 스페인, 일본, 대만, 이탈리아, 프랑스 등이다.

42 동아일보. "한국의 민주주의 리더십을 기대한다" (2024.3.10)

43 Stephan Haggard and Robert Kaufman, Backsliding : Democratic Regress in the Contemporary World (Cambridge : Cambridge University Press, 2021)

44 한국경제신문. "선진국 뒤쫓던 시대 끝났다… 차기 대통령 '독자 국가모델' 내놔야"(2022.1.5)

45 EIU. "Democracy Index 2024" (https://www.eiu.com/n/campaigns/democracy-index-2024/); 한국기자협회. "12.3 계엄에 국격 하락, 민주주의 지수도 역대 '최악'" (2025.3.3)

46 세계적으로 공신력 있는 민주주의 체제 지표인 민주주의다양성(Variety of Democracy) 인덱스도 매우 유사한 패턴을 기록했다. 이 기관의 한국 민주주의 퇴보 평가에 대해서는 다음을 참조. 한겨레21. "한국 '독재화' 분류한 연구자 '조기 대선에서 반민주 정당 몰아내야'"(2025.4.16)

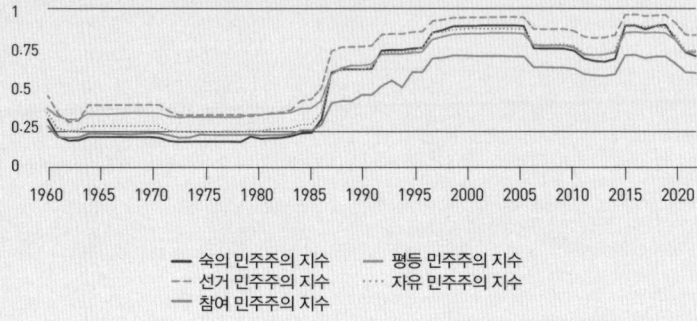

민주주의다양성기구의 한국 민주주의 지표

(출처: V-Dem data versioon 15)

47 '중도로의 수렴' 현상을 논리적으로 이해하기 위해서는 다음 이론이 유용하다. 민주주의 선거제도하에서 중위투표자이론은 선거의 결과가 정책 스펙트럼의 양 극단이 아니라 중간 영역에 수렴하게 되는 원리다. 곧 한 선거에서 각 유권자는 투표자에게 가장 가까운 후보자를 선호하고 그다음 가까운 후보자를 근접성 기준으로 선호하는 각자의 순위를 정하게 되는데 이런 조건에서 중앙값에 있는 유권자와 가장 가까운 후보자가 중앙값에서 양쪽 끝으로 더 멀어진 후보자보다 표를 더 받아 당선된다. 물론 2차원적인 선형 분포도가 아니라 복수의 핵심 정치 이슈 균열/갈등선(political cleavage)이 존재하는 다차원적인 분포도가 상정되면 더 복잡하겠지만 대체로 이 현상이 일어난다.

48 영남일보, 충청투데이, 중부일보, 무등일보. "윤석열·이재명의 '적대적 공생'"(2024.6.18)

49 박철언.『바른역사를 위한 증언』(서울: 랜덤하우스중앙, 2005)

50 한국 민주주의 작동원리에 대해서는 다음을 참조. 강원택.『한국의 선거 정치 2010-2020』(서울: 푸른길, 2020); 문우진.『한국 민주주의의 작동원리: 한국에서 다수는 어떻게 형성되는가』(서울: 고려대 출판문화원, 2018)

51 Arthur M. Schlesinger. The Imperial Presidency (New York: Mariner Books, 2004)

52 박상훈. "한국의 정치 양극화: 유형론적 특징 13가지" 국회미래연구원 Futures Brief

23-09호.

53 동아일보. "언론이 초갑? 사설만 봤어도 이 지경까진 안 됐다" (2025.1.24)
54 박준, 류현숙 외. 정치 양극화 시대 한국 민주주의 발전 방안. 경제인문사회연구회 협동연구총서 23-14-01 : 20-24.
55 위의 책 : 493-495; 심화 연구로 다음을 참조. 박상훈. 『혐오하는 민주주의 : 팬덤 정치란 무엇이고 왜 문제인가』(서울 : 후마니타스, 2023)
56 Bruce Bueno de Mesquita et al. The Logic of Political Survival (Cambridge : The MIT Press, 2003)
57 Associated Press. "What to Expect in South Korea now That Yoon Has Been Removed from Office" (2025.4.4)
58 동아일보. "[일지] 윤대통령, 비상계엄 선포부터 법원 구속취소 결정까지" (2025.3.7)
59 '정부기능성'은 선출된 대표들이 정부 정책을 결정하고 감시, 통제하며, 군, 경찰, 종교집단, 기업 등의 정치적 영향으로부터 자유롭고, 선거와 비선거 기간 중에 정부의 유권자들에 대한 책임성, 개방성, 투명성 등이 잘 지켜지며, 정부와 정당에 대한 시민들의 인정과 자신감이 높은지에 대한 평가다. '민주주의 정치문화'는 민주주의 작동기능에 대한 사회적 합의와 응집력이 높고, 시민들이 민주주의제도인 의회나 선거가 아니라 강한 지도자, 군부, 전문가, 기술관료 등에 의존하려는 경향이 낮으며, 민주주의가 공공질서, 경제발전에 도움이 된다고 여기고, 종교집단(교회)과 국가의 분리가 명확한지에 대한 평가다.
60 전문은 다음과 같다. [계엄사령부 포고령(제1호)]

자유대한민국 내부에 암약하고 있는 반국가세력의 대한민국 체제전복 위협으로부터 자유민주주의를 수호하고, 국민의 안전을 지키기 위해 2024년 12월 3일 23 :00부로 대한민국 전역에 다음 사항을 포고합니다.

1. 국회와 지방의회, 정당의 활동과 정치적 결사, 집회, 시위 등 일체의 정치활동을 금한다.
2. 자유민주주의 체제를 부정하거나, 전복을 기도하는 일체의 행위를 금하고, 가짜뉴스, 여론조작, 허위선동을 금한다.
3. 모든 언론과 출판은 계엄사의 통제를 받는다.
4. 사회혼란을 조장하는 파업, 태업, 집회행위를 금한다.
5. 전공의를 비롯하여 파업 중이거나 의료현장을 이탈한 모든 의료인은 48시간 내 본업에 복귀하여 충실히 근무하고 위반시는 계엄법에 의해 처단한다.
6. 반국가세력 등 체제전복세력을 제외한 선량한 일반 국민들은 일상생활에 불편을

최소화할 수 있도록 조치한다.

이상의 포고령 위반자에 대해서는 대한민국 계엄법 제9조(계엄사령관 특별조치권)에 의하여 영장없이 체포, 구금, 압수수색을 할 수 있으며, 계엄법 제14조(벌칙)에 의하여 처단한다.

2024.12.3.(화) 계엄사령관 육군대장 박안수

61 주간조선. "비상계엄 후폭풍 제왕적 대통령제의 종말 앞당기나" (2024.12.8)
62 스티븐 레비츠키, 대니얼 지블랫. 『어떻게 민주주의는 무너지는가(How Democracies Die)』 (서울: 어크로스, 2018)
63 계엄법 11조(계엄의 해제) "① 대통령은 제2조 제2항 또는 제3항에 따른 계엄 상황이 평상상태로 회복되거나 국회가 계엄의 해제를 요구한 경우에는 지체 없이 계엄을 해제하고 이를 공고하여야 한다"를 무력화하려는 시도였다.
64 Barbara Geddes, Joseph Wright, and Erica Frantz. How Dictatorships Work (Cambridge : Cambridge University Press, 2018)
65 한겨레신문. "윤, 검찰총장 때 '육사 갔으면 쿠데타' 발언… 전 검찰간부 법정서 증언" (2023.10.30)
66 하상응. "정치 양극화와 사회통합: 성별과 세대 간 차이" 한국의 사회동향 2024. 326-336.
67 한국일보. "'총 안 쏘고 뭐했느냐'는 영부인의 경악할 인식 수준" (2025.3.21)
68 한국일보. "'몸조심하라'는 섬뜩한 말" (2025.3.20)
69 연합뉴스. "대법관회의 '법원 공격은 법치주의 부정… 매우 중대한 범죄'" (2025.1.20)
70 Financial Times. "Martial Law and Trump : Political shocks add to South Korea's economic woes" (2025.1.18); The Washington Post. "South Korean court removes president from office, says he violated duties" (2025.4.3); 황인정. "누가 한국의 극우인가? 한국 극우의 특징과 정치적 함의" 정치정보연구 27:2 (2024) 127-162.
71 뉴시스. "6시간짜리 계엄에 수십년 쌓은 민주주의 위상 흔들" (2024.12.7)
72 윤석열 대통령 탄핵 찬반 여론조사 결과(2024.12~2025.4.3)

(단위 : %)

	2024.12.13	2025.1.9	1.16	1.23	2.13	2.20	2.27	3.6	3.13	3.20	3.27	4.3
탄핵 찬성	75	64	57	59	57	60	59	60	58	58	60	57
탄핵 반대	21	32	36	36	38	34	35	35	37	36	34	37

12/3 비상계엄 선포
12/14 윤 대통령 탄핵소추안 가결
12/27 한덕수 권한대행 탄핵소추안 가결
1/19 윤석열 구속 수감, 서부지법 난입·폭동
1/21~2/25 윤석열 헌재 탄핵심판 출석
3/8 윤석열 석방, 관저 복귀
3/13 감사원장·검사 3인 탄핵안 기각
3/24 한덕수 국무총리 탄핵안 기각
3/26 이재명 선거법 2심 무죄

(출처: 한국갤럽 데일리 오피니언)

73 리얼미터. "탄핵 찬반 최종 여론조사, 찬성 77% vs 반대 20%" (2017.3.9)
74 만약 친위 쿠데타 시도가 성공했다면 과연 지금의 한국은 어떤 모습일까? 윤석열 대통령 개인독재와 군사독재를 결합한 형태의 권위주의 정치체제로 급속하게 체제전이(regime transition)가 진행되었을 것이다. 가장 먼저 국회의 야당 및 여당 내 계엄 반대 국회의원, 언론 기자, 법원 판사, 일반 시민들에 대한 광범위한 체포 및 구금 더 나아가 살해가 계엄 처단의 일환으로 이루어지며 군과 경찰, 국정원 내부의 계엄 반대 세력에 대한 대대적인 색출 및 숙청 작업이 동시에 진행된다. 윤석열 전 대통령과 육사 장성 카르텔을 중심으로 군정을 유지하면서 이에 동조하는 정치 세력과 경제 및 문화 엘리트 세력이 여론 조작을 통해 친위 쿠데타 지지 여론을 확산하고 극우 세력이 친쿠데타 시위를 대규모로 동원하며 일반 국민들을 위협한다. 반대 시위가 전국적으로 벌어진다. 동시에 헌법 개정을 통한 권위주의화를 시도했을 것이다. 상상하기 힘든 내전으로 귀결될 수도 있었다. 실제로 친위쿠데타가 실패한 가장 큰 원인은 한국군 특수부대원들의 명령 불복종이었다. 군의 맹목적인 복종 없이 쿠데타는 성공할 수 없다. 군이 갈라지는 상황을 충분히 상정할 수 있다. 친위쿠데타 권위주의 세력에 복종하고 옹호하고 육군과 개인의 이익을 추구하려는 군인들과 불법 쿠데타에 동조하지 않고 저항하여 이들을 제거하려는 군인들이 나뉘어 싸우기 시작한다. 내전이다. 글로벌 탑10 코리아는 나락으로, 피크 코리아 정도가 아니라 국가 붕괴의 길을 갈 수도 있었다. 2020년대 중반 한국은, 피크 코리아는 이런 위기를 모면한 것이다. 다음 문헌을 참조. 바바라 F. 월터. 『내전은 어떻게 일어나는가(How Civil Wars Start)』(파주: 열린책들, 2025)
75 경기일보. "유정복 인천시장 '분권형 개헌 필요'… 조기 대선 출마 의지" (2025.2.25)
76 경기일보. "여 '수도권 비전특위' 구성… 야 수도권 정당화 맞설 것" (2024.9.5)
77 이 인구 통계 자료는 통계청, KOSIS에서 추출함.

78 현재까지 나온 저출생 대응 보고서 중에서 가장 명료한 분석 자료는 감사원에서 2021년 7월에 발표한 '인구구조변화 대응실태 I (지역)'과 '인구구조변화 대응실태 II(노후소득보장 분야)'다.

79 한국 및 G7국가 인구변화(1953~2050)
주요국 인구 추이(1953~2020 추정치, 2025~2050 전망, 중앙값)

(단위: 명)

연도	한국	프랑스	이탈리아	독일	영국	일본	미국	캐나다	호주
1953	20,775	43,228	47,411	69,935	50,727	90,324	161,168	14,898	8,816
1960	26,115	46,428	49,515	72,812	52,539	96,400	180,275	17,899	10,281
1980	38,141	53,941	56,412	78,315	56,282	118,359	229,859	24,534	14,721
2000	46,767	59,484	57,272	81,797	59,057	127,028	281,484	30,892	19,132
2020	51,858	65,905	59,913	83,629	67,352	126,305	339,436	38,172	25,744
2025	51,667	66,651	59,146	84,075	69,551	123,103	347,276	40,127	26,974
2030	51,189	67,108	57,946	82,781	71,287	119,584	355,650	41,656	28,189
2040	48,949	67,939	55,221	80,552	73,775	112,158	370,209	43,951	30,357
2050	45,143	68,220	51,891	78,295	75,505	105,123	380,847	45,622	32,507

(출처: United Nations, Department of Economic and Social Affairs, Population Division (2024). World Population Prospects 2024: Online Edition.)

80 한국 및 G7 국가 고령화 추세(2000~2050)

(단위: %)

연도	한국	프랑스	이탈리아	독일	영국	일본	미국	캐나다	호주
2000	7.2	16.0	18.2	16.2	15.8	17.2	12.3	12.6	12.3
2010	11.1	16.8	20.3	20.7	16.5	23.0	13.1	14.1	13.5
2020	15.7	20.5	23.2	21.7	18.4	28.4	16.6	18.0	16.4
2025	20.3	22.0	24.9	23.2	19.6	30.0	18.5	19.9	18.0
2030	24.3	23.5	26.9	24.8	21.1	31.2	20.7	21.7	19.7
2040	30.0	26.5	30.5	27.8	24.1	33.5	25.0	25.3	22.9
2050	35.0	29.5	34.0	30.8	27.0	36.0	29.0	28.5	26.0

81 강연옥, 『플팩의 상급지로 가는 대출력: 인서울 인강남을 위한 최고의 부동산 전략』 (서울: 한국경제신문, 2025).

82 김시덕, 『도시문헌학자 김시덕의 강남: 우리는 왜 강남에 주목하는가』 (서울: 인플루엔셜, 2025); 한종수, 강희용, 전병욱, 『강남의 탄생: 대한민국의 심장 도시는 어떻게 태어났는가?』 (서울: 미지북스, 2016); 황석영, 『강남몽』 (서울: 창비, 2010); 강준만, 『강남, 낯선 대한민국의 자화상』 (서울: 인물과 사상사, 2006). 외국의 시각에서 본 한국의 아파트 현상으로는 다음을 참조. 발레리 줄레조, 『아파트 공화국 (Séoul, ville géante, cités

radieuses)』(서울: 후마니타스, 2007).

83 Benedict Anderson, Imagined Communities : Reflections on the Origin and Spread of Nationalism (Lonfon : Verso, 1983)

84 박형준, 「대한민국 국가경영 패러다임의 대전환: 국가 모델, 어떻게 달라져야 하나!」 (2024.8. 한국정치학회 부산서울시장 대담 발표문)

85 '대치동 몽클레어 패딩 사태'를 가져온 대치동 맘을 묘사한 다음의 콘텐츠는 880만 뷰와 16,000개가 넘는 댓글을 기록했다. 한번 시청하기를 추천한다. 상위 댓글들도 꼭 읽어보기를 권한다. 이수지. '핫이슈지, 엄마라는 이름으로' (2025.2.4; https://www.youtube.com/watch?v=1XpyBBHTRhk)

86 KB금융경영연구소. "2023 한국 부자 리포트" (2023.12.17); 서울경제. "수백억 쥐고도 가계부 쓰며 분산투자" (2024.10.24)

87 스카이캐슬 공식홈페이지 (https://tv.jtbc.co.kr/skycastle)

88 서울경제. "서울 학원 30% 강남에 몰려⋯ 정부 대책도 안 먹히는 '사교육 1번지'" (2024.10.27)

89 조선일보. "피안성 가자. 1400만원 '의사 학원' 다니는 의대생들" (2025.8.18)

90 조선일보. "의사 평균 연봉은 3억⋯ 정형외과가 2위, 그럼 1위는?" (2024.5.15); 조선일보. "8년간 약 2배로 늘어⋯ 10대 전문직 중 1위, 의사 평균 소득은?" (2024.9.28)

91 현재 의대 정원 증가라는 한국 사회산업 최고의 갈등 메커니즘 중 하나는 단순히 의사들 간의 (개업의 70%, 대학교수의 30%) 밥그릇 싸움과 강남류 세계관의 결합의 측면도 강하다. 의사 및 의료보건 인력의 현황에 대해서는 다음 자료를 참조. 보건복지부. "보건의료인력 실태조사 결과 발표" (2022.7.7)

92 KBS 다큐 인사이트 〈인재전쟁 1부 공대에 미친 중국〉 (2025.7.10; https://www.youtube.com/watch?v=yE9-ENNb XsU), 〈인재전쟁 2부 의대에 미친 한국〉 (2025.7.24; https://www.youtube.com/watch?v= RbmAyBWJ-7w) 참조. 한번 시청하기를 추천한다. 상위 댓글들도 꼭 읽어보기를 권한다.

93 부읽남TV. "연봉 2억 받아도 반포 아파트 실거주가 어려운 이유"; "반포로 이사온 게 후회돼요."; "연봉 2억도 반포 못 사는 이유" 등; 유튜브 유사한 콘텐츠들의 댓글 중 발췌한 내용. 한번 시청하기를 추천한다. 상위 댓글들도 꼭 읽어보기를 권한다.

94 서울경제. "'의대 힘들게 뭐하러' '장마철엔 미국집'⋯ 강남 슈퍼리치들의 그사세." (2024.10.25)

95 연합뉴스. "한국은 정말 부동산의 나라인가?" (2025.1.7)

96 경향신문 특별취재팀. 『어디 사세요? 부동산에 저당잡힌 우리 시대 집 이야기』 (파주: 사계절, 2010)

97 이하 수치는 국토교통부. '2024년도 부동산 가격공시에 관한 연차보고서'

2023(2024.8)에서 인용함.

98 마스다 히로야 외, 『지방소멸(地方消滅 東京)』(서울: 미래엔, 2015)

99 머니투데이, "결국 강남만 살아남는 한국의 미래… 이마저도 절반은 '노인'" (2021.8.27); Christian Davies and Kang Buseong. "At risk of extinction': South Korea's second city fears demographic disaster" Financial Times (2025.2.8)

100 경인지방통계청, "2024 수도권 청년의 삶" (2024.7.25)

101 경인지방통계청, "2024 수도권 청년의 삶" (2024.7.25)

102 한국일보, "10년째 주말이면 고요한 혁신도시… '수도권 쏠림에 질식사할 지경'" (2026.6.17)

103 감사원, "감사보고서: 인구구조변화 대응실태 I (지역)" (2021.7): 30.

104 국가통계포털, www.kosis.kr

105 감사원, "감사보고서: 저출산-고령화 대책 성과분석" (2021.7): 44.

106 서울대 인지과학연구소, '우리나라 초저출생의 심리적 원인: 인구밀도로 인한 사회적 경쟁 및 수도권 집중을 중심으로', 경쟁지각(competition perception): 자원을 얻기 위해 타인과의 경쟁이 불가피하다고 지각하는 정도.

107 양승훈, 『울산 디스토피아, 제조업 강국의 불안한 미래: 쇠락하는 산업도시와 한국경제에 켜진 경고등』(서울: 부키, 2024); 매일경제신문, "무너지는 뿌리산업: 몰락하는 한제조업" (2026.6.17)

108 또는 각 주요 산업 영역에서 현재까지 없던 새로운 개념설계를 추구해서 새로운 시장을 창출하는 경제성장 접근법이 필요하다. 제3부에서 다룬다.

109 Wooyeal Paik and Taehee Whang. "Economic Sanctions by Non-Democracy: A Study of Cases from China and Russia" International Studies Quarterly 67:4 (2023) sqad093 1-12.

110 2025년 8월 25일 이재명 대통령의 CSIS 대담 중 발언 참조.

111 백우열, '경제안보 개념의 확장: 2020년대 안보 맥락에서' 국제정치논총 62:4 (2022): 325-364.

112 국민일보, "졸업 대신 유학… 짐싸는 석·박사" (2025.5.23)

113 최준 외, "이공계 인력의 해외유출 결정요인과 정책적 대응방안" 한국은행 BOK 이슈노트 제2025-31호 (2025.11.3)

114 매일경제신문, "한국 인재 유출, 걷잡을 수가 없다… 작년 5800명 미국행, 7년만에 최대" (2025.8.16)

115 동아일보, "딥시크 AI 개발자 연봉 2억, 한 5000만원… '경력 쌓아 해외로'" (2025.2.14)

116 월터 아이작슨, 『일론 머스크(Elon Musk)』(파주: 21세기북스, 2023)

117 최재천. "굿바이 대한민국? 심각해지는 인재 유출, 미국으로 해외로 떠나는 인재들" (유튜브 콘텐츠)
118 김민수, 진형태, 정다혜. "미국과 유럽의 성장세 차별화 배경 및 시사점" 한국은행 BOK 이슈노트 제2024-4호 (2024.2.1)
119 E-나라지표 국정 모니터링 시스템 (https://www.index.go.kr/enara) 자료 참조.
120 유서경. "수출의 국민경제 기여 효과 분석" 한국무역협회 Trade Focus (2025년 6호)
121 김무현. "우리나라 서비스 산업 수출 동향 및 국제경쟁력 진단" 한국무역협회 Trade Focus (2024년 37호)
122 2022년 한국의 노동생산성은 OECD 국가 중 최하 수준이다. OECD 평균의 76%, 주요 7개국(G7)의 60% 수준이다. 서비스 산업이 이 낮은 노동생산성의 가장 큰 원인이다.
123 한국의 금융 산업은 정말 경쟁력이 떨어진다. 관치금융, 예대마진에만 의존한 결과다. 그러면서 최대 기업 이익을 매년 경신하고 있다.
124 이동원 외. "R&D 세계 2위인 우리나라, 왜 생산성은 제자리 걸음인가?" 한국은행 블로그 자료 (2024.6.3); 일본이 G7 중 총요소생산성이 가장 낮은 것이 잃어버린 30년에 커다란 요인이 됐다.
125 한국경제인협회. "한국경제 중장기 전망 및 주요 리스크 조사" (2025.1.23); Christian Davies. "Is South Korea's Economic Miracle Over?" Financial Times (2024.4.21); 삼일회계법인(pwc) "한국 산업의 돌파구를 찾아서: 2025년 산업전망" (2024.12)
126 고시성. "병력자원 감소에 따른 한국군 병력구조 개편 발전방향 연구", 한국군사 8(2020): 198.
127 중앙일보. "국군 45만명, 6년새 11만명 줄었다… 최소 병력 규모도 안 돼" (2025.8.10)
128 허영 국회의원실 (뉴스핌). "육군 부사관, 작년 4000명 절반만 선발…5년간 軍 부사관 지원 55% 급감" (2024.8.20)
129 서울경제. "육군 전역 부사관 신규 임관자 2배 넘어… 군 허리인 부사관 '이탈 러시'" (2025.2.12)
130 중앙일보. "'병력 절벽' 해군의 해법… 병사 없는 '간부함' 띄웠다" (2024.10.18)
131 여기서 다루지 않았지만 이 병력 부족 현상은 2020년대 들어 가장 큰 정치적 분열선 중 하나인 청년층의 젠더 갈등으로 직결된다. "2030세대의 젠더 갈등이 불거질 때 빠지지 않는 것이 군대다. 각종 성평등 문제가 제기될 때면 남성 커뮤니티에는 여성의 군 복무를 요구하는 목소리가 동시에 커진다. 저출산이 심화하는 요즘엔 "여자들은 애도 안 낳으면서…" 같은 힐난이 여혐(女嫌)의 논거로 추가된다. 힘들지만 피할 수 없는 책임으로 여겨온 '여자=출산, 남자=군 복무'의 이분법적 공식이 무너졌다고 느끼는 젊은 남성들의 불만이 팽배해진 탓이다." (동아일보. "병력 확충, 젠더 갈등 지뢰 피하

려면" 2025.8.18)

132　한국민족문화대백과사전. "한국군 월남 증파에 따른 미국의 대한 협조에 관한 주한 미대사 공한"

133　인사혁신처. 공무원 인사제도, 성과보수제도 중, "2025년 직종별 공무원 봉급표"(https://www.mpm.go.kr/mpm/info/resultPay/bizSalary/2025)

134　매일경제. "포퓰리즘이 만든 병사 월급 200만원… 부사관, 학사장교 '간부를 왜 해?'" (2024.11.18)

135　참고로 병역 기피는 중범죄이며 위반 조항에 따라 200만원 이하 벌금부터 최대 5년 징역형의 형사처벌 대상이다. 또한 병역 기피 범죄자가 되면 한국에서 공무원직을 포함한 일반 기업 정규직으로 취업하는 것은 실질적으로 불가능하다.

136　쉽게 설명한 분석으로 다음을 참조. 서울경제. "전 세계 유일한 'DMZ, GP, GOP, MDL' 무엇인가? 역할은? 차이점은?"(2024.1.10)

137　한겨레신문. "윤, 돌 맞고 바꿔라… 병력 70% 철책선 묶어놓은 구닥다리 경계작전" (2024.10.25); 한국일보. "60만 대군 어느새 45만… 사람 투자로 병력 부족 대처를" (2025.8.11)

138　작전계획은 북한의 도발 상황에 맞선 한미 연합군의 대응 시나리오로서 한국군은 미군의 세계 전략의 일부로서 기능하며 미국 인도-태평양 사령부의 작전계획인 50XX의 하나로서 15는 2015년을 의미하면서 동시에 적국 북한의 군사 침략 상황을 뜻한다. 5027을 중심으로 한국과 미국은 5026부터 5030까지 일련번호를 붙인 5개의 작전계획과 공동 국지도발 계획까지 총 6개를 운영했다. 5015는 이들을 통합하고 방어-공격 동시 개념을 채택하며 재구성한 것이다. 2015년 을지프리덤가디언 연습에 처음으로 적용, 현재까지 유지되고 있다. [YTN. "한미 전시 작전계획 5015 vs. 5027 무엇이 달라졌나?"(2015.10.7)]; 유사한 접근으로 다음 참조. 한국경제신문. "북한 도발 징후 땐 700곳 선제 타격… 평양 포위해 수뇌부 제거"(2016.2.26)

139　SBS. "'서방최대' 한국 육군… 그래도 뚫린다"(2015.8.20)

140　서울경제. "윤석열 정부, 안보라인 2기 '육사 43기 전성시대'"(2024.10.31)

141　서울경제. "육군, 고위급 장교로 갈수록 진급률 '육사출신' 월등"(2025.11.12)

142　2000년대부터 이러한 육해공 불균형 문제가 지적되었으나 공개적으로 객관적으로 다루어지지 않았다. 드문 예로 다음을 참조. 오마이뉴스. "'육군비대' 한국군은 전형적 '후진국형 군대'"(2003.6.30)

143　국방부. 국방백서 2006, 18.

144　The White House. "Indo-Pacific Strategy of The United States"(2022.2)(https://bidenwhitehouse.archives.gov/wp-content/uploads/2022/02/U.S.-Indo-Pacific-Strategy.pdf)

145　백우열. "한국 해군이 직면한 이중의 딜레마". 해군 제567호(2024.12.12): 21.

146 브래드 글로서먼. 『피크재팬: 마지막 정점을 찍은 일본(Peak Japan : The End of Great Ambitions)』(파주: 김영사, 2020); 조귀동. 『이탈리아로 가는 길: 선진국 한국의 다음은 약속의 땅인가』(서울: 생각의 힘, 2023)

147 아이언맨, 스파이더맨, 스타로드 일행이 타노스와의 전투에 앞서 작전을 세우던 중 닥터스트레인지는 타임스톤을 이용해 미래를 탐색한다. 그리고 스타로드가 묻는다. "몇 개나 봤어?"(러닝타임 1시간 58분 부근)

148 예외적으로 KAIST 문술미래전략대학원 미래전략연구센터. 『카이스트 미래전략 2025』(파주: 김영사, 2024)

149 조선일보. "국회의원 임기 2년으로 줄이고 공천제만 없애도 '극단 정치' 막는다" (2025.3.31)

150 스티븐 레비츠키, 대니얼 지블랫. 『어떻게 민주주의는 무너지는가(How Democracies Die)』(서울: 어크로스, 2018)

151 이런 맥락에서 AI 테크놀로지가 제도권, 비제도권 정치의 영역에 어떻게 사용될 수 있을지도 고려해봐야 한다. AI 정치인까지는 무리지만 AI 테크놀로지는 하나의 인프라로서 사회 전반적인 뉴미디어상의 알고리즘 및 정보 중립성 객관성 확보 기제를 통해서 한국 정치를 '중도로의 수렴' 원리를 고수하고 이에 따른 타협적 결과를 도출하도록 도울 잠재성도 높다. 마티아스 리스. 『AI 시대의 정치이론: 인공지능이 민주주의를 파괴할 것인가?(Political Theory of the Digital Age)』(서울: 그린비, 2023)

152 매일경제. "이민자 수용하면 범죄국가 된다고? 혁신국가 됩니다!"(2024.8.22)

153 중앙일보. "한은 총재 '부동산 가격 상승이 한국 성장률 갉아먹어'"(2025.10.23)

154 정종우 외. "입시경쟁 과열로 인한 사회문제와 대응방안" 한국은행 BOK 이슈노트 제2024-26호 (2024.8.27) 이 대안으로의 기대효과는 다음과 같다. "① 부모 경제력과 사교육 환경 등 사회경제적 배경의 입시 영향으로 지역 인재를 놓치는 'Lost-Einsteins(잃어버린 인재)' 현상을 완화하고, 교육을 통한 사회이동성을 확대할 수 있다. ② 대학 내 지역적 다양성 확보는 개인적으로는 대학생의 역량 발전을 촉진하고, 사회적으로는 포용적이고 공평한 사회를 조성하는 데 기여할 것이다. ③ 서울에 집중되고 있는 입시경쟁을 지역적으로 분산시켜 수도권 인구집중, 서울 주택가격 상승, 저출산 및 만혼 등의 문제를 완화할 수 있다."

155 조선일보. "세계 50대 갑부 중에 의사 없어… 양자컴 같은 혁신에 젊음 걸라" (2025.3.11)

156 김수연. "지방분권개헌의 필요성과 주요 내용" 대한민국시도지사협의회 분권레터 (2021.10.7)

157 정민수 외. "지역경제 성장요인 분석과 거점도시 중심 균형발전" 한국은행 BOK 이슈노트 제2024-15호 (2024.6.19)

158 강준만, 『지방은 식민지다: 지방자치, 지방문화, 지방언론의 정치학』 (서울: 개마고원, 2008)

159 양재진, 『복지의 원리: 대한민국 복지를 한눈에 꿰뚫는 11가지 이야기』 (서울: 한겨레출판사, 2023) 특히 5장, 6장 참고; 장재혁, 『2030을 위한 연금개혁 보고서』 (파주: 보민출판사, 2025); 조선일보, "국민연금만 문제 아니다… 사학연금, 이대로면 2043년에 기금 '고갈'" (2023.4.4)

160 Mario Draghi, The Future of European Competitiveness : Parts A and B (European Commission, 2024. 9)

161 기존 20대 산업과 동시에 다음 자료에서 제시하는 10대 유망산업이 연속적으로 고려되어야 한다. 산업통상자원부-한국산업기술진흥원, 『2024 KIAT 10대 유망 산업』 (서울: 한국산업기술진흥원, 2024.2)

162 가장 쉽지만 인사이트를 얻을 수 있는 관련 도서로 다음을 참조. 무스타파 술레이만, 마이클 바스카, 『더 커밍 웨이브(The Coming Wave)』 (서울: 한스미디어, 2024); 유발 하리리, 『넥서스(NEXUS)』 (파주: 김영사, 2025); 헨리 키신저, 에릭 슈밋, 대니얼 허튼로커, 『AI 이후의 세계(The Age of AI and Out Human Future)』 (서울: 월북, 2023). 또한 닉 보스트롬, 『슈퍼인텔리전스: 경로, 위험, 전략(Superintelligence : Paths, Dangers, Strategies)』 (서울: 까치글방, 2017)

163 하정우, 한상기, 『AI 전쟁: 글로벌 인공지능 시대 한국의 미래』 (서울: 한빛비즈, 2023)

164 The Economist, "DeepSeek sends a shockwave through markets" (2025.1.27); Cade Metz, "What to Know About DeepSeek and How It Is Upending A.I.," The New York Times (2025.1.27)

165 기획재정부, "서비스 수출 활성화 전략" (2023.6.5)

166 KBS, "안규백 국방장관 '병력감소, 민간 위탁 확대로 풀어야'" (2025.10.1)

167 "국방AI가 정말 발전하면 징병제를 안 하게 될 수도 있다. 인구 감소에 따른 병력 자원 감소에 대응하려면 사람이 아니라 4족보행로봇이 철책선에 가서 이상 징후를 확인하도록 해야 한다. 국방AI를 통한 군의 효율화·지능화가 반드시 필요한 시점이다." (동아일보, "인구 감소로 병력자원 한계… AI강군은 언제쯤?" (2025.8.19))

168 한국일보, "이번에는 민간 국방장관 시대 열자… 이재명 캠프에 줄 서는 예비역들" (2025.5.11)

169 이와 유사한 맥락에서 한국의 강대국 비전을 설파하는 서울대 이근 교수의 주장을 참고해보자. "통일을 열망하는 민족주의 세력도 그들이 좌파이든 우파이든, 그 통일 비전의 기저에는 강대국이 되고 싶은 열망이 자리 잡고 있다. 자칭 진보 정부가 내세우는 통일 비전이나 통일경제의 비전도 그 속을 들여다보면 북한으로 경제영토를 넓히고 대륙으로 진출하자는 상당히 제국주의적인 경향성을 읽을 수 있다. 북한의 경

제정책을 우리가 만들어주고, 북한의 값싼 노동력을 이용하고, 북한의 자원을 우리가 확보하고, 북한에 철도와 고속도로를 깔아 대륙으로 진출하는 물류 라인을 확보하자고 말한다. 그런데 이런 주장은 19세기말 제국주의자들이 식민지 건설을 할 때 하던 말과 크게 다른 바가 없다. 북한 주민의 인권이나 민주화, 또는 그들의 삶의 질을 향상시키자는 말보다는 웅대한 강대국의 비전이 국민에게 더 어필하기 때문이 아닐까 싶다."(이근.『2030 대한민국 강대국 시나리오』(서울: 21세기북스, 2025) p.62.)

170 2025년 8월 25일 이재명 대통령의 CSIS 대담 중 발언 참조.
171 한국경제신문. "동북아에 갇힌 한 외교… 이젠 '글로벌전략' 수립할 때"(2022.5.11)
172 The Economist. "How AI Could Create the First One-Person Unicorn"(2025.8.11)
173 박중광. "'변호사 시대 끝났습니다' AI한테 전부 잡아먹힌 변호사 근황"(유튜브. 2025.5.19)
174 조남인, 손미혜.『아들아, 의사 대신 건물주가 되어라』(파주: 네버기브업, 2025)
175 조선일보. "대학 대신 들어간 방산업체서 초봉 5000만원… '결혼출산 겁 안나요'(고졸의 반격, 고소득 생산직, 기능직 진출)"(2025.5.20)
176 한국 중앙선거관리위원회 발표에 따르면 2025년 대통령 선거인명부 기준 한국의 유권자 수는 총 4,413만 3,617명이다. 이 중 50대가 868만 3,369명(19.6%)으로 가장 많고, 다음으로 60대(784만 7,466명, 17.7%), 40대(763만 9,747명, 17.2%), 70대 이상(685만 4,304명, 15.4%), 30대(663만 4,533명, 14.9%) 순이다. 18~19세(90만 325명, 2%)를 제외하면 유권자가 가장 적은 연령대는 20대로, 583만 2127명(13.1%)이다. 곧 60대 이상 유권자 비율은 33.1%로, 20대와 30대를 합친 비율(28%)보다 높다.(중앙선거관리위원회. 보도자료 "제21대 대통령선거 국내 선거선거인명부 총 44,363,148명 확정"(2025.5.23))

피크 코리아

초판 1쇄 발행 2025년 12월 15일
초판 3쇄 발행 2025년 12월 22일

지은이 백우열
펴낸이 조미현

책임편집 박이랑
디자인 STUDIO 보글
마케팅 이예원, 공태희
제작 이현

펴낸곳 (주)현암사
등록 1951년 12월 24일 (제 10-126호)
주소 04029 서울시 마포구 동교로12안길 35
전화 02-365-5051
팩스 02-313-2729
전자우편 editor@hyeonamsa.com
홈페이지 www.hyeonamsa.com

ISBN 978-89-323-2458-6 (03300)

책값은 뒤표지에 있습니다. 잘못된 책은 바꾸어 드립니다.